Ein Tierarzt erzählt

Kurt Haller

Ein Tierarzt erzählt

Stoppelfelder und Herbstzeitlose

Weltbild Verlag

Lizenzausgabe für
Weltbild Verlag GmbH, Augsburg 1990

Gesamtherstellung: Ueberreuter Buchproduktion Ges.m.b.H., Korneuburg
Printed in Austria
ISBN 3-89350-251-3

Vorwort

Wie schnell gehen sie hin die Jahre! Wie schnell folgt dem Frühling der Sommer und dem Sommer der Herbst! Auch ein Tierarzt findet sich so eines Tages unversehens auf den Stoppelfeldern des Daseins. Die Früchte der Oberfläche hat er geerntet, jetzt wird es Zeit für ihn, in die Tiefe zu gehen, Zeit, den Acker seines Lebens zu pflügen. Denn er, dessen Ohr am Herzen der Tiere liegt, findet keine Befriedigung darin, auf ausgetretenen Pfaden seine Tage zu verbringen. So sehen wir ihn wandern auf den Straßen des Ungewöhnlichen, hin am Rande der Schwäbischen Alb und hinein in den Herbst seines Lebens.

Eislingen, im September

Inhalt

1. Kapitel

Die Party auf dem Freßberg

Hallo, lieber Leser! Kennen wir uns nicht schon? Sind Sie nicht schon mal mit mir, dem Dr. Pfeffer aus Schwipfingen auf Praxistour gefahren? Nein? – Ah, jetzt fällt's mir wieder ein, im ‹Adler› war's, da sind wir beide einmal beeinandergesessen. Sie haben, wenn ich mich recht erinnere, eine Tellersulz bestellt und ich einen Ochsenmaulsalat, stimmt's? Und Bauernbrot haben wir dazu gegessen und ‹Augustiner› getrunken. Ach, war das eine turbulente und romantische Zeit damals! Heuduft und Kartoffelfeuer faszinierten mich, Liebschaften durchwogten mein raschpochendes Tierarztherz und in der Arena meines Berufes versuchte ich mich in den ersten Flickflacks und einarmigen Handständen. Wissen Sie's noch? Damals im Garten vom ‹Adler› habe ich Ihnen alles erzählt. Auch das von den Schwierigkeiten mit meinen Kollegen, das vom Zerbrechen meiner ersten Ehe und die Geschichte meiner Reisen in die Welt. Auch meine suchenden Blicke zum Himmel habe ich nicht ausgelassen, obwohl Sie mich dafür vielleicht ein wenig ausgelacht haben, oder?

Aber mittlerweile bin ich ein zweites Mal verheiratet und unter den Tierärzten vor dem Albtrauf ist Vertrauen und Harmonie eingezogen. Einen klasse neuen Veterinärrat haben wir auch, alsdann, wo soll's noch fehlen!
So schön das alles aber ist und war, eines stelle ich hierbei mit Bedauern fest, nämlich, daß der Sommer auf den Feldern meines Lebens bereits seinen Höhepunkt überschritten hat. Und das stimmt nachdenklich. Es wird mir bewußt, daß mich das, was nichts mit Kuhschwänzen zu tun hat, zunehmend mehr beschäftigt. Aus der Nonstop-Aktivität

des engagierten Praktikers wird immer mehr Zeit abgezweigt für betrachtendes Erleben. Was das heißen soll, möchten Sie wissen? Ganz einfach: Ich überlasse dem Toni, meinem Compagnon, die Mehrzahl der Fälle, und ich setze mich dafür öfters mal hin und lese oder meditiere. Neulich habe ich auch ein paar Gedichte gemacht und ein Bild gemalt vom Hohenstaufen. So regt sich in mir, wie ich mir jedenfalls einbilde, trotz meiner noch immer nicht zur Ruhe gekommenen Lust zum Abenteuer, ein gewisser Hang zur Reifung. Allmählich, und das scheint mir ein Vorteil zu sein, beginne ich die Dinge des Lebens zu begreifen, ich sehe und höre sie nicht nur, sondern ich begreife sie.

Aber nicht nur an dieser Wandlung, sondern natürlich auch beim Blick auf den Kalender und in den Spiegel ersehe ich, wo's beim Schwipfinger Tierarzt langgeht.
‹Dickwanst alter!› ruft mir da der Spiegel, der unseriöse, zu, und die Kalenderblätter tuscheln schadenfroh schon seit Wochen nur von einem Datum, vom heutigen nämlich, vom neunundzwanzigsten Mai! Und wissen Sie warum? Weil es heute bei den Pfeffers auf dem Freßberg hoch hergeht, denn, Ihnen kann ich es ja verraten, heute werde ich fünfzig! Und deshalb stehe ich auch gerade im Garten vor meinem Hause, schaue in unser Tal hinab und warte auf die Gäste, die wir zum Nachtessen eingeladen haben. Kommen Sie: lehnen Sie sich ein bißchen zu mir an den Zaun oder, noch besser, setzen wir uns dort drüben auf die Bank unter der Linde, da ist's gemütlich. Wissen Sie, die Pfeffers sind noch ein bißchen altmodisch, sie setzen sich gern zum Feierabend auf die Bank vor ihrem Haus, lassen die Beine baumeln und lehnen sich zurück. Meine Silke sagt, daß es gar nichts Schöneres für sie gibt, als daß wir beide da beieinander sitzen, wenn die Abendglocken läuten und ich den Arm um sie lege. Der Wind säuselt dann vielleicht ein bißchen in den Blättern des Baumes, und wenn die Nacht langsam herniedersinkt, wechseln wir leise Worte und sind

froh und glücklich. Also, genieren Sie sich nicht, nehmen Sie Platz! Bis die ersten Gäste ankommen, hat's noch Zeit, und ich kann Ihnen noch ein bißchen erzählen, damit Sie nachher auf dem laufenden sind, wenn die Party losgeht. Zuallererst sollten Sie aber von hier aus mal einen Blick werfen auf mein schönes Schwipfinger Ländle. Schauen Sie, dort unten im Tale die vielen Dächer zwischen den Bäumen, das ist Schwipfingen selbst, mein Städtchen am Wiesenbach. Hier habe ich vor 23 Jahren sehnsüchtig auf meinen ersten Patienten gewartet. Und wenn ich damals zu den Bauern fuhr, lag auf dem Nebensitz im Auto noch das Lexikon zum Nachschlagen. Der flache Berg jenseits des Tales, das ist der Hahnenberg, der mich an eine laue Sommernacht erinnert, die ich mit Iris dort oben auf einer Wiese im Heu verbrachte. Rechts davon das kleine Bauerndörfchen, das ist Schiefertal, wo ich das grausige Erlebnis mit dem Pferd vom alten Rapp hatte, und wo ich beim Sihler damals den Kühen reihenweise die geblähten Bäuche mit dem Metzgermesser aufschlitzen mußte. Ganz links da draußen sieht man ein wenig ins Hasental hinein, wo vorne der Hof vom Paul ist, vom Bahnhofbauern, der einmal in meinem Beisein mit echtem Schrecken zu seinem Hosentürchen hineinsah. Weiter hinten folgt dann der Merzingerhof, der Hof der hübschen Bäuerin, den der Vinzens anzündete, um sich zu rächen. Und das hinter dem Hasental, das ist der Grasberg mit dem Dörfchen Hochdorf, wo ich mal mit des Heiligen Antonius Hilfe ein Wunder vollbracht habe. Was? Das glauben Sie nicht? Aber hören Sie, dann ist es höchste Eisenbahn, daß Sie das nachlesen, das steht schwarz auf weiß in ‹Heuduft und Kartoffelfeuer›, dem ersten Buch meiner ‹Erinnerungen›.
Ist es nicht schön hier? Ganz am Horizont hinten ringsum, das sind meine Albberge. Im blauen Abendlicht dämmern sie der Nacht entgegen. Dort oben wandere ich oft entlang, mein Herz schenkend diesem Ländchen, diesen Bergen und Tälern, diesen Feldern und Auen.

Jetzt gehen schon die ersten Lichter drunten im Städtchen an und, sehen Sie, ist das nicht herrlich, dort hinterm Staufeneck, der Burgruine auf dem Rehgebirge, kommt der Mond gegangen. Hm, ich sehe, es gefällt Ihnen, mein Ländle. – Aber halt, jetzt kommt jemand.

Richtig, der Franz ist's, der Doktor Moravetz, mit seiner Frau. Wir sind alte Bekannte. Er hat kurz nach mir in Schwipfingen angefangen und schon manches Mal hat er uns aus der Patsche geholfen. Wie da, als mich ein Fohlen gegen die Wand geworfen hatte und ich mich nicht mehr aufrichten konnte vor lauter Schmerzen im Kreuz. Da hat mich der Franz, der Hobbygärtner und Rosenzüchter, mich Schwergewicht hat er da geschwind hochgehoben wie ein Baby und mich auf seine Liege pflatschen lassen. Und was sage ich Ihnen, ich bin aufgestanden und zur Tür rausmarschiert, wie wenn nichts gewesen wäre. Ja, so macht's der Franz. Da könnte ich Ihnen noch eine ganze Menge von erzählen. Und schauen Sie, die Moravetzens helfen da noch einer alten Dame aus dem Wagen! Überlegen Sie mal, wer das sein könnte? Natürlich, stimmt vollkommen, sie ist's, B. B., die alte B. B.! Nein, nicht Brigitte Bardot: es ist meine Oberin Burga Bäuerle, bei der ich lange Jahre gewohnt habe, drunten in Schwipfingen in ihrem kleinen Häuschen an der Birnengasse. Man hatte mich doch damals rausgeschmissen im ‹Adler› wegen einer Mädchengeschichte und B. B. hatte mir Zuflucht gewährt. Und sie war zu mir nicht nur wie eine Mutter, sondern sie hielt mir auch die Kater beim Kastrieren und die Hunde beim Einschläfern. Einer von den letzteren, und das werden wir beide sicher nie vergessen, sprang, nachdem wir ihn in den Hundehimmel befördert hatten, tags darauf aus seinem Sack, in dem er hinter dem Hause bis zur Abholung abgelegt war, putzmunter hervor und verließ Schwipfingen mit unbekanntem Ziel. Außerdem hatte B. B. ganz hinten im Keller einige Flaschen guten, alten Zwetschgenwassers stehen, holte jeden Tag ein paarmal einen Krug Most herauf und kochte sonntags Spitze Schweinebraten mit Spätzle und Salat. Dazuhin verwaltete sie auch mein mageres Verdienstchen und unterhalten konnte man sich mit ihr auch über jegliches Thema. Ob das nun die Blutspritzer auf dem Sonntagsanzug betraf, das Problem des Nichtvaterwerdens bei einem Unverheirateten oder gar Dinge wie Raumfahrt und Gottessuche, das war Wurst, B. B. war immer der richtige Gesprächspartner. Die Oberin war eine wunderbare Frau, und heute, mit ihren vierundachtzig ist sie es noch!

Wir sitzen hier ganz günstig auf unserer Bank, niemand sieht uns hier, aber wir selbst können den ganzen Aufmarsch beobachten. Der Hausherr und erst recht wenn er dazuhin noch das Geburtstagskind ist, müßte doch jetzt eigentlich drinnen die Gäste willkommen heißen und die Blumen und die Geschenke entgegennehmen, monieren Sie. Richtig, ja, ganz richtig, so ist das üblich. Aber, wissen Sie, beim Veith Pfeffer, da sind's die meisten gewohnt, daß alles ein bißchen andersrum läuft. Denn ein Tierarzt wie ich, der nimmt es nicht so genau: Wäre ja möglich, daß er gerade noch schnell einen soeben auf der Straße angefahrenen Hund verarzten muß, er könnte vielleicht auch eben erst von der Landpraxis zurückgekommen sein; dann säße er im Augenblick wohl in der Badewanne und müßte sich anschließend frisch einkleiden oder, um noch eine dritte von rund zwei Dutzend Entschuldigungsmöglichkeiten anzuführen, er hätte vielleicht wichtiges Untersuchungsmaterial noch schnell zum Expreß zu bringen. Solche gewohnten Störfaktoren des tierärztlichen Alltags kalkulieren bei mir alle ein, meine Frau und meine Gäste, und deshalb kann ich jetzt seelenruhig hier noch ein Weilchen sitzen bleiben und meine Betrachtungen anstellen und es fällt gar nicht auf.

Ah, da kommt schon wieder jemand! Das dürften, dem Auto nach, die Langsdorffs sein. Hm, jetzt laufen sie dem Hause zu. Was sagen Sie dazu? Ist dies nicht immer noch ein aufregendes Paar? Der Mann groß und stark und blond, ein Typ wie Raimund Harmsdorff, der Seewolf! Und sie, so anmutig und chic, daß ihr heute noch die Twens nachpfeifen! Verstehen Sie was von Frauen, ja? Dann sehen Sie mal genauer hin. Erkennen Sie was, merken Sie was? Sehen Sie diesen blauen verschwommenen Blick, aus dem die Hormone dringen? Was, Sie sind überfordert? Ich nicht, ganz gewiß nicht, im Gegenteil, ich habe es wunderbar gefunden, stundenlang auf diese schönen Augen herabzublicken. Die Marion war, der Ton liegt auf ‹war›, nämlich einmal meine Freundin, meine feste Freundin. Und wegen ihr ist meine Ehe fast auseinandergebrochen. Ja, das war ganz schlimm damals.
Schöne Verhältnisse sind das, höre ich Sie sagen, der lädt seine Ehemalige zum Fünfzigsten ein, bei denen muß es zugehen! Ja, ja, die Tierärzte und ihre Liebschaften! Aber, Spaß beiseite, im Laufe des Abends wird sicherlich mein Privatleben noch öfters eine Rolle spielen, da blicken Sie dann schon durch, was da gespielt wird.

Aber jetzt ist es schon beinahe acht Uhr, da könnten meine Kollegen auch noch vollends eintrudeln. Es ist ja bekannt, daß die Tierärzte grundsätzlich immer zuletzt kommen bei solchen Anlässen, und dieses Übel ist ihnen so eigen wie ihr Thermometer, das sie in der Tasche tragen, aber, stopp mit der Schmährede, da kommt einer. Ah, mein Veterinärrat macht den Anfang. So was hätte es ja früher nie gegeben, daß ich einen Veterinärrat eingeladen hätte. Mit denen habe ich immer im Kriegszustand gelebt. Dem Vorgänger von diesem Dr. Mangold da, der jetzt gerade mit seiner Frau aufs Haus zugeht, dem habe ich sogar mal Hausverbot erteilt, denn wir waren miteinander wie Katz und Maus und ich war meistens die Maus, allerdings eine freche Maus, das muß ich zugeben. Gegenüber diesen unerquicklichen Zeitläufen von damals leben wir heutzutage mit unserem neuen Veterinärrat wie im Paradies.

Schon kommt noch einer von meiner Zunft. Das ist der Wannenmayer, ein Praktiker wie ich, nur daß er wesentlich älter ist und mir deshalb, besonders was ausgereifte Lebensansichten betrifft, um einiges voraus ist. Ihn habe ich erstmals vor 22 Jahren gesehen und zwar unter für mich ganz deprimierenden Verhältnissen. Da hat er nämlich in aller Seelenruhe direkt hinter dem Haus der Oberin im Garten vom Schulzenbauer einen Hengst kastriert und von unserem Küchenfenster aus habe ich zugeschaut und dabei mit dem Gebiß geklappert, wie wenn ich einen Schüttelfrost hätte. Das war ein Anblick für mich, den jungen Tierarzt von Schwipfingen, können Sie sich das vorstellen? Mann, Mann, waren das Zeiten! Aber damit Sie mich recht verstehen, damit soll nichts gegen den Axel, den Wannenmayer, gesagt sein, denn damals machte das jeder so. Jeder gegen jeden, hieß die Parole, catch as catch can! Und billig, billiger am billigsten. Jeder unterbot die Preise des anderen, nur um ihm einen Auftrag wegzuschnappen. Na ja, lassen wir das. Ich steigere mich da jedesmal rein wenn ich so dran denke. Gott sei Dank sind diese unwürdigen Zeiten überstanden und hoffentlich fängt eines Tages nicht wieder einer an, auf diese Weise Amok zu laufen. Ich sagte, Gott sei Dank sind diese Zeiten vorbei, aber in einer, wenn auch ganz anderen Richtung, bedauere ich es auch wieder. Denn damals, in den Fünfzigerjahren, da war mein Schwipfingen noch ein romantisches Bauernstädchen, da waren die meisten Straßen noch ungeteert und von Hühnern und Gänsen und Enten bevölkert. Kuhfuhrwerke zogen gemächlich ihres Weges, und statt des Brummens der Motoren hörte man den Hufschlag der Pferde. Schafherden zottelten durch den Ort, wo sich dazumal noch ein Bauernhöfle an das andere reihte, ein Misthaufen an den anderen. Die Tauben saßen auf den

Dächern, in den Vorgärten blühten die Blumen, und vor den Bauernhäusern glänzten auf einer Bank die Milchkannen silbern in der Sonne. Wehmütig wird mir ums Herz, wenn ich an diese verschwundene liebe ländliche Welt von damals zurückdenke.

Nun fehlt eigentlich nur noch der Toni, mein Compagnon, dann wären alle da, die wir eingeladen haben; der Toni und seine Franziska, sein ‹Fränzchen›, wie wir sie alle nennen. Wir betreiben ja schon seit vier Jahren eine Gemeinschaftspraxis und ich muß sagen, es funktioniert einwandfrei bei uns. Anfangs tat sich der Toni, der noch kaum eine Praxiserfahrung mitbrachte, schon etwas schwer. Er lieferte unzählige Thermometer und auch sonstiges Instrumentarium, weil er tappig war, schnitt zum Beispiel zu forsch beim Operieren durch die Bauchdecke und öffnete dabei die Harnblase, er vertat sich in den Dosierungen und einmal spritzte er sogar in die Arterie statt in die Vene, was natürlich das stärkste Pferd nicht aushält. Aber, so bedauerlich im Einzelnen, es waren – und es blieben auch – Kinderkrankheiten. Wer, in welchem Berufe auch immer, hätte sich nicht ihrer entledigen müssen! Jetzt jedenfalls ist der Toni eins a auf Zack, und man kann sich in jeder Beziehung auf ihn verlassen.

Alsdann hätten wir's ja. Jetzt wissen Sie schon ein bißchen Bescheid über mich und meine Umwelt und vor allem, mit wem wir es heute abend zu tun haben. Aber nun nichts wie rein, sonst wird Silke, mein Frauchen, sauer. Allzusehr darf man den Bogen auch nicht überspannen, selbst wenn man wie ich immer eine überzeugende Entschuldigung parat hat. Wenn man mich fragen sollte, so werde ich nachher drinnen einfach verkünden, daß bei meinem Gang durch den Garten der Nachbar mich erspähte und, da ihm die Gelegenheit günstig schien, mir nichts dir nichts seinen ‹Spantax›, einen rothaarigen kleinen Rüden an den Hinterfüßen packte, ihn über den Zaun hob und meinte, ich solle ihn geschwind kastrieren, da, überm Zaun, freischwebend in der Luft. Das war nämlich tatsächlich letzte Woche passiert. Wenn ich dies Bonmot unters Volk werfe, kann ich sicher sein, gleich eine Menge Resonanz zu finden, die jede weitere Nachfrage nach meinem seitherigen Fehlen augenblicklich zum Schweigen bringen wird.

‹Das hast du doch hoffentlich nicht gemacht!› ‹Ohne Betäubung?› ‹Silke, hat der Veith denn wieder das angefangen mit seinem Westentascheninstrumentarium? Früher hatte doch der immer Skalpell und Spritze in der Hosentasche!› So werden sie fragen und mich bestürmen, bis sie es heraus haben. Es ist ihnen ja hinreichend bekannt, daß dieser ‹Spantax› wie die gleichnamige Luftverkehrsgesellschaft, einiges auf dem Kerbholz hat, was mich, von dem sie wissen, daß ich ohnehin zu unvorhergesehener Spontaneität neige, nur allzuleicht zu einem Racheakt hätte herausfordern können. Denn dieser Vierbeiner, der da nun kopfunter mir über den Zaun hergehalten wurde, der ging mir schon seit langem dadurch auf den Wecker, daß er keinen Tag vergehen ließ, ohne daß er nicht vor unserem Hause erschien, die Reifen meines nach Ländlichem duftenden Wagens beschnupperte und sie dann alle Viere der Reihe nach hochgehobenen Fußes bepinkelte.
Sie sehen, ich bin ganz gut gewappnet, wenn ich jetzt drinnen als Letzter erscheine und Silke wird in sich hineinlächeln und bei sich denken ‹der findet schneller eine Ausrede als eine Maus ein Loch›.

Aber sie lassen mich ungeschoren, denn meine Frau startet sofort bei meinem Kommen den Begrüßungscocktail und der schmeckt ausgezeichnet, denn sie hat da Orangensaft genommen und etwas Sekt und Campari beigemischt. Sie sehen, wir geben uns heute ganz vornehm! Ja und dann überreichen sie mir jede Menge Geschenke. Von Fränzchen bekomme ich als Jux ein tierärztliches Wappen überreicht, das sie selbst entworfen und auf einen großen Karton in Farbe aufgemalt hat. Auf ihm sind vor den Insignien V. P. zwei gekreuzte Besamungs-Pistolen zu sehen, daneben beiderseits Skalpell und Spritze und als Hintergrund unzählige Köpfe von Vögeln, Hasen, Schafen, Schweinen, Hunden, Katzen, Pferden und Rindern. Sogar ein Tiger und zwei Zebras sind darunter. Das Ganze wird eingerahmt von einer Garnierung aus Blut- und Leberwürsten im bunten Wechsel mit gefüllten Bier- und Schnapsgläsern. Hochgehalten wird dies unverwechselbar auf mich gemünzte Emblem von zwei lachenden und ziemlich aufregend gekleideten jungen Damen. Und wissen Sie, was Fränzchen, dieses kleine Biest, darunter geschrieben hatte?

‹Pferde, Schweine, Kühe, Kläffer,
alles heilt der Doktor Pfeffer.
Doch er liebt auch die Genüsse:
Würste, Bier und heiße Küsse!›

So was! Die bringt mich jetzt direkt in ein schiefes Licht bei Ihnen, nicht? Wo ich doch so schön abgeklärt wirken wollte, heute, an meinem Fünfzigsten!
Silke und auch Marion blicken plötzlich etwas verunsichert in die Landschaft und auf die Verfasserin dieser Zeilen und denken sicher ‹ob die wohl ...? ob er wohl ...? ob die beiden ...?›

Da aber vernimmt man die noch immer kräftige Stimme unserer Alterspräsidentin, meiner lieben Oberin, die mit Gespür diese mir etwas peinliche Situation überbrückt und auf das Geburtstagskind anstößt, nicht ohne vorher unserer gemeinsamen Zeiten zu gedenken und dessen, daß ich ein Maienkind sei, das geboren wurde in ein blühendes Land, ausgesetzt unter einem blauen Himmel, mitten hinein in das aufkeimende Leben der Natur. Weiße Wolkenschiffe seien über meiner Wiege dahingezogen und die Gerüche der

Fremde habe der Wind hergeweht. So sei aus mir ein Kind des pochenden Lebens, ein Kind der großen weiten Welt geworden, ein Lebewesen, das all die vielen Sehnsüchte der Menschen in seinem Herzen vereinige und dem immer wieder Träume von Blüten und Träume von glücklichen Sommertagen die Seele erfüllten.
Ich war ganz platt. So, geradezu fast wie eine Dichterin, so habe ich die Oberin noch nie reden hören. Aber was sie sagte, ging mir sehr nahe. Empfand ich mich und mein Dasein doch in ganz derselben Weise, wie sie es so schön ausgedrückt hatte. Ich mußte sie, das alte Mütterchen Oberin, innig an mich drücken und spürte warm, wie tief wir innerlich miteinander verbunden waren.

Den Speiseplan für meinen Festtag habe ich selbst zusammengestellt. Das ist schon immer mein Geburtstagsprivileg gewesen. Silke frägt mich da schon am Vortage: ‹Lieber, was soll ich denn morgen für dich kochen, was wünschst du dir?› Dementsprechend gab es heute mittag ‹Eingemachtes Kalbfleisch› in weißer Sauce mit Nudeln. Aber Eingemachtes Kalbfleisch von der Seitenbrust wohlverstanden, denn ohne die knorpeligen kurzen Rippenstückchen einschließlich der hautigen Brustfellteilchen ist's für mich kein ‹Eingemachtes›, das gehört einfach dazu. Als Nachtisch hatte ich einen im Keller ausgekühlten Schokoladenpudding mit Vanillesauce bestellt, wie ich ihn mir seit meiner Kinderzeit liebend gern zu Gemüte führe. Heute abend nun werden Maultaschen serviert. Maultaschen, allerfeinste, und mit Silkes Spezialfüllung, und zwar in Brühe und auch geröstet. Sie, wenn Sie das nicht kennen, dann haben Sie was versäumt. Diese schwäbische Spezialität ist einsame Spitze! Dazu gibt es einen ‹schleifigen› Kartoffelsalat, einen, dessen Rädchen wunderbar durchgezogen haben in Fleischbrühe und Öl und die daher zwischen Zwiebeln und Salz und Pfeffer dahinschleifen, daß einem das Wasser im Mund zusammenläuft.

Mein Frauchen hat alles aufs Beste präpariert, sie war ja nicht umsonst mal Hauswirtschaftslehrerin. So schmeckt es allen ganz trefflich, was man vor allem daran merkt, daß plötzlich alle Gespräche verstummt sind und man nurmehr das Klappern der Bestecke hört. Nur meinen Sohn, den Kai, er ist jetzt dreizehn geworden, den sehe ich unten an der Tafel lustlos in seinem Teller herumstochern. Das fällt mir um so mehr auf, als ich doch immer recht stolz darauf war, daß dieses Knäblein, was das Essen anbetrifft, ganz in des Vaters Fußstapfen tritt. Käseweiß ist das Bürschlein und wie ich nach einem Weilchen nochmals hinschaue, steht er schnell auf und geht raus. Silke ist natürlich gleich hinterher und wie sie mir später berichtet, ist's dem Lausbuben furchtbar schlecht geworden, weil er zuvor, als wir alle hier drin den Begrüßungscocktail tranken, in der Speisekammer heimlich von den dort bereitgestellten Lachsbroten futterte. Auf die muß er so scharf gewesen sein, daß er dreizehn Stück davon in kürzester Zeit hinunterdrückte. Also doch, stelle ich befriedigt fest und muß lachen, einfach hinauslachen, und ich stecke damit auch mein Frauchen an, dem man den Ärger im Gesicht ablesen kann. Ach, ist das ein schöner Geburtstag; ich bin so locker, so glücklich, so zufrieden.
Übrigens, wir Pfeffers haben außer diesem Lachsbrotverschlinger auch noch eine Tochter. Dort unten bei ihrer Mami sitzt sie und hat ein gelbes Kleidchen an. Sie ist ein Jahr älter als der Kai, dessen Geburt ich damals ja glatt verschlafen habe, obwohl ich neben meiner Frau im Bette lag. Das war echt der Abschuß gewesen – Vater werden und dabei schlafen wie ein Dachs! Aber Sie wissen ja: ‹Ein gutes Gewissen ist ein sanftes Ruhekissen!› Obwohl ... aber lassen wir das. Kehren wir lieber wieder zurück zur Party, denn wenn ich da anfinge zu erzählen, würden Sie mich sicher für total unmöglich halten.

Das Essen hat man jetzt abgetragen und die Gäste plazieren

sich gemütlich auf Sofas und Sesseln. Ich hole von meinem ‹Hohenhaslacher Kirchberg› herauf, einem ausgezeichneten Württemberger Rotwein und für die Damen kredenzt Silke einen feinsüßen Tokajer, den sie extra neulich aus der Stadt mitgebracht hat. Da es meinem engagierten Disc-Jockey schlecht geworden ist, springt Simone für ihn ein und beginnt die schönen alten Oldies aufzulegen, die alten Tanzplatten, nach denen meine Generation vor zehn, zwanzig oder dreißig Jahren das Tanzbein geschwungen hat und deren Melodie und Rhythmus sich für unsere alten Ohren doch soviel besser anhört als das moderne Geheule und Gejaule mit den nervenden superlauten Beigeräuschen, die heute Musik genannt werden bei den jungen Leuten. Das alles darf ich natürlich nur denken, denn meine zwei, die haben natürlich für solche Ansichten Papis nur ein müdes Lächeln übrig: «Bist halt nicht mehr ‹in›!» stellen sie ‹cool› fest.

Auch mit meiner Freude am Tanzen selbst scheint es so geworden zu sein. Früher war ich schon bei den ersten Takten auf den Beinen, um irgend eine Schöne zu engagieren. Heute dagegen läßt mich die Chance, bei fremden Frauen auf Tuchfühlung gehen zu können, vergleichsweise kühl. Gerne bleibe ich sitzen und unterhalte mich.

Aber an diesem Abende jetzt, an meinem Fünfzigsten und als Gastgeber lasse ich mir natürlich eine derartige Einstellung, mit der man ja unsere liebenswerten Damen leicht verärgern könnte, nicht anmerken. Schön brav lege ich gleich zu Beginn mit Silke einen langsamen Walzer auf's Parkett. ‹Hörst du mein heimliches Rufen?› klingt es von der über dreißig Jahre alten Platte. Diagonalschritt-Telemark-Kreisel-, ach wie schön, alte Erinnerungen an die Tanzstunde! Dann kommt B. B. an die Reihe und erst, wie ich mit der letzten der Damen, mit Fränzchen, ‹Tango, du bist meine Lieblingsmusik› absolviert habe, lasse ich mich für einige Zeit in einen Sessel pflumpsen und höre zu, was sie da alles zusammenreden.

Übrigens das Fränzchen, das tanzt aufregend! Wie die bei der Habanera, dem Wiegeschritt reingeht. Sie, das wird bestimmt manchen Tugendhaften heute abend verunsichern, manchen Teilnahmslosen die Ohren spitzen lassen. Wissen Sie, um was es da geht? Nein? Ja dann müssen Sie sich das mal zeigen lassen, das lohnt sich!
Silke erzählt gerade, wie wir es mit der Kindererziehung halten, daß wir immer noch nach dem alten System verfahren, welches man heute verächtlich das autoritäre nennt. «Bei uns gibt's das nicht wie bei Nachbars», meint sie, «daß der Bub, wenn er zum Einkaufen geschickt wird empört aufschreit: ‹Du siehst doch, daß ich gerade fernsehe, also was soll der Quatsch! Außerdem, bevor ich nicht die Mark Lohn in der Tasche habe, spielt sich sowieso nichts ab!›».

Und dann werde ich gefragt, ob ich denn keine Rätsel mehr geschrieben habe in den letzten Jahren, das hätte doch immer Spaß gemacht. Ich freue mich, daß sie danach fragen, hole mein Heft herbei und lese ihnen eines vor. Es heißt: ‹Suchen wir mal ein Hotel!› und geht so:

Großer Saal, ein Diener serviert Speisen –
ganz normal, die Gäste kau'n und beißen.
Bevorzugt werden auch Getränke,
doch braucht man weder Stuhl noch Bänke.
Ein Tisch genügt, Betten gibt es jede Menge,
Rauchen wird gerügt, bei Vollbelegung wird es enge!
All der Welt verschied'ne Rassen
kann ein solches Hotel fassen:
Weiße, Schwarze, Rote, Braune,
auch mal Gelbe, je nach Laune.
Raten wir mal das Hotel!
Raten wir es blitzeschnell!

Mit blitzeschnell ist es allerdings Essig, und so gebe ich noch einen Tip dazu: Es sind sehr kinderfreundliche Hotels und es gibt zigtausende davon! Aber, auch mit diesem

Hinweis schaffen sie es nicht! Deshalb lese ich Ihnen jetzt auch noch die letzten zwei Zeilen, daß die arme Seele ihre Ruhe hat, wie man bei uns im Schwäbischen sagt.

Soll ich helfen? Was meinst du?
Ist es etwa – ‹Hotel Muh›?

Da geht die Unterhaltung bunt durcheinander: «Mensch, hatten wir heute eine lange Leitung!» «Der Kuhstall, richtig, die Kuhställe, natürlich! Der Veith legt einen doch immer wieder rein!» «Aber Rauchen? Ah, klar, da würden ja täglich jede Menge Bauernhöfe abbrennen, wenn da die Landwirte anfangen würden mit dem Glimmstengel im Mund zu melken und hernach die Kippen in die Strohstreu zu werfen!» «Und der Hofbesitzer ist ja meist auch der Speiseträger in diesem Hotel Muh, in dem es nur einen einzigen, dafür aber riesig langen und großen Futtertisch gibt.» «Klar! Und gefärbt sind die Rinder wie die Menschenrassen, nur etwas kräftiger und mitunter auch gescheckt.»

Während man so dahinredet gehen die Hände zwischendurch zu den Weingläsern, die Augen immer aber auch mal zur Tanzfläche, denn Schwätzer und Sitzer beobachten leidenschaftlich gerne. Und Sehenswertes ist im Augenblicke schon vorhanden. Fränzchen, Tonis Frauchen, hat nämlich gerade den guten, aber in solchen Sachen stocksteifen Franz in der Mache. Franz und Fränzchen! Sie hat beide Hände hinter seinem Halse zusammengelegt und laszive tanzend, sich ganz an ihn geschmiegt. Dabei läßt sie ihre Augen in die seinen blitzen, dieser kleine Teufel. Verwundert blicken da manche, sauersüß auch, oder ablehnend, je nachdem. Ich dagegen kann das Fränzchen gut verstehen, habe ich doch selbst oft genug mit dem Feuer gespielt bei solchen Anlässen. Vielleicht ist es überhaupt der Sinn so naher körperlicher Kontakte, wie sie beim Tanze bewußt herbeigeführt werden, die Feuer der Liebe zu entzünden, was meinen Sie?

Vielleicht hat jeder Tanz, der nicht in sich eine gewisse Versuchung, so ein prickelndes schönes Etwas trägt, sein Ziel verfehlt? Egal, das Fränzchen hat seinen Spaß, der Franz ein Erlebnis und die verstimmten oder verstohlen hinüberblickenden Zuschauer wirken wie Kühe, die vergessen haben, daß sie auch einmal Kälber waren, denn früher, da haben sie ohne Zweifel alle auch mal was davon verspürt. Und Toni, mein Compagnon, der ist ein durchaus gutmütiger Typ. Er läßt sein Frauchen machen. Nur wenn's ihm gar zu arg wird, dann kann er so nebenbei mal einwerfen ‹Laß doch die dumme Küsserei!› oder, ‹He Fränzchen! Appetit holen darfst du dir ja, das weißt du, aber gevespert wird zu Hause!› Das war alles, zu was er sich aufraffen konnte, dann widmete er sich wieder anderem.
Es war sonderbar gewesen mit Fränzchen. Als es nämlich hier auftauchte, war es von ganz einfacher ländlicher Art gewesen und sehr zurückhaltend. Mit der Zeit aber hat sie wohl eine immer stärker werdende sonderbare schnelle Strömung erfaßt und sie begann, sich wie die Teenager zu kleiden, sich mit allerhand Lametta zu behängen und mehr von ihrem eher dürftigen Körperchen zu zeigen, als vielleicht reizvoll war. Ihr Toni aber steckte von vorneherein viel zu tief im Berufe, im Tierarztleben drin, als daß ihn diese Veränderung hätte ernsthaft beeindrucken können. Nur wenn er wegen modischer Extravaganzen seine Brieftasche allzuweit öffnen sollte, dann konnte es mitunter vorkommen, daß er ein wenig meuterte. Aber auch nicht allzusehr!

Mittlerweile ist die Rede auf die Vergänglichkeit gekommen und die Tatsache, daß, wenn man älter wird, so manches nachläßt. Mein Kollege Wannenmayer, der Axel, der zehn Jahre älter ist als ich, beklagt das besonders und blinzelt rüber zur Tanzfläche. «Da hat mir neulich der Brunnerbauer von Knifflingen erzählt», berichtet er, «daß er mit seiner Frau am Fenster gestanden sei und auf den Hof hinuntergeblickt habe zu den Hühnern. Nach einer Weile habe seine Bäuerin in mahnendem Tone zu ihm gesagt: ‹Baste, da schau dir nur unseren Gockel an, wie der vital ist. Der bringt was fertig, da kannst dir ein Beispiel dran nehmen!› Aber er, der Sebastian Klemmer, er sei noch nie aufs Maul gefallen gewesen und erst recht nicht, wenn es die Dispute mit seiner Frau betreffe. So sei ihm auch hier gleich das Richtige eingefallen und er habe den Spieß rumgedreht und geantwortet: ‹Ja so ein blöder Vergleich! Das ist doch gar kein Wunder, daß der so rangeht. Hast du nicht beobachtet, daß der sich jedesmal eine andere nimmt!?›»

Jetzt kommen Fränzchen und Franz, erhitzt, verschwitzt, aber was sehe ich? Fränzchen hat ein Spitzentüchlein an der Nase. Nanu? «Ach jetzt kommt er wieder, dieser dumme Schnupfen. Heute mittag schon hatte ich's mit ihm zu tun», klagt sie. Doch Franz, der Kavalier der Stunde, zeigt sich sofort in medizinischer Brillanz: «Silke, hast du mir drei Stecknadeln? Es ist doch nicht zu verantworten, Fränzchen so leiden zu lassen!» «Wäre ja auch ein ‹Luschtverluscht›, nicht wahr!» steuerte Berny vielsagend bei. Kaum ist das Gelächter verebbt, das nach Verhochdeutschung als Lustverlust auch von der des Schwäbischen nicht ganz mächtigen Marion angestimmt worden war, da sticht der Franz, der Landarzt, dem jede Zimperlichkeit in seinem Berufe fremd ist, pieks pieks pieks die drei Nadeln, die er vorher in einer Kerzenflamme vor sich auf dem Tische keimfrei gemacht hat, dem Fränzchen rings um sein zierliches Stubsnäschen in die Haut.

«Akupunktur ist da das Richtige!» unterstreicht er sein spontanes Handeln. «Zehn Minuten mußt du nun still sitzenbleiben!» «Und brav!» fügte B. B. hinzu, indem sie lächelnd den Finger hob. Das tut Fränzchen nun auch, aber nur so lange, bis ihr einfällt, daß man ja mit den Beinen allein auch was anfangen kann, nämlich ‹fußeln›. Während nun also Toni von ‹Valeska› und ‹Brillinchen› zu erzählen beginnt, zwei kleinen Schweinchen, zwei Waisenkindern, die er von einer Geburt mit nach Hause gebracht hat und die nun in der Wohnung mitleben und auch flugs ins Auto einsteigen und mitfahren, erprobt sein Weibchen unter Tische neckische Spielchen, von denen aber nur Eingeweihte etwas verstehen.

Marion und ich beobachten dies und wir lächeln uns zu und denken an vergangene Zeiten. Nun dreht der Franz noch ein bißchen an seinen eleganten, schwarzverrußten Akupunkturnadeln mit den roten Köpfen, dann nimmt er sie heraus und wir anderen warten alle gespannt auf das Resultat. Aber, tropf tropf tropf, es geht weiter mit dem Schnupfen. Franz murmelt was von Allergie, aber Axel Wannenmayer, mein Kollege, sagt seelenruhig: «Mich freut es regelrecht, daß diese Wunderwaffe auch ihre Versager hat, schilt mich doch der Veith immer wieder mal, wenn ich bei Heublumendämpfen und ähnlichen ‹veralteten› Methoden bleibe. Obwohl», und das fügte er augenzwinkernd hinzu, «Fränzchen zuliebe hätte ich auch einen Triumph dieser roten Stecknadeln in Kauf genommen.»

Silke hat schon vor einer halben Stunde das Kaminfeuer angezündet und langsam wird es ganz gemütlich und auch besinnlich. Wenn man in ein Feuer schaut, das glostet und glüht, wo die Flammen züngeln, wo Wärme herströmt, wo Vergehen im Zeitraffertempo erlebt wird, wo Wandlung so nahe ist, da regt sich im Herzen einiges an Gefühl und man beginnt zu empfinden und zu überlegen. In diesem ‹vor sich Hinsinnen› werde ich gefragt, wie man sich denn so fühlt mit fünfzig. «Allerbestens!» antworte ich, «ich erlebe diese Mitte meines Lebens, denn ich plane ja auf hundert Jahre, ganz bewußt und voller Freude. Auf den heutigen Tag habe ich mich geistig schon seit Wochen vorbereitet, habe eine Bilanz gezogen meines seitherigen Daseins und Pläne geschmiedet, die ich in der nun folgenden zweiten Hälfte meiner Erdenzeit verwirklichen will.»

«Ja, ja», wirft Silke ein, «er plant und plant, aber mir liegt das überhaupt nicht, daß ich immer schon im voraus weiß, was ich machen soll. Ich lasse lieber die Dinge an mich herankommen!»
«Besinnung, Besinnung auf sich selbst, scheint mir aber doch etwas ganz Wesentliches zu sein!» nimmt da Frau Moravetz das Wort. Erläuternd füge ich hinzu: «Bei mir gibt es täglich die gleiche Fragestellung: ‹Wo bin ich?› und – ‹Wo will ich hin? Wo möchte ich am Ende meines Lebens sein?› Denkt doch, jeder Autofahrer kann haargenau angeben, wenn er gefragt wird, wo er hinfahren will. Er weiß sein Ziel. Wissen wir's auch, unser Ziel, unser Lebensziel?»
«Das geht ja schon ins Religiöse hinein, Veith!» unterbrach da Berny, «mich würde eher das Praktische interessieren von deinen Plänen. Was schwebt dir denn da vor?» «Das kann ich dir genau sagen», antworte ich. «Zuerst werde ich meinen Körper in Ordnung bringen durch Abspecken und als Nummer zwei durch mäßiges Essen hinterher, denn sonst ist nach einem halben Jahr alles wieder drangevespert. Daran schließt sich dann ein Sportprogramm an und hernach folgt Lernen und Weiterbildung auf dem geistigen Sektor. Kurzum, ich werde meine Person auf allen Gebieten auf Vordermann bringen. Dieser Gedanke, das kann ich euch sagen, der beflügelt einen derart, daß man sich unendlich glücklich fühlt!»
«Nicht übel, Hansi, was du da vorträgst», meint B. B.: «Zu Beginn der ersten fünzig Lebensjahre zweifelt ja kein Mensch daran, daß man lernen sollte, zu Beginn der zweiten Halbzeit sind sie alle zu faul dazu und meinen, sie hätten das nicht mehr nötig. Aber ob du das schaffst im Alleingang?»
«Du weißt ja, daß ich alles immer im Alleingang angepackt habe. Erkenntnis, Wille und Glaube helfen mir. Ich werde Lehrer und Belehrter sein müssen, ich werde Ausdauer haben müssen und Geduld. Was man für richtig erkannt hat und was man will, das bringt man auch fertig, da gibt es gar keinen Zweifel! Schau, im Nachsommer des Lebens geht

man über Stoppelfelder. Man hat des Lebens Früchte geerntet, die Dinge der Oberfläche erfahren, nun heißt es pflügen, heißt es in die Tiefe gehen und sich des Untergrundes bewußt werden.»
Jetzt aber wird es Fränzchen eindeutig zu viel des geistigen Geredes und zwischen zwei Tropfen frägt sie enttäuscht: «Ja willst du denn auf Pastor umsatteln? Wie verstehe ich denn das, wie kommt mir denn das vor?»
«Davon kann nicht die Rede sein, Fränzchen; aber ich denke, daß auch ein Tierarzt Anspruch auf Höherentwicklung seiner körperlichen, seiner geistigen und seiner seelischen Anlagen hat. Seine Bemühungen auf dem Lebenswege dürfen nicht allein nur dem Beruflichen gelten.»
«Hör gut zu!» stupfte Frau Wannenmayer da ihren Gemahl.

«Telefon!» tönt's da plötzlich zur aufgerissenen Türe herein. Aufgescheucht aus den Gedanken springen da gleich viere von uns in die Höhe. Silke ist zuerst am Hörer, Fränzchen, Toni und ich stehen um sie herum, draußen auf dem Flur. Blitzstarts, wenn nachts das Telefon läutet, das liegt uns vieren schon im Blut. Wir wissen, irgendwo brennt's jetzt, irgendwo herrscht jetzt größte Not, und da sind wir da! Gespannt lauschen wir und versuchen mitzukriegen, was los ist.
«O je! – Wo ist das genau? – Umgehungsstraße, ja. Abzweigung Heiningen, ja, – alles klar – sie kommen sofort!»
Meine Frau hat noch den Hörer in der Hand, wie sie uns lossprinten läßt: «Die Polizei war's. Ein Lkw mit Anhänger ist in eine Schafherde gerast, los!» – «Aber die Anzüge runter!» schreit sie uns nach, denn wir sind bereits zur Türe raus. Im Hausgang lasse ich Jackett und Hose fallen, schlüpfe in der Garage in meine Geburtshose und in die Gummistiefel und ab geht es. Toni muß erst über die Straße rüber zu seinem Hause, denn wir fahren mit zwei Wagen, das ist ganz selbstverständlich, da brauchen wir uns nicht vorher absprechen. In einem solchen Falle, wo eventuell viele Tiere zu gleicher Zeit behandelt werden müssen, da hat es keinen

Wert, wenn der eine auf den Nadelhalter des anderen warten muß.

‹Schafherde?› geht es mir durch den Kopf, wessen Schafherde denn? Ich kenne doch meine Schäfer und ich weiß, daß dort in dieser verkehrsreichen Gegend nie durchgetrieben wird und ganz sicher nicht bei Nacht. Komisch! Nur kurz dauert die Fahrt und schon sehe ich die blinkenden Blaulichter der Polizeiwagen und dann gleich darauf im Scheinwerfer die ganze Tragödie. Die Fahrbahn ist abgesperrt. Auf ihr liegen wohl ein Dutzend Tierkörper verstreut in Blutlachen. In einer Wiese neben der Straße steht ein holländischer Lastzug, der Fahrer lehnt geschockt an einem der großen Reifen und hat den Kopf zwischen den Armen verborgen. Und dort, zwanzig, dreißig Meter weiter weg, dort im Dunkel, gerade noch sichtbar stehen die Übriggebliebenen, Gesunde und Versehrte, dicht beisammen auf einem Haufen.

Wie ich die Bremsen reingehauen habe und aussteige, habe ich schon den Schußapparat in der Hand: Die unheilbar Verstümmelten von ihren Schmerzen erlösen, das ist das Erste. Schon prescht auch der Toni heran. Da, ein Tier ohne Vorderbeine, ich blicke in seine Augen, es muß sein, ich drücke ab. Dort ein anderes, dem der Brustkasten zusammengequetscht ist und das nur noch röchelt – Schuß! So der Toni und ich auf der nächtlichen Straße; helfen wollen wir und müssen töten. Fünf Minuten später ziehen wir die Tiere von der Straße. «Veith, komm bloß mal hierher!» ruft da erneut der Toni. Und wie ich hinzutrete, werde selbst ich, der ich mich in solchen Situationen rein vom Verstand führen lasse, weil ich sonst meinen Aufgaben so gar nicht gewachsen wäre, von Gefühl und Empfindung geschüttelt. Sehe ich doch, neben dem Toni stehend, dort im Lichte der Taschenlampe zwei winzige Lämmchen sitzen, eng beieinander sitzen auf dem zusammengemalmten Leib ihrer toten Mutter, aus dem es sie zur geplatzten Bauchwand herausgepreßt haben muß. Ihre Nabelschnüre gehen noch in den mütterlichen Körper hinein und durch sie werden die kleinen Wesen fest- und zusammengehalten. Ein Polizist leuchtet, Toni nabelt die zwei Kleinen ab und ich ziehe meinen Arbeitsmantel aus, damit wir was haben, um die Klitschnassen trockenzureiben. Anschließend setzen wir das Pärchen beim Toni in den Wagen, auf den Boden vor dem Fahrersitz und mit meinem Mantel machen wir ein kleines Nest um sie herum, daß sie's warm haben und auch, damit sie nicht etwa neugierig überall herumkrabbeln können. Nun aber schnell zu der Herde, die immer noch drüben in der Dunkelheit steht. Da der Toni wußte, wo sie hingehören, bringt der Streifenwagen jetzt eben schon den Besitzer an, einen Hobbyschäfer, aus dessen Pferch ganz in der Nähe, die Schafe ausgebrochen waren. Ihn, den Besitzer, brauchen wir vor allem deshalb, weil Schafe Fremden weder gehorchen noch sich von diesen einfangen lassen. Auch dann nicht, wenn sie schwer verletzt sind und wie das eine da, seinen Hinterfuß lediglich an einem Hautfetzen nachschleppt. Besagter Mann hat eine Plastiktüte dabei und wie sie die sehen und sie rascheln hören, gehen sie sofort hinterher und marschieren auf dem nächsten Weg dorthin zurück, von wo sie ausgerückt sind. In so einer Plastiktüte bringt er ihnen jede Woche einmal zusammengeschnittenes Altbrot und ab und zu auch Salz und darauf sind sie scharf wie sonst was und es ist das Schönste für sie, wenn sie eine Plastiktüte rascheln hören. Der rennen sie nach und wenn's sein muß, kilometerweit!

Wir fahren mit den Wagen hin. Aha, dort drüben sind sie raus! Da ist der Zaun niedergetreten, da sind sie drüber. Er hat wohl zu wenig Stangen verwendet und sie zudem nicht tief genug in den Boden getrieben. Wenn da mal tüchtig dagegengedrückt wird, gibt so ein Drahtzaun nach. Schnell reparieren wir die Stelle so gut es geht und dann kommen die Schafe an und wir nehmen sie der Reihe nach in Augenschein. Wiederum heißt es, Todesurteile fällen. Man kann doch nicht Schafe kunstgerecht in stundenlanger Operation amputieren und hinterher, in ein paar Wochen oder Monaten, ist ihr Schicksal doch der Metzger. Wirtschaftlichkeit heißt da der Gesichtspunkt. Es tut einem weh, wenn man das Wort Rentabilität neben das Wort «Gottes Geschöpf» stellt. Aber man kommt einfach an der Tatsache nicht vorbei, daß Menschen, die von der Tierzucht leben, oder zum Teil leben, wie hier in unserem Falle, rechnen müssen. Und wenn sie für eine Operation einhundert Mark ausgeben und nachher vom Metzger auch nicht mehr erlösen als jetzt ohne Operation, dann entscheiden sie sich selbstverständlich für eine sofortige Schlachtung. So ist das. Und deshalb ist es in solchen Augenblicken nicht ein reines Honiglecken, dieses ‹Tierarzt sein›. Aber trotz allem: Wir haben jetzt eine Menge zu tun bei denen, welche man mit geringerem Aufwand wieder zusammenflicken kann. Da ist zum Beispiel ein abgerissenes Ohr. Da nähe ich einfach die Haut zusammen, gebe eine Penicillininjektion und dann geht das. Schönheitsfehler nachher, das spielt keine Rolle. Oder, der Toni macht das gerade, ein Auge hat's herausgedrückt. Am Sehnerv baumelt es herab. Das wird einfach abgesetzt, die Augenhöhle vernäht und ebenfalls eine antibiotische Versorgung durchgeführt.

Ganz so einfach wie es sich liest, ist das alles natürlich nicht, denn es ist ja Nacht, wir operieren und arbeiten im Licht unserer Autoscheinwerfer in einem Schafpferch, haben nicht mal einen Tisch, um unsere Sachen abzulegen, geschweige denn entsprechende Assistenz und sterile Möglichkeiten. Trotzdem, wir kriegen's fertig. Salben und Puder werden dagelassen und wir fahren nach Hause, nachdem wir uns an einer Regenwassertonne notdürftig gesäubert und gewaschen und an einer alten Zeltplane abgetrocknet haben.

Die zwei Kitze waren die ganze Zeit über brav auf ihrem Plätzchen geblieben und Toni, der den Hobbyschäfer unterrichtet hatte, sagte, daß da bestimmt Valeska und Brillinchen eine Riesenfreude hätten, wenn noch zwei weitere Tierkinder dazukämen. Ich für meinen Teil denke, daß sicher das Fränzchen, das sich dann ja auch noch um diese beiden wird kümmern müssen, die Hände überm Kopf zusammenschlagen wird, wenn der Toni jetzt auch noch zwei junge Schafe anschleppt. Aber vielleicht glaubt er, für Fränzchen wird das ganz gut sein, soviel Arbeit mit den Kleinen. Da kommt sie schon nicht auf falsche Gedanken! Vielleicht? Wir werden ja sehen.

Es ist drei Uhr wie Toni und ich wieder zurückkehren zur Geburtstagsfeier. Aber am glostenden Kaminfeuer sitzen nur noch die Langsdorffs, B. B., Silke und Fränzchen. Sie haben ausgeharrt und auf uns gewartet.
Während nun ‹Tonis› mit ihren neuen Pflegekindern, die Fränzchen sofort Bugsy und Mugsy taufte, gleich verschwinden, um den Zweien den ersten Schoppen zu machen, erzähle ich noch von dem grausamen nächtlichen Geschehnis, von dem Schicksal, das diese Nacht ein kleines Tiervolk ereilte.
B. B. meinte, von Verkehrsopfern lese man ja jeden Tag in der Zeitung, so daß man kaum mehr Notiz nehme davon. Hier aber sei es anders. Man stellt sich vor, wie die Tiere, deren Gehirnleistung technische Vorgänge wie Straßenverkehr überhaupt nicht erfassen kann, blindlings, ohne irgendwelches Begreifen hingeschleudert und zermalmt werden.
«Richtig, B. B., die Schafe verhielten sich so, wie wenn es überhaupt noch keine Technik gäbe, sie handelten wie alle Schafe auf der Welt, nämlich gemäß der Prägung, die vor einigen tausend Jahren in ihnen als das nützlichste Verhaltensprogramm festgelegt worden war. Und das hieß: Wandern, ziehen, neue Weidegründe aufsuchen und immer beieinander bleiben, denn so kann man sich verteidigen. Und immer dem Leitschaf folgen, nicht eigene Wege gehen,

sonst ist man verloren. Deshalb war es ganz logisch, daß sie loszogen und absolut folgerichtig. Und das aufgebrachte Geschrei des Hobbyschäfers, der seine Tiere mit den gröbsten Schimpfausdrücken bedachte, war nichts als dummes Nichtverstehen.»

So reden wir noch ein Weilchen hin und her und dann sind wir alle müde und gehen mit dem Bemerken auseinander, daß es für einen Tierarzt ein ganz normaler Geburtstag war. Denn ob einer dreißig wird oder fünfzig, das ist ganz Wurst, wenn's eben nottut, dann läßt man alles stehen und liegen und fährt, fährt zu denen, die hilflos sind, zu denen, die still leiden und nur mit ihren Augen reden.

2. Kapitel

Turnschuhe im Auto

Ich kann Ihnen sagen, das war eine Tortur mit dem Abnehmen! Wenn man so leidenschaftlich gerne ißt wie ich! Was glauben Sie, wie schwer es mir fiel, täglich am ‹Adler› mit seinen Vorräten an Suppen, Braten und Vespern vorbeizufahren, ohne reinzugehen; und wenn ich es doch einmal tat, statt der gewohnten drei Gläser Augustiner und einem Kirsch eine Flasche Göppinger Sprudel zu bestellen! – Ja und erst im letzten Winter die vielen Metzelsuppen, die mir entgangen sind! Grausam ist gar kein Wort dafür. Aber, schauen sie mich an, zwanzig Kilo habe ich weggemacht und Silke hat all die alten Hosen mit den Gummibändchen vornedran, auf denen der Knopf genäht war, daß ich den Bund immer noch zubrachte, rausgeschmissen und ich muß jetzt höllisch aufpassen, daß die Neuanschaffungen nicht auch wieder eines schönen Tages so spannen, daß man den oberen Knopf nicht mehr zukriegt. Denn mancher hat ja schon abgespeckt und ‹Hurra!› geschrien, aber nach einem halben Jahr hat er dann alles wieder drangehabt und seine ganzen Anstrengungen waren für die Katz gewesen.

Meine Bauern aber schütteln die Köpfe. Ein Tierarzt, der nach der Geburt nicht seine fünf, sechs Spiegeleier verdrückt und einen Krug Most dazu trinkt, ein Tierarzt, der nach der Besamung einen Schnaps ausschlägt und sich dann auch nicht zur Metzelsuppe einladen läßt, der muß krank sein oder es stimmt sonst mit ihm nicht recht. «So hat's bei meinem Nachbarn Übele auch angefangen», sagt einer bedauernd, «und jetzt ist er beim Landerer in der Heilanstalt.» Aber es kommt noch ein zweites hinzu, das ebenfalls hinweist, daß ich einen leichten Dachschaden haben muß. Man sieht mich nämlich bereits den halben Winter hindurch und auch jetzt im Frühjahr in Turnschuhen und Praxiskleidern in den Wäldern und auch auf Feldwegen dahinrennen. Und die mich kennen, bleiben stehen und greifen sich an den Kopf. Ja ist denn das die Möglichkeit! Der Schwipfinger Tierarzt, der Pfeffer, jetzt hat der auch eine Macke weg! Wie es zu dieser ländlichen Sportattraktion gekommen ist, läßt sich aber schnell erklären: Entsprechend meinem Plane, ab fünfzig Körper und Geist wieder in die Schule zu schikken, hatte ich schon lange Ausschau gehalten nach einer Sportart, die mir zusagen würde. Da sah ich sonntagabends mal im Fernsehen die Übertragung eines Marathonlaufes drunten am Originalort in Griechenland. Im selben Moment fiel bei mir der Groschen. ‹Das machst du auch!› Zweiundvierzig Kilometer rennen am Stück, das ist die richtige Aufgabe für den Veith Pfeffer. Da muß er ran, da hat er eine Weile zu tun, bis er das schafft mit seinem unsportlichen Leib. Na ja, und da stationierte ich halt ein Paar Turnschuhe auf dem Boden hinter meinem Sitz im Auto und immer, wenn der Praxisgang es gestattete, hielt ich unterwegs irgendwo an und lief eine Viertelstunde oder eine halbe. Wie es mir dabei erging, wie ich überhaupt mal erst nur hundert Meter schaffte unter Gekeuch und Schwitzen, soll ich Ihnen ein bißchen davon erzählen? Wollen Sie's nachmachen? Nichts leichter als das! Nur den Willen dazu muß man haben, dann geht alles.

Zuerst also nur ein paar Minuten. Dazu reicht die Puste gerade noch. Dann immer, jeden Tag ein bißchen mehr. Dabei nun lernt man alte Bekannte kennen, leider. Denn wenn man läuft und lange läuft, dann paßt das dem Luxuskörperchen gar nicht, dem verwöhnten. Es rebelliert, gleich schon am Anfang, dann nach Minuten, dann ständig. Alte, längst vergessene Defekte machen sich bemerkbar. ‹Keine Luft mehr!› meldet die Lunge und man denkt an den furchtbaren Husten, den einem die Tb damals eingetragen hatte. ‹Linkes Knie kaum mehr zum Aushalten›, die Erinnerung an den Schlag des Pferdes in Wasserheim beim Entlesbauern wird wach. ‹Sofort aufhören! Stechendes Gefühl am Herzen!› verlangt die Vernunft und es fällt einem ein, daß man einmal bewußtlos umgefallen ist beim Froschhüpfen in der Reitbahn, Gewehr in Vorhalte, Gasmaske und Stahlhelm auf. Alte Bekannte! Der Körper meldet und meldet. Man darf nur nicht hinhören. In einer einzigen Sekunde hätte er einen sonst ausgepunktet und vorbei wäre es für immer. So lernte ich zuerst mich selbst zu überwinden. Denn plagten mich die Schmerzen noch so schlimm, ich lief und lief und lief sie alle tot. Alle samt und sonders verschwanden sie wieder, wenn nicht nach zehn, so doch nach zwanzig oder nach dreißig Minuten. Und da war ich stolz auf mich, daß ich Sieger geworden war über diesen lumpigen Leib, der jetzt am Zügel ging wie ein Dressurpferd. Für mich stand jetzt fest, die zweiundvierzig würde ich schaffen, auf jeden Fall!

Dann kam auf den Winter der Frühling. In den Wäldern wurde es grün und die Sache machte mir zunehmend Spaß. Ja, so war das bisher mit meinem Lauftraining. Und wenn Sie mich fragen, was ich jetzt gerade im Augenblick tue, dann sage ich Ihnen, ich trabe seit einer halben Stunde durch den großen Wald, der sich vom Hohenstaufen bis Göppingen hinzieht. Heute fällt mir mein Training leicht, es ist ja jeden Tag verschieden, und ich genieße den Anblick der Natur, die ich durcheile. Am Boden zwischen Laub und Moos blühen die hellgelben Schlüsselblumen und die weißen Anemonen. Darüber grünende Büsche und knospende Bäume und über allem ein Hauch von Frühling, ein Hauch von Erdenglück. Glückselig erklingen aus dem hellen Grün die Vogelstimmen, glückselig ziehen darüber weiße Wölkchen durch den blauen Himmel. Und glückselig bin ich selbst, laue Lüfte um Stirn und Gedanken. So hat mein

Laufen an die Grenzen meiner Leistungsfähigkeit durchaus auch Passagen wunderschöner Gefühlserlebnisse.
Wie ich nun so ganz in Gedanken versunken trabe, da höre ich von dort, wo ich meinen Wagen abgestellt habe, dreimaliges Hupen. Dreimaliges Hupen heißt Alarm. Silke sitzt am Funk zu Hause und versucht, mich dringend zu erreichen. Also abbrechen und quer durch den Wald den nächsten Weg nehmen, Galopp! Keuchend schnaufe ich ins Mikrofon: «Ja, was ist?»
«Wo steckst du denn? Ich probier's schon die ganze Zeit!»
«Ach was, Waldlauf habe ich gemacht! Geburt? Geburt beim Gräfe? Die haben immer eine Pressiererei! Und wenn man recht guckt, dann wursteln sie selbst schon stundenlang dranrum.»
«Ja, ja, die alte Geschichte. Wo ist denn der Toni, warum fährt denn der nicht hin?»
«Ach so, der ist noch zum Zahnarzt bestellt! – Na gut, ich fahre da gleich hin. Und, du, Fraule, anschließend komme ich dann gleich nach Hause und wir machen's uns noch ein bißchen gemütlich, hm? Die Frühlingsluft ... ach du spürst sie auch, herrlich, dann freue ich mich doppelt. Bis bald! Tschüß mein Goldschatz!»
In aller Eile ziehe ich jetzt also meine Turnschuhe aus und schlüpfe schnell in die unangenehm kalten Gummistiefel, um in Richtung Gräfes Kuhstall zu sausen.
Wie ich da hinkomme und schon von der Scheuer aus die vielen Leute in der Stallgasse sehe, schwant mir nichts Gutes. Nun fängt einer auch noch an zu schreien, ich glaube der Gräfe selbst ist es: «Hoo ruck, hoooo ruck, hoooooo ruck!» Das treibt mir bereits das Blut in den Kopf. Diese Blödmänner! Mit einigen schnellen Schritten bin ich mitten unter ihnen und brülle: «Aufhören, augenblicklich aufhören! Ihr reißt ja die ganze Kuh kaputt, ihr Esel!»
Alle, außer der Bäuerin, die mich vermutlich ohne Wissen der anderen und vor allem ohne das ihres Mannes, heimlich hergerufen hat, starren mich an wie einen Geist.

«Hoooo ruck!» schreit jetzt der Gräfe mit krebsrotem Kopf weiter, so, wie wenn er mich weder gehört noch gesehen hätte. Aber bei seinem «ruck!» tut's einen Knacks und seine ganze Zugmannschaft haut es rückwärts an die Wand und kreuz und quer durcheinander. Den Gräfe hat es mitgerissen, er liegt in der Jaucherinne, während aus der Kuh nur noch die Klauen der Kalbsfüße nebst zwei abgerissenen Stricken herausragen.
«Tu deinen Fuß von meinem Bauch!» «Heilandsack mein Kopf!» so schimpfen sie durcheinander. Einer ist im vollen Wassereimer gelandet, den man bereitgestellt hatte, um seinen Inhalt dem Neugeborenen über den Kopf zu schütten, ein anderer fand sich auf dem Mistkarren wieder und der Bärbel, der robusten Briefträgerin mit den strammen Waden, die, weil sie gerade die Post gebracht hatte, auch gleich zum Ziehen mit herangezogen worden war, flog, ergötzlich anzusehen, der Rock hoch bis an's Kinn. Nun rappeln sich die Helden wieder vom Boden auf.
«Das geschieht euch recht!» freue ich mich, «habt ihr denn gar keinen Verstand! So wie jetzt die Stricke zerborsten sind, so ward ihr im Begriff, die Kuh zu zerfetzen!»
Und der Gräfe, der ‹Hooruck›-Schreier, der gerade aufsteht und seine mistverschmierten Pranken an seinem Kittel sauberputzt, hört folgendes von mir: «Sie wollen scheint's mit Gewalt Ihre Kuh ins Schlachthaus bringen! Warum spannen Sie da nicht gleich ihren Schlepper vor? Mit 20 PS, da wären Sie noch viel schneller Ihr Geld los!»
Mittlerweile bin ich natürlich schon mit dem Arm in der Kuh gewesen und fahre fort: «Mann, haben Sie denn nicht gemerkt, was das für ein Riesenkalb ist? Das kann doch niemals durchs Becken durch!»

Widerwärtig schaut mich der Bauer an, aber bevor er noch antworten kann, lallt's vom Wassereimer herunter:
«Ich sa– sag scho– schon die ga– ganze Zeit zum Schorsch, das Kalb sitzt drin wie rei– reingemauert!»

«Halt dein Maul, dein versoffenes!» schreit da der Gräfe wütend: «Zuerst säuft er heimlich die Schnapsflasche aus, die ich zur Nabeldesinfektion hergerichtet hatte und hinterher wird er auch noch frech, oder!»
Und zu mir gewandt fragt er erstaunt: «Ja Herr Doktor, was machen Sie denn hier?»
Aber wie ich gerade diese für einen telefonisch herbeigerufenen Tierarzt recht erstaunliche Frage beantworten kann, bemerkt der Grobian, wie seine Frau, die Pauline, schnell und ängstlich zur Stalltüre hinauswitscht. Da fällt bei ihm der Groschen und doppelt gereizt stößt er aus:
«Wenn die nur dem Tierarzt anläuten kann! Wir haben das Geld doch nicht zum Rausschmeißen!»
Auf diesen harten Brocken hin nehme ich ihn aber nun scharf ins Visier und da merkt er scheint's, daß er den Bogen überspannt hat und schaut zu Boden. Dafür aber gibt der Schnapsliebhaber noch einiges von sich:
«Zwei zwei Stunden schon lä– läßt er uns ununterbrochen ziehen und schrei– schreit dauernd ‹Los los, mir verreckt ja das Kalb i– in der Kuh!› u– und dabei hat der Knigger i– in der ganzen Zeit nur zw– zwei Krüge Most raufgeholt!»
«Schluß jetzt mit dem Palaver!» fahre ich dazwischen, «jetzt werden alle Vorbereitungen zum Kaiserschnitt getroffen, aber schnell!»

Nach einer knappen Stunde sieht es in Gräfes Stall ganz anders aus, hat sich ein kompletter Szenenwechsel vollzogen. Hektik und Emotionen sind verschwunden, gespannte Aufmerksamkeit herrscht. Bis auf den Sebastian Häckerle natürlich, der auf einem Melkschemel an der Stallwand hinten in alkoholischen Träumen dahindöst. Die meisten Leute habe ich nach Hause geschickt.
Die Kuh steht ruhig an ihrem Platz und schaut in der Gegend rum. Zu Anfang schon habe ich ihr nach örtlicher Betäubung in der linken Flanke einen senkrechten Schnitt gemacht von 35 Zentimeter Länge, habe aus diesem Loch in

der Bauchwand die Gebärmutter samt einem durch ihre Wand hindurch spürbaren Unterfuß hervorgezogen und sie aufgeschnitten. Dann wurden die Ränder dieses Tragsackes festgeklemmt und die Füße des Kalbes mit Stricken angebunden.

So weit sind wir also schon gediehen und nun gebe ich weitere Anweisungen:

«Herr Gräfe und Herr Frey, Sie ziehen jetzt an den Stricken! – Langsam! – Mehr nach oben! Nach oben habe ich gesagt! Das ganze Fruchtwasser läuft doch sonst in die Bauchhöhle! So ist's recht! Jetzt kommt der Kopf. Weiter! Ein Riesenkalb! Aha! Aha! Herr Gräfe, da kommt was an den Tag! Das Kalb ist ja gelb und die Kuh ist schwarz, ein Fleckviehkalb aus einer schwarzbunten Kuh! Da ist's ja kein Wunder, daß das eine Schwergeburt gibt!» Da tönt es vom Melkschemel her:

«Da da das ist so klar wie Wurstbrühe: Da da da hat der Schorsch auf die schwa-schwarze Kuh einen von seinen gelben Mastbullen raufgelassen, ich mach' jede Wette!»

Und der Klemmers Karl, der auch mithilft, fügt hinzu: «Ja ja, da hat er die fünfzehn Mark Besamungsgeld einsparen wollen!»

Entrüstet, aber wenig überzeugend kontert der Gräfe: «Saudummes Geschwätz! Nachts ist einmal einer losgewesen von der Kette und der muß sie gedeckt haben. Da kann doch ich nichts dafür, odder?»

«Das ist die alte Platte, d-d-die kennt man, aber diesmal ist d-d-der Schuß nach hinten raus!»

Während diese Sprüche hin- und herfliegen hat das Kalb beinahe den Leib der Mutter verlassen.

«Vorsicht, jetzt kommt's gleich!»

Wie ich das rufe, macht es neben mir ‹Pflumbs› wie wenn man einen Mehlsack aus dem ersten Stock aufs Trottoir wirft. Aber es ist nicht das Kalb, sondern der Letten-Seff, ein Zweizentnermann, der da zu Boden geht.

«Jetzt schau nur den an! Ausgerechnet dem Hausmetzger

wird schlecht!» spottet die inzwischen wieder erschienene Frau Gräfe. «Ruhe jetzt! Raus mit dem an die frische Luft und weiterziehen! Durchziehen!»
Platsch, das Kalb klatscht zu Boden, die Spannung löst sich, alle sprechen und rufen durcheinander.
Ich schreie: «Instrumententisch her!»
Oma Gräfe von hinten: «Du liebes Herrgöttle von Biberach! Was man doch heutzutage nicht alles kann!»
Der kleine Bub an Omas Hand will wissen: «Wie heißt dieses Kälble?» Der Bauer selbst: «Lebt es auch? Ist's ein Bullenkalb?» Seine Frau hebt fachkundig einen Hinterfuß: «Natürlich, aber es ist noch recht matt. Los hol Wasser, Schorsch, dann taufen wir's!» Schwapp, schon leeren sie einen Eimer voll kalten Hahnenwassers über den Kopf des Riesenkalbes, das gleich reagiert und seinen ersten Schüttelversuch macht und aufstehen will. Alle lachen, nur ich nicht: «Himmeldonnerwetter, könnt ihr nicht aufpassen! Die Hälfte habt ihr mir in den Stiefel geleert!»
«Dieses Kalb kannst gleich morgen dem Metzger geben, Schorsch, das wiegt ja gut anderthalb Zentner!» spöttelt der Nachbar, der Klemmers Karl.
«Ich bin nur froh, daß ich gleich dazugetan habe, sonst wäre am Ende dieses schöne Kalb noch kaputt gewesen! Odder?»
«Ruhe jetzt mit diesem Geschwätz!» fahre ich dazwischen; «das Kalb abreiben und zwar gründlich und Sie, Frau Gräfe, desinfizieren den Nabel!»
Die Bauern reiben nun mit frischem Stroh das Kalb trocken, der kleine Bub versucht es ungeschickt ebenfalls. Frau Gräfe läuft nach der Jodflasche und schaut im Vorbeigehen in die offene Bauchhöhle der Kuh.
«Herrjehmineh, wie das aussieht», erschrickt sie.
Solch lautes Denken seiner Frau hat der Bauer aber nicht gern! «Du sollst den Nabel definsieren, hast du das nicht gehört, du neugieriges Weibsbild! Odder?»

Mir dauert die ganze Geschichte zu lange und deshalb mache ich der Gesellschaft jetzt ein wenig Dampf:
«Den Tisch näher her, los! Das Handwasser auch. Und die Lampe höher halten und aufpassen, daß das Kabel mir nicht in meine Instrumentenschale reinhängt! Los, ein bißchen Dalli, sonst haut mir der Tragsack ab, der zieht sich nämlich zusammen. Auf!»
Wie ich aber so auf sie einrede, da geht die Stalltüre auf und eine junge und hübsche Dame im Minikleid blickt erstaunt und belustigt auf unsere Szene.
Gleich schreit die Frau Gräfe begeistert los:
«Prima, Fräulein Fionna! Sie kommen gerade im rechten Augenblick, da können Sie gleich nochmals Operationsschwester spielen wie im letzten Jahr!»
Alle haben wir für einen Augenblick Kuh und Kalb vergessen und starren fasziniert dieses taufrische, anmutige Mädchen an, das wir alle kennen. Denn diese Fionna macht hier jedes Jahr Ferien auf dem Bauernhof und es ist bekannt, daß in diesen vierzehn Tagen das Herzflimmern umgeht unter den männlichen Einwohnern Wasserheims. Selbst ich, von dem Sie ja wissen, daß ich bereits in den Gefilden jenseits von Gut und Böse angelangt bin, vermerke gewisse Störungen der Gelassenheit, kurzum, ich hätte sie gleich in den Arm nehmen können!
«Grüß Gott miteinander! Ich ziehe mich nur geschwind um! Dann komme ich sofort!»
Voller Spaß in den Augen blickt sie mich an und dann geht die Türe wieder zu.
«Die bringt mir immer etwas mit!» der Bub rennt ihr nach.

Im letzten Jahre als sie da war, da gab's bei Gräfes nämlich zufällig eine Fremdkörperoperation, und, nachdem damals die Ausstrahlung der Kleinen nicht weniger wirksam war als die, welche ich jetzt gerade registrierte, stellte ich sie sofort als Assistentin an, eine Tätigkeit, die ihr offensichtlich von der ersten Minute an Spaß machte.

Befriedigt äußerte Frau Gräfe: «Jetzt haben wir wenigstens jemand, der beim Nähen helfen kann!» und war sicher froh, daß sie selbst das nicht tun mußte.
«Und etwas für die Augen, Bäuerin, dann ist's gleich eine ganz andere Sache!» meldet sich der Sebastian, der scheints wieder klarer wird.
Mittlerweile sind Tisch und Beleuchtung in Position gebracht worden, das Kalb wurde weggetragen und seitwärts in eine Box gelegt.
«Paile, du könntest doch jetzt deine Nähmaschine reinholen, damit ging's viel schneller!» meint der Klemmers Karl und erlebt sofort Einspruch vom Häckerles Bauer, der sich jetzt sogar von seinem Melkschemel hochgerappelt hat:
«Nur nichts Narrets, jetzt gerade pressiert's überhaupt nicht mehr!»
Ich bin nun fertig mit der Wundreinigung, mit Blutstillung und den sonstigen Vorbereitungen vor der Schließung der Gebärmutter, von mir aus könnte die Fionna jetzt auftauchen. Statt ihrer tritt der Hausmetzger, der Letten-Seff, wieder herzu und obwohl der noch käsebleich ist im Gesicht, kann er es nicht unterlassen, auf eine nur gerade jetzt bestehende Chance hinzuweisen, die nur ein Mann vom Fach erkennt!
«Herr Doktor, jetzt könnte man gerade noch einen schönen Braten herausschneiden bevor Sie zunähen! Das täte überhaupt nicht auffallen!» Er erntet Gelächter und vom Baschte einen Verweis: «Immer denkt der Letten-Seff nur ans Fressen!»
Da kommt Fionna. Sie trägt jetzt Blue Jeans, kurze gelbe Gummistiefel und eine farbige Bluse. Der Sebastian pfeift durch die Zähne. Fionna geht gleich zum Instrumentarium und beginnt sich zu waschen.
«Jetzt schnell Catgut, der Uterus zieht sich schon zusammen.» Ich nähe in der Kuh, Fionna tupft und kommandiert die Lampe: «Herr Gräfe, die Lampe tiefer, noch weiter, nach links, gut, stop!»

Klemmer, Häckerle und Letten-Seff, die gerade nicht benötigt werden, begaffen von hinten der Operationsschwesters Beine. Die Bäuerin ärgert das:
«Alte Dackel, alte!» ruft sie die Kerls zur Ordnung.

Den Schwanz der Kuh habe ich schon zu Anfang mit einer Schnur an's rechte Hinterbein festbinden lassen. Anscheinend wurde dies aber nur sehr mangelhaft ausgeführt, denn auf einmal schlägt sie um sich und die Bäuerin schreit:
«Karle, heb' den Schwanz!» Worauf der, die Augen nicht vom Fräulein Fionna lassend, zurückgibt: «Da brauch ich gar nichts unternehmen, der hebt sich von selbst!»
«Saudenger sind die Mannsleut», quittiert Frau Gräfe und Fionna lacht. Aber der Karle tut erstaunt: «Ach, du meinst den Kuhschwanz!»
«Die Schnur ist doch weggegangen und wenn sie jetzt rumschlägt, dann geht der ganze Dreck in die Wunde rein, kapierst denn das nicht, du Hurgler? Derweilst hängst die Augen raus wie ein gestochener Bock!»
«Wenn man so jung ist wie ich, Paile, dann kann man sich noch nicht so auf die Arbeit konzentrieren, dann braucht man seinen Kopf noch für andere Sachen, verstehst?»

Inzwischen ist der Uterus genäht und ich spreche zu meiner hübschen Assistentin:
«Sie haben aber ihren Urlaub gerade im richtigen Augenblick begonnen, Fräulein Fionna. Besser hätten Sie es nicht einrichten können! Bitte geben Sie mir jetzt Supronal!»
«Mir kommt's auch so vor», schmunzelt das Mädchen und reicht mir die gewünschte Flasche.
«Und das ganze Vergnügen verdanken wir alle unserem Schorsch Gräfe», verkündet der noch leicht schwankende Häckerle, «hätte der nicht seine schwarze Kuh schwarz gedeckt mit einem gelben Hummel ...»
«Nochmals Catgut, Fräulein Fionna, gleiche Länge, jetzt nähen wir die Bauchwand!»

Da fängt auch der Gräfe, der sich seither bemerkenswert still verhalten hat, wieder an, seinen Geist sprühen zu lassen. «Herr Doktor, Sie machen bestimmt einen Fehler, wenn Sie zu meiner Kuh kein Pezillin nehmen!»
Aber Fionna nimmt mir die Antwort ab:
«Herr Gräfe, das kommt erst am Schluß, warten Sie's nur ab!» Ich muß feststellen, meine Näherei geht heute doppelt so schnell vonstatten wie sonst und dazu noch viel eleganter. Woher das wohl kommt?
«Einen einen ‹Reichsverschluß›, einen richtigen ‹Reichsverschluß› sollten Sie da reinnähen, Herr Doktor, da – das wäre praktisch. Da könnt der Schorsch immer selber nach dem Rechten sehen in dem Bauch da!» Der Häckerle kommt scheints langsam wieder zu sich, denn diese Idee ist gar nicht so dumm.
«Au ja», ruft da der Bub dazwischen, «für mich wäre das nämlich ein prima Platz beim Versteckenspielen.»
Nun nähe ich noch mit drei dicken Seidenfäden die Haut, sie ist so dick wie Schuhsohlenleder und fast so zäh, und spreche abschließend zum Gräfe:
«So, jetzt kommt noch Ihr Pezillin, odder?»

Einiges später, nach der Reinigung der Instrumente am Küchenablauf und nach dem Waschen im Bad, nebenbei, Fionna wartete züchtig bis ich rauskam, sitzen wir dann alle in der guten Stube, verzehren Gräfes Büchsenwurst und trinken aus dem hohen Steingutkrug ihren Most, den der Gräfe, wenn er auch sonst nicht immer durchblickt, was die Tagesprobleme anbelangt, einmalig mund- und gurgelgerecht herstellt, indem er ihn mit angesetzten Wacholderbeeren mischt. Schwarzrot wie edler Wein funkelt er in den Gläsern und er hat nur einen einzigen Nachteil und der ist, daß man von ihm leichter einen Ballen bekommt als von irgend einem anderen Alkohol. Da bin ich aber, leider, nicht in Gefahr, denn Sie wissen ja, was ich mir bei meinem Fünfzigsten vorgenommen habe. Am Wacholdermost, an der guten Leberwurst, selbst an der hübschen Fionna, an all diesen guten Sachen darf ich mich nur ganz mäßig laben. Schlimm! Aber da brauchen Sie kein Mitleid haben, denn ich bin ja selbst schuld dran. Wozu brauche ich mir auch Ziele vorzunehmen, wie Profilierung von Körper und Geist, die Leute verstehen das sowieso nicht. Die sagen alle: «Was ist, schmeckt Ihnen unsere Wurst nicht, sollen wir Ihnen lieber Eier einschlagen?»

Und die, welche mich von früher her kennen, wo die meisten meiner Gedanken Röcken und Blusen nachliefen, die sagen jetzt mitleidsvoll: «O weh, unserem Doktor seinen Hormonspiegel, den hat's aber schwer erwischt. Wie's doch so geht im Leben!»

Wie ich mich gerade verabschieden will, erzählt mir noch der Hausmetzger, der Letten-Seff, hinter vorgehaltener Hand, was sich gestern und heute schon bei unseren Gastgebern, den Gräfes, zugetragen hat.

Da ist anscheinend der Gräfes Schorsch gestern nachmittag zum Frisör gegangen, wie er das regelmäßig alle halbes Jahr einmal tut. Diesmal ließ er sich aber vermutlich eine ganz ausgefallene Frisur machen, denn als es Zeit war, in den Stall zu gehen, war der Schorsch noch nicht zurück. Auch nicht als die Bäuerin zu Bett ging. Er kam überhaupt an diesem Tage nicht mehr heim. Erst heute, so gegen zehn Uhr wurde seine Familie wieder seiner ansichtig und sein Büble, das vorher das neue Spiel ‹Verstecken in Tieren› erfunden hatte, sagte mitleidsvoll zu seinem Vater: «Baba, zu so einem Frisör, wo man so lange warten muß, da gehst nicht wieder hin, gell!»

Nun habe ich wenigstens etwas um meine Silke aufzuheitern, wenn ich heimkomme, denn jetzt ist es doch später geworden als ich dachte, und sie hat die ganze Zeit auf mich gewartet und sich auf einen gemütlichen Schmuseabend gefreut. Aber Sie haben ja gesehen, wie es geht. Wie so vieles im Leben eines Tierarztpaares, so ist auch dieser

Abend von Berufs wegen ins Wasser gefallen. Aber Silke und ich, wir schlackern deswegen noch lange nicht mit den Ohren. Wir sind es gewohnt und die Harmonie unserer Beziehungen leidet deswegen nicht im Geringsten.

Ein bißchen anders schon sieht die Situation bei unseren ‹Jungen› aus, bei Toni und Fränzchen. Wir sprachen ja vorne schon davon. Bei denen pfupfert es immer ein bißchen. Kinder haben sie keine, abgesehen von den Ersatz-Säuglingen, den Tierkindern, die Toni immer anschleppt. So nett die ja sind, echte Kinder sind sie halt doch nicht. Und zudem, wenn sie größer werden, dann gehts einfach nicht mehr in der Wohnung mit ihnen. Valeska und Brillinchen, die zwei hübschen und gelehrigen Milchschweinchen, die Fränzchen sogar zum Einkaufen nach Schwipfingen rein mitnehmen konnte und die so leidenschaftlich gerne Auto fuhren, die waren natürlich lange bevor sie die Zweizentnergrenze erreichten in der Wohnung rein unmöglich. Und genauso war es mit Bugsy und Mugsy, den zwei Waisenschäfchen von der Umgehungsstraße. Auch sie liefen Fränzchen hinterdrein wie junge Hundchen, aber eines Tages schlug auch ihnen die Stunde, und Toni fuhr sie wieder fort zu ihrer Herde.
Jetzt sind bei Mühlbergers frische Teppichböden fällig und Fränzchen schwimmt wieder völlig ungebremst auf der lebenshungrigen Welle, während Toni treu und brav bis über die Ohren im Berufe steckt.
«Ich gehe Einkaufen!» sagt sie und dann sieht man von ihr für Stunden gar nichts mehr. «Einkaufen» ist für Toni ein schreckliches Wort geworden. Nach seiner Ansicht verbirgt sich dahinter nicht nur ‹die Praxis im Stich lassen› sondern genauso Geldrauswerfen für Unnützes, Caféhausaufenthalte, sowie getarnte Fahrten nach Stuttgart zum Frisör oder Schlimmerem. Damit aber, ich sagte es ja schon, der Toni ist ein selten toleranter Mensch, damit aber der Praxisbetrieb auf keinen Fall leide, haben die Mühlbergers jetzt seit

neuestem eine Frau angestellt, die am Telefon sitzt und nebenher auch noch im Haushalt nach dem Rechten sieht. Sie heißt Rösle Hübner und waltet ihres Amtes auf echt schwäbische Art. Toni hat mir neulich lachend einiges davon erzählt, so daß ich ihm riet, er solle es doch mal unbemerkt auf Band aufnehmen. Und das tat er denn auch und brachte das Gerät in der Nähe des Telefons in einem Schränkchen unter. Am Abend hörten wir's dann alle zusammen bei einem Fläschchen Wein ab:
«Doktr Mühlberger!»
«Nein, das bin ich nicht selber!»
«Nein, ich bin auch nicht die Frau!»
«Jetzt sagen Sie einmal schön der Reihe nach: Wer senn Se, was henn Se und was denn Se?»
«Was, ich soll hochdeutsch reden, Sie verstehen mich nicht?»
«Also, nochmals extra für Sie zum Mitschreiben: Wer sind Sie, was haben Sie und was tun Sie? Haben Sie's jetzt kapiert?»
«So, Bürgermeister send Se. Ich hab' gedacht, Sie send auch einer von dene Hondsdatte, ach so, das verstehen Sie wieder nicht, aber macht ja auch nichts aus!»
«Wann er heimkommt?»
«Je nachdem. Da läßt sich nichts Bestimmtes sagen!»
«Nein. Der Herr Doktr sagt immer zu mir: Rösle, sagt er, wimmle nur die Schwätzer ein bißchen ab. Und vor allem, mach mir keine präzisen Termine aus. Sonst kommt man nur ins Hudla rein, ach so, ins Pressieren, verstehen Sie, und dann ist bald ein Herzinfarkt fällig!»
«Da brauchen Sie gar nicht lachen, das ist Ernst!»
«Ja, ja, aufschreiben tu ich Sie, wie es sich gehört!»
«Ja, so ist's recht, zurückrufen soll er. Jawoll – Ade!»

«Hallo, wer senn Se?»
«So, Sie sind das Fräulein Höse.»
«Aha, Hössle, ich versteh Sie, Hösle wie Schlüpfer, bloß

scharf. Ich mein mit scharfem ‹s›. Gut, habe ich. Jetzt was henn Se?»

«A Vögele henn Se! O je, das habet viele. Einen großen oder einen kleinen?»

«Nein, nein, das gibt es nicht! Alles gibt es, aber so was habe ich noch nie gehört!»

«Jetzt horchen Sie einmal her, mein Fräulein: Ein Wellensittich und ein Kanarienvogel, nein und nochmals nein, das gibt es nicht. Wie stellen Sie sich denn das vor? Nein, pervers ist ganz was anderes. Tiere machen so was nicht, nein!»

«Ja, Vitaminperlen dürfen Sie geben, die sind da prima. Ja, die nehme ich ab und zu selbst. Ja, können Sie abholen, ja. Wiedersehen!»

«Hallo, wer senn Se, was henn Se und was denn Se?»

«Nein, der ist im Gäu!»

«Ha halt im Gäu!»

«Ha halt auf der Praxis!»

«Henn Se auch einen Vogel?»

«So, ein Hundle!»

«Was? Vorbeikommen soll er? Um fünf Uhr? Dringend auch noch! Sie, ich will ihnen einmal was sagen: Ob da heute was draus wird, da weiß man nichts Genaues, aber um fünf wird ganz bestimmt nichts draus, weil er da Blut nimmt in Degersbach.»

«Ein Ausnahmefall sind Sie, so? Warum?»

«Weil der Hund schon drei Tage krank ist? Sie, jetzt reicht es aber, sonst läuft mir die Galle über. Drei Tage das Tier ohne Behandlung lassen und dann durch die Finger pfeifen, damit der Tierarzt alles liegen und stehen läßt und zu Ihnen hinrennt! Wo gibt's denn so was! Also, ich hab's aufgeschrieben, basta!»

«So noch ein paar, dann ist man reif für's Irrenhaus!»

Dieser Stil vom Rösle Hübner ist schon originell. Heute nun hat sie einen Anruf aufgenommen von einer Dame, deren Reitpferde ich immer betreute und die, Sie wissen es sicher noch aus meinem Buche ‹Sommerwind über den Feldern›, mich nächtlicherweise des öfteren in ihre Ställe holte zu Kolikern, die ruhig dösend in ihrer Box standen. Na ja, Sie kommen ja sicher mit, was ich damit meine, mir wurde die Sache jedenfalls zu bunt und dann blieben die Anrufe aus. Nun aber probierte sie es beim Toni und zwar auf eine andere Tour. Sie wisse nicht ob ihre Stute ‹Falindi› rosse und wann sie zum Hengst müßte. Der Doktor Mühlberger solle kommen und von jetzt an täglich abends Follikelkontrollen vornehmen.
«Ist dir klar bei wem?» frage ich den treuherzigen Toni. «Aber geh nur hin, du bist ja immun, dir kann nichts passieren!»
Wie ich meinen lieben Toni in dieser Sache nach ungefähr einer Woche mal zufällig zu sprechen kriege und erwartungsvoll lächelnd frage, wie's denn so gewesen sei auf der Couch der Reiterin, da antwortet er schwer erzürnt:
«Bleib mir still mit diesem Weibsbild! Die ist ein regelrechter Alptraum für mich geworden. Was glaubst du, was ich da mitgemacht habe. Im Stall, als ich in die Stute reingriff und an den Eierstöcken die verschiedenen Follikel bezüglich Größe und Konsistenz ertastete, da ging's ja noch. Aber ich habe da schon bemerkt, wie sie mir schöne Augen machte. Und das kann ich nun mal nicht ausstehen! Hernach hat sie mich dann in ihren Salon auf die Ledercouch gelotst, weil sie, wie sie sagte, mich eine Menge fragen müsse betreffs der Rosse ihrer Stuten und weil sie mir einen Whisky einschenken wolle. Nun interessiert mich ja, wie du weißt, außer der Praxis reichlich wenig», fährt er fort; «aber ein guter Whisky, das ist meine Schwachstelle, da werde ich weich. Ich ging also mit rein, sie holte einen wunderbar kühlen ‹Ballantines› aus dem Schrank und dann fragte sie mich, wie das im Einzelnen so funktioniert bei der Rosse

und welche Aussichten ihre ‹Falindi› habe, ein Fohlen zu bekommen. Ich sagte ihr also, daß die Brunst der schon vor so langer Zeit domestizierten Pferde oft nicht mehr richtig funktioniere. Daher dauere sie manchmal nur zwei Tage und ein andermal zwei Wochen. In der freien Wildbahn würde daraus noch kein Problem entstehen, erklärte ich, denn in einer Herde umkreisen die Hengste eine solche rossende Stute täglich und sie bespringen und besamen sie, sobald sie sich nicht mehr wehrt. Wie ich soweit gekommen war, neigte sich diese Frau Huss rüber und schenkt mir nach. Und zwar so, daß ich ihr dabei in ihren Ausschnitt schauen mußte, was bei ihr heißt, daß man runtersieht bis fast zum Nabel. Ekelhaft sage ich dir! Ein Schauder lief mir über den Rücken und es drängte mich, sofort aufzustehen und zu gehen. Aber einen ‹Ballantines› stehen lassen ...! Ich blieb also trotz dieser Zumutung und sprach weiter. Sie aber lächelte in einer Art, daß mir immer ungemütlicher wurde. Daher war ich gottfroh, als draußen im Auto sich der Funk meldete und ich entkommen konnte.»
Am nächsten Tag wären es aber dann beim Gespräch über ‹Falindi› doch drei Whiskys geworden, denn der ‹Ballantines› sei einfach Spitze. Als jedoch diese Tanja Huss dann ihre Beine gar zu weit übereinanderschlug, und er sei ihr gerade gegenübergesessen und sei sich vorgekommen wie ein stupider Fisch, der geangelt werden sollte, da habe er sich abrupt erhoben und sich verabschiedet. Das habe sie sich aber gemerkt! Denn beim drittenmal hätte sie ihn dann gottlob verschont mit ihrem dummen Getue und er habe sich schon darauf eingerichtet, in aller Gemütsruhe die Flasche vollends leeren zu können. Da aber seien von Rösle noch eine ganze Anzahl von Besamungen nachgemeldet worden und er sei, diesmal widerwillig, gezwungen gewesen, loszufahren. Aber nun habe ihm die Frau Huss vorgeschlagen, er solle doch ab morgen lieber alle seine sonstigen Verrichtungen vorher erledigen und erst zum Schluß ‹Falindi› drannehmen, was er denn auch tat.

Leider aber sei das auch nicht das Wahre gewesen. Denn wie er da hingekommen sei, letzten Dienstag um dreiviertelzehn, da habe ihm diese Tanja in einem halbdurchsichtigen Pyjama geöffnet und mit langen Blicken gehaucht: «Kommen Sie, Doc, ich bin schon so müde, dachte, so spät wird er nicht mehr kommen, wollte gerade ins Körbchen.»
«Dann», so fuhr der Toni fort, «faßte sie noch meine Hand und wollte mich hereinziehen. Kannst du da auch noch? Die hielt mich wohl für dumm! Aber so blöd war ich denn doch nicht, daß ich auf einen so billigen Trick hereinfiel. Auf der Stelle machte ich kehrt und ging! Veith, daß du's weißt, zu diesem verrückten Weibsbild fahre ich nicht mehr hin. Das ist ja geradezu kindisch wie die sich aufführt.»
So schloß der Toni, mein Compagnon, der Vielgeprüfte und ich denke, die Karte ‹Tanja Huss› können wir jetzt ohne Bedenken aus unserer Kartei rausnehmen.

Wie ich das so höre, was da der Toni von sich gibt, da kann ich nicht verhindern, daß etwas in mir in wilden Bocksprüngen hin- und hergaloppiert und ich habe zu tun, schnell alles wieder an seinen Platz und unter Kontrolle zu bringen. Bin ja schließlich hier der Senior und Vorbild und ich werde mich hüten, dem Toni zu verraten, was vielleicht geschehen wäre, würde ich in seinem Alter an seiner Stelle gewesen sein. Es fällt mir auch ein, wie früher einmal die alte Moosbergbäuerin mir ihr Leid klagte, indem sie folgendes zu mir sprach, als wir beide gerade allein waren und ihr Sohn, der fast vierzigjährige Junggeselle mit den Pferden fortgefahren war: «Herr Doktor», seufzte sie, «mein Sohn dem fehlt der Trieb, kann man denn da nix machen?» Aber abgesehen davon, Tonis Verhalten läuft bei mir unter Standhaftigkeit, Moral, Treue. Da gibt's nichts zu lächeln. Denn die Tanja ist ein wohlproportionierter Typ mit langen roten Haaren, an dem sicher mancher seine helle Freude hätte. Aber sie muß es ja ausgerechnet immer auf Tierärzte absehen!

3. Kapitel

Auf nach Marathon

Seit wir zu zweit sind in der Praxis, habe ich, wie gesagt, einen Gang zurückgeschaltet, spiele ein bißchen den Senior und lasse mir deshalb auch morgens etwas mehr Zeit mit dem Frühstücken. Früher bin ich ja meist schon um sechs Uhr aus dem Hause und manchmal ist es geschehen, daß ich dabei einen Bauern aus dem Bett geworfen habe.

So sitze ich denn auch heute mit Silke und den Kindern am weißgedeckten Tisch. Wir sind schon fast fertig, Kai und Simone haben neben ihren Tassen die Wörterbücher liegen, unsere Mami steht nach jedem zweiten Schluck auf und notiert die eingehenden Anrufe und ich werfe noch schnell einen Blick in die NWZ. Mit einem Ohre allerdings höre ich immer mit, was da draußen im Flur am Apparat gesprochen wird. Selbst wenn ich gerade höchst Bedeutendes lese, etwa, wie gestern der VfB gespielt hat. Deshalb springe ich augenblicklich auf, wie Silke ungläubig und gleichzeitig erschreckt in den Hörer schreit: «Was?!» – Bis ich aber dort bin am Apparat, hat sie bereits aufgehängt und spricht zu mir erregt:
«Los Veith! Beim Mühleis in Enderlingen tut alle paar Minuten eine Kuh einen Schrei, fällt um und ist tot! So was Verrücktes! Das war doch noch nie ...»
Den Rest ihres Satzes kriege ich nicht mehr mit, denn ich bin schon auf dem Wege zur Garage. Kai rennt hinterher, er möchte mit. «Nichts da, du hast nachher Schule. Lerne lieber nochmals deine Vokabeln!» Der kleine Kerl hat solchen Spaß daran, mit in die Ställe zu gehen, daß er deswegen glatt die Schule schwänzen würde. Also Gas rein und ab nach Enderlingen; zehn Minuten, wenn's pressiert!

Die Stalltüre steht offen, zwei kleine Kinder im Türrahmen blicken hinein, sie halten sich an der Hand, die andere haben sie vor Schreck auf den Mund gepreßt.
«Weg da!» rufe ich und schiebe sie beiseite.
Da sieht's aus! Vier Kühe liegen tot auf ihrer Streu. Still sitzt die Bäuerin in der Ecke und weint. Es riecht nach Tod! Unheil knistert in der Luft. Die noch Lebenden stehen ohne Bewegung an ihren Plätzen. Kaum eine Regung bei all den Tieren, sogar die kleinen Kälber scheinen die Luft anzuhalten. Nur drüben in der Scheune läuft der Häcksler. Eine unheilschwangere Atmosphäre, wie ich sie noch selten erlebt habe. Meine Gedanken rasen: ‹Was kann das sein?› Und ich fühle, der Tod lauert immer noch. Welches Tier wird er als nächstes ergreifen? Immer noch stehe ich unter der Türe, immer noch schießen meine Gedanken kreuz und quer.
Und plötzlich: da fängt wieder eine an! Gerade wie der Mühleis selber, den Metzger hinter sich, vor dem Stalle vom Schlepper springt und hereinstürzt. Das Tier hatte eben ganz langsam und ruhig den Kopf gesenkt und ist mit dem Maul in das Tränkebecken rein. Ich konnte es ganz genau beobachten. In der nämlichen Sekunde aber zuckte die Kuh wie vom Blitz getroffen zusammen, stieß einen markerschütternden Schrei aus, fing an zu schwanken ...
«Halt! Weg!» brülle ich da so laut ich kann, werfe mich herum und erwische den Bauern gerade noch am Kittel und reiße ihn zurück. In letzter Sekunde! Instinktiv hatte er seinem Tiere beistehen wollen. Jetzt koppt die Kuh, krampfhaft zucken ihre Glieder.
«Strom abstellen, überall die Sicherungen raus, und keine Wasserleitung berühren, aufpassen!»
Er aber hört nicht hin. Wütend dreht er sich rum, will sich befreien, will wieder hinein.
«Strom, Herr Mühleis, Starkstrom in den Tränkebecken!»
Mit einem letzten Ruck habe ich ihn wieder in der Stallgasse hinter den Tieren.

«Los, Strom abstellen, Sicherungen raus, alles ausschalten! Und daß mir niemand an eine Wasserleitung kommt!»
Nun begreift er, der Mühleis. Bleich schaut er mich an. Verständlich, daß da manch einer durchdreht, wenn er zusehen muß, wie ihm alle paar Minuten dreitausend Mark vom Konto gestrichen werden. Aber abgesehen davon ist es ja nicht nur das Materielle, was zählt. Jeder gute Bauer hat zu seinen Tieren, vor allem zu den Pferden und Kühen eine echte Beziehung. Er hilft ja schon bei der Geburt, reibt das kleine Wesen trocken, desinfiziert den Nabel, erlebt wie so ein Tierchen aufwächst, gibt ihm einen Namen, beobachtet es täglich, füttert es, putzt es, schüttelt ihm die Streu auf, holt seinetwegen sogar den Tierarzt und pflegt es und hilft wo er kann, wenn es krank ist. So also ist ein rechter Landwirt verknüpft mit dem Schicksal seiner ihm Anvertrauten. Aber, was rede ich vieles. Zwischenzeitlich bin ich ja bereits wieder am Wagen gewesen, habe Stethoskop und Herzspritzen reingeholt und der Mühleis hat alles abgestellt und die Sicherungen raus.

Nun also ran an alle, die am Boden liegen, an eine nach der anderen: Herz abhören, Reflexe kontrollieren! Schlecht, schlecht sieht's da aus!
«Los, alle viere sofort schlachten! Aber blitzschnell! Nur den Hals durch, daß sie noch ausbluten und dann schnell rüber ins Schlachthaus und ausnehmen! Los, dalli! Sonst kann man das Fleisch nicht mehr verwerten! Die Nachbarn holen, auch den Krüglesmetzger noch, rasch, so rasch es geht!»
So treibe ich sie an. Da gibt es natürlich jede Menge zu tun und schon schwirrt es im Stall wie in einem Bienenstock von Helfern mit Seilen und es läuft das Blut in Strömen und jetzt ziehen sie den Kadaver des ersten toten Tieres auf einer Strohschicht zum Stalle hinaus.
Nach dem Mittagessen fahre ich dann wieder raus und nehme die Fleischbeschau vor. Gott sei Dank ist wenigstens alles noch gut ausgeblutet. Ein Glück im Unglück. Andern-

tags steht dann der Mühleis, obwohl es mitten unter der Woche ist, im Sonntagsanzug vor meiner Haustüre auf dem Freßberg, drückt mir die Hand, schaut mir in die Augen und nickt mit dem Kopfe. Der Worte bedurfte es nicht.
Ja, und wie es dazu kam? Der Häcksler lief. Diese Maschine, mit Starkstrom betrieben, mit der alle unsere Bauern Heu und Stroh zerkleinern, hatte eine schadhafte Isolierung, die durch eine feuchte Wand hindurch den Strom in die Wasserleitung schickte. So jedenfalls soll es gewesen sein, wie mir der Bauer nach einigen Wochen berichtete.

Nun aber was ganz anderes. Es ist soweit! Mit was? wollen Sie wissen. Na mit dem Marathonlauf. Gelt, da schauen Sie! Ist schnell gegangen, oder nicht! Und entgegen allem Gemecker! ‹Welche Dummheit›, wurde gesagt, ‹Welcher Unverstand!› ‹Unmöglich dieser Mensch, so unmöglich wie diese große Strecke! Der will nur den starken Mann spielen, ein Angeber wie er im Buche steht!›
Dabei ist, was ich mache, nämlich jeden Tag einmal total durchschwitzen, eines der ältesten und bewährtesten Hausmittel, die man kennt. Aber wenn sie auch noch so mitleidig lächelnd die Köpfe schüttelten, so konnten sie doch nichts erreichen. Spott und Widerstände sind schwach, stoßen sie auf Erkenntnis und Willen. Das zumindest habe ich gelernt. Ich war ja zuletzt zu zwanzig, zu fünfunddreißig und auch zweimal zu zweiundvierzig Kilometern gestartet. Einmal lief ich dabei rund um den Hohenstaufen, ein andermal von Schwipfingen bis Untertürkheim, wo sie die ‹Mercedes› bauen. Alte Leutchen riefen mir dabei munter zu: «Vergessen Sie das Schnaufen nicht!»
Aber die Atmung war das Problem nicht, sondern die Muskeln und die Nägel der Zehen, welch letztere sich mitunter selbständig machten. Aber, alles in allem, ich war äußerst zufrieden und bildete mir ein, daß mich jetzt nichts mehr aufhalten könnte auf dem Wege zur ersten Station meines ‹Fortbildungskurses ab Fünfzig›.

Also nehme ich Abschied vom Haus am Freßberg, sage zu Toni ‹Halt die Ohren steif!› und schon bin ich drunten in Griechenland, um die Originalstrecke unter die Hufe zu nehmen. Denn dort, zwischen dem Schlachtfeld (Menschen wurden dort geschlachtet!) beim Orte Marathon und der Hauptstadt Athen fand ja der erste sogenannte Marathonlauf statt. Im Jahre 490 vor Christus schickte man nämlich den Rekruten Aristion auf diese Strecke, um den großen Sieg über die gelandeten Perser zu vermelden. Aber dieser Aristion tat dabei anscheinend etwas zuviel des Guten und so kippte er bei seiner Ankunft auf dem Marktplatz in Athen um und verschied.

Sowas habe ich natürlich nicht vor und deshalb vermeide ich auch die mittägliche Hitze und starte schon morgens um vier Uhr. Das Frühstück lasse ich, wie seither bei jedem Laufe, ausfallen. Denn mit leerem Magen läuft's sich am besten. Durch die Hotelhalle hinab, hinaus in die Nacht geht es. Es ist kühl, der halbe Mond blickt herab und ich bin allein. Meine Füße beginnen das attische Land zu durcheilen. Einem riesigen milchgrauen Fische gleich liegt über der Straße ein Berg im Mondlicht.
Nun gilt es zuallererst, das Pferd an den Zügel zu bekommen. Denn schon nach kurzer Laufzeit gibt es Schmerzen, gibt es Versuchungen. Diese Mätzchen, dieses unruhige Kopfschlenkern, dieses Gehenwollen über oder unter dem Zügel muß auch heute wieder dem Körper mit aller Strenge ausgetrieben werden. Notfalls ist es angebracht, sich selber dabei die Sporen zu geben. Und auch gegen die kleinen seichten Verführungen, die an jeder Wegkurve lauern, gegen dieses Betrügen ‹en miniature› muß ich ankämpfen. Beispielsweise dort, da könnte ich statt des Bogens der Straße die Sehne des Feldweges benützen. Und der Körper flüstert: ‹Mach es doch, keiner sieht dich ja. Da hättest du schon zweihundert Meter weniger!› Oder aber er redet mir zu mit aller Eindringlichkeit: ‹Geh doch jetzt einfach mal

eine Weile im Schritt, das täte mir so gut und niemand kann es dir nachweisen!› Unablässig versucht es so der Leib, und unablässig muß ich parieren. Sonst ist man verkauft und Wille und Leistung lösen sich augenblicklich in ein Nichts auf.

Nun wird der erste Ort durchquert, Nea Makri. Hähne krähen, Hunde bellen und es ist stockdunkel; weiter durch Pinienhaine in der einsamen Nacht. Es kommt mir vor, wie wenn ich mich durch ein nächtlich schönes Haus bewegte. Baum, Strauch und Gras duften, die Stunde wird zum Fest der Seele.

Dennoch: die Teerstraße ist hart und die Socken in den Tennisschuhen sind die einzigen Stoßdämpfer. Aber es geht schön voran, Kilometer um Kilometer.

Das trab, trab, trab jedoch im Dunkel der Nacht mißverstehen leider gewisse wachsame Vierbeiner. Denn schon Hunderte von Metern vor dem nächsten Dorfe beginnt irgendwo so ein halbzivilisiertes Pelztier aufzuheulen. Erwachend dadurch und aufhorchend schließen sich andere an. Und wie ich die ersten Häuser passiere, werde ich von einem kleinen Rudel zugleich bedrohlich und doch wieder auch lustig wirkender Hunde empfangen. Lustig deshalb, weil sie durch ihre Vielfalt in Formen und Farben einem Hundebabylon entsprungen zu sein scheinen, und bedenklich bedrohlich, weil sie laut kläffend gegen mich eine Attacke laufen und mich unter Knurren und Zähnefletschen bis zum Dorfende eskortieren. Ich merke aber gleich, daß ihr ganzes Gehabe mehr theatralischer Natur ist und daß sie sich zu so entscheidenden Handlungen, wie es Zubeißen vielleicht gewesen wäre, nicht hinreißen lassen wollen. Ein lohendes Feuer noch in einem Backofen direkt an der Straße, dann endet Marathons Ebene und es geht in's Bergland hinein, das mich mit Nacht und Nebel empfängt. Jetzt wird es so kühl, daß die Atemluft als weißer Dunst den Mund verläßt. Steigungen müssen jetzt genommen werden und wie im Leben ist das auch hier nicht sehr angenehm. Aber alle Systeme funktionieren noch einwandfrei. ‹Klasse!› sage ich zu mir, als die Ziegelei auftaucht, das Merkmal für die halbe Strecke. Ich lache vor mich hin und habe das Gefühl, daß sich meine Batterie wie von selbst wieder auflädt. Doch gleich wieder regieren Nacht und Einsamkeit, bergauf, bergab. Einmal überholt mich ein Lastwagen. Im Gehirn ist oft Funkstille, zuviel Blut strömt in die Muskulatur. Da fängt es an zu tagen. Farben, zuerst schüchtern und zart, beginnen die Landschaft zu beleben. Bei Pallini geht die Sonne auf, Vögel zwitschern. Ich aber habe nun echt zu kämpfen. Diese zweite Hälfte kommt mir viel bitterer vor als zu Hause. Mein linkes Knie sticht bei jedem Tritt, das Skrotum ist wundgescheuert und brennt wie Feuer. Da erreiche ich am Stadtrand von Athen eine sechsspurige Autostraße. Mein Tempo nimmt bedenklich ab. Nur gut, daß es jetzt wenigstens eben dahingeht. Zwischen Häusern und Häusern, nichts mehr beachtend als grob die Richtung, nichts mehr denkend als ‹weiter, weiter› schleppt sich der Körper des Veith Pfeffer mühsam ins Ziel.

Zu Mittag schon wieder sitze ich im ‹Limanaki› am Meer, in der kleinen Wirtschaft, wo sie einen so ausgezeichneten Rezina vom Faß ausschenken und den Oktopus auf so pikante Arten servieren. Man kennt mich hier schon gut, fast zu gut. Die Entdeckung hatte eigentlich der Hund des Besitzers gemacht. Es scheint, daß die Hunde in der ganzen Welt gleich meinen Beruf raten können. Denn sie haben überall nichts anderes zu tun, als meine Hosen zu beschnuppern, selbst wenn ich natürlich nicht mit meinen Stallhosen hier aufkreuze. Und dann gehen sie nicht mehr weg und finden es ungeheuer witzig und interessant. Ihr Herrchen bemerkt dies natürlich nach einiger Zeit und so ergibt sich, wie es auch hier im ‹Limanaki›, im kleinen Hafen, gestern geschah, oft ein Gespräch mit ganz typischen Folgen. Da brachte nämlich kurz darauf ein älterer Mann aus der Nachbarschaft ein Huhn herbeigetragen, setzte sich neben mich auf den Stuhl und zeigte mit traurigen Augen und gichtgekrümmten Fingern auf die dicken, weißen Borken an den Beinen seines Federviehs. Heute nun steht draußen am Wege geduldig wartend ein altes Frauchen mit einer Ziege. Der Beruf verfolgt einen auf Schritt und Tritt, auch nach Marathon, wie ich sehe. Natürlich helfe ich diesen armen Leutchen gerne, wenn es irgendwie machbar ist. Dem Wirt, der deutsch spricht, erklärte ich, daß die Ursache von Kalkbeinen Milben sind, die Blut saugen und was das gichtige Männchen gegen sie unternehmen kann. Für die Ziege muß er mir eine Rasierklinge holen, damit ich einen Eiterherd, der sie am Gehen hindert, aufschneiden kann.

Überaus rührend ist, wie sich diese Menschen für meine geringen Bemühungen bedanken. Wie wenn ich weiß Gott was großes für sie getan hätte, so verhalten sie sich. Sie strahlen, wenn ich ihnen begegne, sogar auch ihre Nachbarn. Sie grüßen fast ehrfürchtig, der alte Mann bringt mir eine Blume und die Frau will für mich beten. Wie herzlich doch die einfachen Leute hier am Strande Marathons sind! Mit ein bißchen Wehmut im Herzen kehre ich heim ins Schwäbische, zu Silke und den Kindern und zu Toni, der mittlerweile Einmaliges zu bestehen hatte.

Toni mußte ganz schön flitzen in der Zeit wo ich nicht da war. Doch hat ihn dies weit weniger gestreßt als folgende Sache, die er sich auch noch selbst eingebrockt hatte: In unserer Gegend gibt es nämlich seit neuestem Etablissements mit so gutbürgerlich klingenden Namen wie Massage-Salons und Sauna-Clubs, bei deren Betreten man liebevoll von barbusigen Mädchen in Empfang genommen wird. Nun hat da einer, anscheinend Chef einiger solcher Unternehmungen zur Steigerung des Freizeitwertes des Schwipfinger Ländles, seine Moneten in einem Geldschrank verstaut, der – und jetzt dürfen Sie ruhig den Kopf schütteln, ich selbst habe meinen Ohren nicht getraut, wie ich das hörte – von zwei kleinen südamerikanischen Panthern, von

zwei Ozelots, bewacht wird. Dieser Mister Brad Bono rief nun eines Tages in der Praxis an und lamentierte, daß er nicht mehr an seine Scheine ran könne, weil die Raubkatzen ihm scheints den Anzug vom Leibe rissen und auch sonst keinerlei Respekt mehr vor ihm zeigten. Da er aber gerade heute eine größere Summe entnehmen müsse, bitte er den Doc Mühlberger hinzugehen und den Bengeln eine Beruhigungsspritze zu verabreichen.
Kinderleicht ist so was, das sieht jeder ein. Und deshalb bedauerte auch der Mister, daß er nicht selbst dabei sein könne, denn er habe heute wichtige Termine. Außerdem täten die Tiere ihm leid; er könnte es nicht mitansehen, wenn sie geimpft würden.
Soweit war alles klar. Für diesen Kerl also, der da vielleicht mit dem Gelde aus dem Schrank, das seine Püppchen für ihn verdient haben, sich einen neuen ‹Camaro› kaufen will oder einen neuen Star für einen seiner Schuppen oder sonst was ungemein wichtiges, da soll der Toni seinen Kopf hinhalten, für den soll er seine Haut zu Markte tragen. Und wissen Sie was? Der Toni tat das! Wenn ich dagewesen wäre, ich hätte dem Brad Bono schon Bescheid gegeben, daß er sich woanders einen Dummen suchen soll. Ein Tierarzt ist doch kein Tierbändiger und schon gar keine Schaunummer aus dem Zirkus! Aber nein, der Toni, der muß hin. Er, der bis zum Hals in der Arbeit steckt, er kann sich so ein Risiko leisten.

Aber nicht, daß Sie denken, dem seien Leute wie der Brad Bono besonders sympathisch oder gar, daß sich der Toni ein bißchen bei den Barbusigen umsehen wolle, nein, nein, das Verhalten meines Compagnons hatte ganz andere Gründe. Wir hatten nämlich eine Neuanschaffung getätigt in unserer Praxis und warteten schon lange darauf, daß wir die Sache mal ausprobieren könnten. Es handelt sich um ein sogenanntes Betäubungsgewehr, mit dem man Spritzen mit aufgesetzten Nadeln verschießt. Das darin enthaltene Betäu-

bungsmittel entleert sich, sobald die Nadel des Geschosses in den Tierkörper eingedrungen ist.
Nun also: Der Toni nahm den Auftrag an, fuhr vor der Villa des Neureichen vor und wurde, Gewehr samt Munition mitschleppend, bereitwillig vom Personal zur Türe geführt im ersten Stock, wo es reinging zu den Biestern. Dann aber stand er plötzlich alleine da; vermutlich hatte niemand so recht Vertrauen in seine Schießkünste. Aber der Toni war weder lebensmüde noch wollte er riskieren, daß auch ihm der Anzug vom Leib gerissen würde, eventuell mit einigen Fetzen Haut dazu und deshalb marschierte er auch nicht einfach rein und stellte sich hin und machte piff-paff, sondern er checkte die Situation ein bißchen durch, ging dann runter ins Parterre und ließ sich eine Leiter holen, die bis an das vergitterte Fenster des Tresorraumes raufreichte. Nicht dumm, der Bursche! Er wollte durch das Fenster schießen! Er stieg also hoch, bekam dabei ungewollt einen Blick auf eine Liege, auf welcher der Hausbesitzer offenbar gerade eine Neuerwerbung testete und spähte dann hinein in den Tresorraum. Und schon machte es auch klirr, klirr und der Toni hatte mit dem Gewehrlauf ein Loch in die Scheibe gestoßen, durch welches er bequem hindurchschießen konnte.
Die Ozelots waren auf den Geldschrank vis-à-vis gesprungen und fauchten, was das Zeug hielt, indes der Toni in seinen vier Metern Höhe höllisch aufpassen mußte, daß er nicht aus dem Gleichgewicht geriet: mußte das Gewehr halten, anlegen, zielen, mal da mal dorthin, wie sich die angriffslustigen Burschen gerade bewegten. So beschäftigt, bemerkte der unfreiwillige Dompteur natürlich nicht, daß ein Passant von der Straße entsetzt heraufblickte zu diesem bewaffneten Einbrecher oder gar Mörder und auf schnellstem Wege zur nächsten Telefonzelle flitzte. Wohl fünf Minuten dauerte es, bis der Jagdfreund auf der Leiter den ersten Schuß abgeben konnte. Denn saßen die beiden mal still, dann sah er nur ihre Gebisse, und waren sie in Bewegung, dann traute er sich nicht, zu schießen. Aber obwohl es

ihm von Minute zu Minute immer ungemütlicher wurde da oben, aufgeben kam für den Toni nicht in Frage. Und seine Ausdauer wurde belohnt. Mit insgesamt vier Schuß hatte er beide an der richtigen Stelle getroffen und wie sie zu wakkeln anfingen stieg er mit steifem Gebein dem Boden zu. Er war so freudig erregt ob seines Erfolges bei diesem ersten Jagderlebnis, daß er gar nicht wahrnahm, was da in seinem Rücken, unten an der Leiter, sich zusammenbraute. Nur, wie er den Fuß auf den Boden setzte, sich umdrehte und erleichtert aufatmen wollte, da erschrak er. Denn er schaute geradewegs in die Mündung von zwei Dienstpistolen, die ihm ziemlich dicht unter die Nase gehalten wurden. Aber nach der ersten Schrecksekunde brach der Schwerverbrecher in ein schallendes Gelächter aus und die Polizeibeamten, die ihn mit ihren gezückten Kanonen in Empfang nehmen wollten, ebenfalls. Denn wer kennt nicht den Tierarzt von Schwipfingen und nicht seinen Compagnon, den langen, dürren Dr. Mühlberger! Wie noch ein zweiter Streifenwagen – diesmal mit Martinshorn – anrückt, vertreibt es scheints auch den Mister Bono von seiner Couch und er erscheint wild gestikulierend auf der Bildfläche. Die zwei aber, die rabiaten Safe-Verteidiger, um die es sich eigentlich handelte, die lagen mittlerweile im Tiefschlaf und wurden alsbald in einen Käfig verfrachtet und zur Lieferfirma zurückspediert. Das war also in meiner Abwesenheit geschehen und Sie können daraus ersehen, daß es zuweilen recht unmöglich zugeht heutzutage in den Tierarztpraxen. Als Oldtimer sehnt man sich immer öfter zurück in die Zeiten der guten alten Landpraxis, wo man fast nur mit seinen Bauersleuten verkehrte: ländlich, ursprünglich, naturnah, und vor allem: ganz normal!

Aber selbst unter solch naturverbundenen Umständen erlebten wir einige Monate später einen Fall, bei dem das Narkosegewehr von Nutzen war.

Da hatte Bauer Rübsam, den man den ‹Doppelschuß› nannte und der hinten auf dem Grasberg seinen Hof betrieb, aus dem Norddeutschen eine Wagenladung voll schwarzbunter Rinder kommen lassen, um seinen Bestand allmählich auf diese Rasse umzustellen – von wegen der höheren Milchleistung dieser Tiere. Alle hatte er sie sich auf einer Auktion in Münster selbst ausgesucht und die Viecher wurden nun per Lastwagen geliefert, sollten abgeladen und sogleich in eine Weidekoppel gebracht werden. Da wollte es aber das Unglück, daß die Rückwand des Viehtransporters, die als Auf- und Abtriebsrampe Verwendung findet, nach hinten herunterschnappte. Dabei stürzte ein Rind aus dem Wagen, die anderen kamen panikartig hinterher und versuchten mit halsbrecherischen Sprüngen und Sätzen die Freiheit zu erlangen. Statt aber wie vorgesehen in die gleich neben dem Wagen geöffnete Weidekoppel zu gelangen, stürmten die Ausreißer alle zusammen über Wiesen und Felder dem nahen Waldrande zu. Der ‹Doppelschuß› nahm zusammen mit den Transportbegleitern natürlich sofort die Verfolgung auf. Doch blieben diese Bemühungen rein ohne Erfolg. Der Ruf der Wildnis, – der Ruf der Erbmasse tausender von Generationen vor ihnen –, hatte die Tiere getrieben. Der Bauer und seine Helfer kamen abgekämpft und verschwitzt und natürlich voller Wut im Bauch am Abend nach Hause. Auch Feldzüge in den nächsten Tagen, mit großem Aufgebot an Nachbarn und Bekannten, blieben erfolglos. Argwöhnisch entzogen sich die Geflohenen immer rechtzeitig jeder versuchten Gefangennahme. Der ‹Doppelschuß›, der übrigens seinen Namen einer Nacht im Mai verdankte, in der er einstmals, vor langer Zeit, als er noch gut im Safte stand, gleich zwei Mägden des Dorfes ein Souvenirchen zukommen ließ, an dem sie neun Monate lang zu tragen hatten – dieser ‹Doppelschuß› versuchte danach durch Einrichten von Futterstellen, die er mit teuerem Hafermehl und sonstigen Feinheiten für Rinderzungen beschickte, die Abtrünnigen wieder herbeizulocken. Aber diese begannen, sich trüppchenweise in alle Winde zu zerstreuen und da und dort

hörte oder las man von ihnen, wenn sie zum Beispiel Getreidefelder zertrampelt hatten oder den Verkehr auf den Straßen verunsicherten. Nachdem eines angefahren und notgeschlachtet worden war, gab es sogar Durchsagen im Verkehrsfunk: «Achtung Autofahrer! Auf der Verbindungsstraße Schwipfingen–Wasserheim kommen ihnen freilaufende Rinder entgegen. Bitte fahren sie vorsichtig. Sobald die Gefahr beseitigt ist, werden sie benachrichtigt!» Aber der Rübsam gab immer noch nicht auf. Jetzt, nachdem mit Gaumenkitzeln nichts zu machen war, versuchte er es gescheiterweise mit sexuellen Anreizen. Zu diesem Zwecke band er einen gut aussehenden Jungbullen raus in den Wald an einen Baum. Aber vermutlich fanden die schönen Kuhmädchen aus dem kalten Norden den süddeutschen Playboy nicht so besonders attraktiv, denn auch diese Aktion endete als Mißerfolg.
Schließlich und endlich war nur noch ein einziges schwarzes Rind, ein Einzelgänger, in der Gegend. Und dieses große, schwere Tier nahm mit der Zeit eine Futterkiste an, die der Rübsam unter einer alten Buche am Waldrand aufgestellt hatte. Zu nächtlicher Stunde jeweils tauchte die Naturverbundene aus dem Walde auf, futterte kurz und schnell die Delikatessen und machte sich dann rasch wieder im Dunkel davon.

Soweit also die Vorgeschichte, die jeder hierzulande kennt, weil das natürlich seit Wochen in jedem Stall das Tagesthema ist und auch in der Zeitung darüber berichtet wurde. Heute nun bin ich beim Rübsam auf seinem Hof und mache Sterilitätsbehandlungen. Selbstredend fängt er von seinem letzten Rind aus dem Transport an und klagt, daß er soviel auf der Auktion dafür bezahlt hätte und daß, nachdem die anderen neun für ihn so gut wie verloren seien, er wenigstens die eine, die besonders gute Papiere besitze, mit allen Mitteln haben möchte. Ob ich ihm da nicht helfen könne? Er habe vom Kräuterbauern, dessen Schwiegersohn Bade-

meister bei einem Ami in der Stadt sei, gehört, ich besitze ein Gewehr, aus dem man Kugeln, die Schlaf erzeugen, verschießen könne. So was wäre doch genau das Richtige, um das schwarze Rind namens ‹Rebecca› endlich zurückzubekommen. Wie er mir sein Anliegen vorträgt, muß ich natürlich drandenken, wie es dem Toni bei seiner Aktion ergangen ist, und eigentlich habe ich nicht die geringste Lust, mich da selbst auch noch irgendwie lächerlich zu machen. Sollte ich mich womöglich da nächtelang hinsetzen und warten – und es kommt nichts! Und wenn es kommt, vielleicht treffe ich auf einen Knochen oder es rennt trotz Spritze weiter und torkelt hernach in eine Schlucht runter oder weiß der Teufel was sonst noch alles. So überlege ich und der ‹Doppelschuß› sieht, daß ich beileibe nicht scharf bin auf die Sache. So führt er denn an, während ich in Gummistiefeln und in Schutzkleidung Trächtigkeitskontrollen mache, daß er doch einer der ersten gewesen sei, die zu mir gekommen seien, damals in den Fünzigerjahren, als ich angefangen hatte mit der Praxis. Na ja, das stimmt und auf das hin kann ich schlecht nein sagen.
Also sitze ich am Samstag abend, es ist sommerlich warm, auf der alten Buche und warte. Außer dem Gewehr habe ich auch ein Kissen mit heraufgenommen, weil es nämlich durchaus möglich sein kann, daß ein schmerzendes Hinterteil alle guten Vorsätze zunichte macht. Anfangs schaue ich eifrig in der Gegend rum und beobachte genauestens jedes Zweigchen, das sich bewegt, richte die Waffe bald dahin, bald in eine andere Richtung. Dieses intensive Jagdfieber legt sich allerdings schnell und mehr friedlich als aufmerksam nehme ich meinen Umkreis wahr – und wie langsam der Abend herniederfällt. Bald zieht ein goldgelber Mond hinter dem Rande des Grasberges hervor. Ganz stille ist es und ein süßer Duft von Lindenblüten und Pfefferminzen trägt der Nachtwind daher. Glühwürmchen pendeln durch das Halbdunkel. Ein Waldkauz schreit und ein Bilchlein hustet dazwischen. Dann wieder lagern nur Stille und

Mondlicht auf Wald und Feld, zauberhaft. Wie von magischer Hand berührt sitze ich, der eigentlich lauern sollte, zwischen alledem und träume. Ich lausche hinein in diese Offenbarung des Seins, Offenbarung einer Mondnacht. Ich atme Glück. Die Zeit vergeht und ich merke dabei, wie sehr es einem guttut, wenn man mal nichts macht und nichts will und nur dasitzt und horcht, was einem die Natur zu sagen hat. Kann man von irgend jemand auf der Welt Größeres und Besseres erfahren? Der Gedanke drängt sich mir auf, daß sicher manches Menschenkind Heilung fände, wenn es den Weg finden könnte in solche Stille zu einer solchen Stunde.

Sehen Sie, so gerät man ins Philosophieren, hier oben auf dem Grasberg. Trotz meines Kissens aber muß ich immer mal wieder hin- und herrücken: es ist ja doch reichlich unbequem so drei Meter über dem Boden auf einem knorrigen Ast mit herabbaumelnden Beinen, ständig balancierend, damit man nicht kippt, zudem mit dem Festhalten der Flinte beschäftigt. Vom Hofe des ‹Doppelschuß› sieht man von hieraus nichts, denn er liegt hinter einer Bodenwelle. Gut ist, daß der Mond so hell scheint – ah jetzt – schwere Tritte irgendwo – zu sehen ist nichts. Rings um mich breiten sich die Laubzweige und sie gestatten nur wenig Durchblick. Allein nach unten, zum Futtertrog am Stamme, habe ich einwandfreie Sicht. Ich bin daher in erster Linie auf mein Gehör angewiesen. Aber die Tritte werden wieder leiser und ferner und verflüchtigen sich. Verflixt! Diese ‹Rebecca› wird mich doch nicht zum Narren halten wollen! Ein ‹schlaues Mensch› sei sie, ein ‹raffiniertes Luder›, so titulierte sie der Rübsam, kommt mir in den Sinn. Jetzt natürlich ist mir die ganze Naturbetrachtung egal, denn das Abenteuer meines Tuns hat mich ganz in seinen Bann gezogen. Vorsichtig vermeide ich jede Bewegung und passe auf wie ein Schießhund. Das Gewehr habe ich schon in Stellung gebracht. Stille – Horchen – Knacksen – Stille – Nichts. Und wieder von vorne und noch einmal – da, das ist sie ja, direkt unter mir, wie von Geisterhand dahingestellt, lautlos, ein schwarzer, großer Rücken, schwarz im schwarzen Schatten des Mondes. Die muß ja in Pantoffel geschlüpft und auf Moos dahergeschlichen sein! Oder habe ich doch halb gedöst? Aber nur jetzt nicht lange mehr überlegen und herumfackeln. Auf's Becken zielen und ‹Päng!› Wer da nicht trifft, aus dieser Distanz! Sapperment, weg ist sie! Abgezischt im Galopp. Ja, Heiliger Strohsack! Runter, so schnell es geht. Bei dieser unwaidmännischen Eile haue ich mir den Kopf an den Stamm, ein Ast schnappt mir ins Gesicht und beim Aufspringen auf dem Boden verknackse ich mir zu allem Überfluß noch fast den Fuß. So; und jetzt stehe ich da und sehe Wald und Mondlicht und Schatten und kann nicht mal angeben in welche Richtung sie davon ist. So was Blödes! Hatte ich nicht getroffen? Oder war die Nadel auf einen Knochen gekommen? Über welche Dummheiten man sich in solch einem Augenblick aufhalten kann! Es muß ja so sein, daß sie erschreckt davonrennt. Denn auch wenn sie ideal getroffen ist, so dauert es mindestens einige Minuten bis das Mittel wirkt und sie müde wird und umsinkt. Nach dieser kleinen Verwirrung bin ich wieder ganz der sachlich denkende Tierarzt von Schwipfingen, schultere mein Gewehr und ziehe langsam rüber zum Hofe vom Rübsam, damit der dann seinen Rauhhaardackel loslassen kann, um die sicher irgendwo in der Tiefe des Waldes friedlich schnarchende Ausreißerin aufzuspüren. Danach wird der Bauer den Schlepper nehmen mit dem Wagen und die ‹Rebecca› wird dann ganz vornehm im ‹Sanka› abtransportiert und erwacht morgen früh auf einer appetitlichen Strohstreu in Rübsams Internat für Kuhfräuleins und solche, die es werden wollen.

Ich bin's zufrieden, der ‹Doppelschuß› auch, doch ehe ich abfahre kommt er noch zu meinem Wagen gelaufen und frägt mich mit sichtlicher Besorgnis:

«Herr Doktor, das mit der ‹Rebecca› habe ich nun ja wohl hinter mir. Aber sagen Sie, was ist denn das, mein Weib ist nun schon ganze fünf Tage krank und stirbt immer noch nicht?» – Was dem wohl wieder durch den Kopf geht, dem alten Kracher! Der Mai ist doch schon lange vorbei und Mägde gibt es auch keine mehr!? Kopfschüttelnd fahre ich heimwärts. So was!

Voller Glück denke ich an meine Ehe, voller kleiner Besorgnisse an die der Mühlbergers. Denn allmählich, so will es mir scheinen, gibt's für meinen Toni nur mehr Praxis und Praxis und nochmals Praxis, und die Belange der Liebe schiebt er immer weiter und weiter von sich. Auch habe ich fast den Eindruck, daß, je mehr Frauen sich um ihn bemühen, er desto ablehnender wird – und zwar ganz prinzipiell. Komisch, so was könnte mir nicht passieren. Und nachdem der Toni seine ganze Zeit in den Ställen verbringt, dürfte ziemlich sicher sein, daß sich da bei ihm zu Hause kaum mehr etwas abspielt. Neulich sagte er zu mir: «Im Vertrauen, Veith, ich weiß gar nicht, was die Leute immer für ein Aufhebens machen wegen diesen vier Minuten, die das im Schnitt dauert.»
Sein Fränzchen würde bestimmt ganz anders kommentieren, das ist mir gewiß.

Zu allem Überfluß wird der gute Toni im Herbst noch einmal so einer Herzattacke ausgesetzt; und die bringt ihn vollends aus der Richtung.
Wie der Wind über die Stoppelfelder des Schwipfinger Ländles streicht und auf den Wiesen die violetten Herbstzeitlosen blühen, da passiert ihm die Geschichte auf dem Geisterhof. A propos Geisterhof: In der Zeit vor dem ersten Weltkrieg muß dieser Name entstanden sein. Nämlich weil der Geist des Hofbauern da nächtlicherweise umgegangen sei. Diesem Manne war damals, als er einer widerspenstigen Kuh auf den Leib rückte, deren langes Horn so tief in die Brust gedrungen, daß er auf der Stelle tot niedersank. Acht Tage nach seiner Beerdigung aber geschah es, daß sämtliche

Hofbewohner mitten in der Nacht durch ein unheimlich lautes Viehgebrüll aus dem Schlafe gerissen wurden. Alle stürzten, grosses Unheil vermutend, in den Stall. Dort sahen sie dann den Bauern im Sterbehemd, eine brennende Kerze in der Hand, oben auf dem Futtertroge entlangbalancieren, und alle Tiere zerrten vor Angst an ihren Stricken. Dieser unheimliche Vorgang wiederholte sich noch mehrere Male; selbst der Herr Pfarrer von Hochdorf soll dieser geisterhaften Erscheinung ansichtig geworden sein.
Auch der jetzige Hofbesitzer scheint nicht gerade vom Glück gesegnet zu sein. Griesgrämig verrichtet er seine Arbeit und er ist einer der Typen, von denen man sagt, daß sie zum Lachen in den Keller gehen. Allerdings, das muß man gerechterweise hinzusetzen, ihn plagen oft Schmerzen im Kreuz und das ist besonders scheußlich, wenn man sich täglich unzählige Male bücken muß und überhaupt keine Rücksicht nehmen kann auf sein eigenes körperliches Wohl. Ich habe ihn selbstverständlich gefragt, ob er schon beim Arzt war deswegen, aber er hat nur geantwortet:
«Bandscheiben – vom Schlepperfahren!» Na ja und Schlepperfahren auf den holprigen Wegen muß er auch weiterhin Tag für Tag, sonst ist ja niemand da, der es für ihn tun könnte. Also beißt er halt die Zähne aufeinander. Kein Wunder also, daß er nicht bei guter Laune ist. Aber er ist nicht der einzige, der auf dem Geisterhof durch die moderne Technik Schaden leidet. Auch die Rinder können davon ein Lied singen! Der Toni muß dauernd hin, weil man da vor einigen Jahren einen modernen Kurzstand eingebaut hat. Das müssen Sie sich so vorstellen, daß man von Ihrer Bettlade ein Drittel absägt und Sie also unten raushängen mit Ihren Haxen. Dort, wo abgesägt ist, machen wir jetzt noch eine scharfe, betonierte Kante und jetzt liegen sie mal da rein und probieren es aus! Abgesehen davon, daß es nicht im geringsten wohltuend ist, in einem solchen Bett zu nächtigen, kommt dazu, daß jedesmal, wenn Sie Ihre Beine hochziehen wollen, sie sich an der Betonkante die Haut

kaputtscheuern. Wenn Sie jetzt noch dazuhin berücksichtigen, daß Kühe beim Aufstehen ausgerechnet mit ihren Hinterbeinen sich hochdrücken und zuvor, um Schwung zu kriegen, oftmals erst hin- und herrutschen, dann wird Ihnen schnell klar sein, was da passiert. Wunden, Geschwülste, Geschwüre an den Beinen entstehen, und alte Tiere können, besonders wenn sie hochtragend sind, unter solchen Verhältnissen – geschaffen in der löblichen Absicht, die Verschmutzung des Felles zu mindern – oft kaum mehr aufstehen. «Abmeißeln mindestens!» habe ich schon ein dutzendmal gesagt, «Balken dahinterspannen!» ebenfalls. Das erstere aber kann er nicht wegen seinem Kreuz, das zweite läßt sich wegen seiner Mistbahn, die dann nicht mehr funktioniert, nicht durchführen. Da predigen diese Landwirtschaftsfritzen von Rationalisierung und das ist ja vermutlich auch notwendig, aber wenn es dann auf Kosten der Gesundheit der Tiere geht, dann ist das für mich ganz großer Mist und ich rate jedem ab, der vorhat, auch so einen Kurzstand einzubauen.

Doch zurück zu meinem Toni, der da kuriert mit Salben und Tinkturen, mit Umschlägen und Injektionen. Seine Erfolge sind mager. Klar, denn er kann ja die Ursachen nicht beseitigen und das ist seit eh und je das Wichtigste bei jeder Heilung. Trotzdem, und jetzt kommt's, trotzdem liegt, wenn der Toni nach erfolgter Behandlung wieder in seine Kiste steigt, jedesmal auf seinem Nebensitz eine Tüte mit Eiern. Merken Sie was? Können Sie sich schon ein Bild machen? Der Toni jedenfalls kann es nicht. Er rechnet diesen Vorgang seinen Heilbemühungen zu, denn nur für die Praxis hat er Augen, alles andere interessiert ihn nicht. Dabei, wenn er hinschauen würde, wäre ihm schon lange aufgefallen, daß die Bäuerin sich immer extra für ihn herausgeputzt hat und mit einem kleinen bißchen Menschenverständnis hätte er sich auch leicht den Hintergrund erklären können: der bestand darin, daß der Geisterbauer derzeit mit seinem ‹Kreuz› sicher in gewisser Hinsicht ein Totalaus-

fall war und daß seine Frau, welche Ehre obendrein, ihn, den Dr. Toni Mühlberger als Aushilfsmöglichkeit in Betracht zog. Seiner Lebtag wäre unser Toni nie auf solch unpassende Gedanken gekommen. Da er deshalb alle noch so deutlichen Signale außer Acht ließ, wurde es der resoluten Geisterhofbäuerin eines Tages zu dumm und sie sah sich genötigt, auf härtere Drogen umzusteigen.
Sie müsse nach Schwipfingen, sprach sie eines Tages zum Toni, ob sie mitfahren könnte? – Natürlich! – Der Toni ist wie immer zu allen Leuten freundlich und lacht. Und er macht auch sofort den Beifahrersitz frei, wo er immer, so wie ich es früher auch tat, allerhand rumfahren hat, was Arzneischachteln, Notizzettel, Besamungsblocks und so weiter betrifft, und sie sitzt rein.
Bevor man nun vom Geisterhof nach Hochdorf, zur nächsten Ortschaft kommt, muß man durch ein größeres Waldstück fahren. An letzteres denkt der Toni heute noch mit Grausen, wie er mir glaubhaft versichert.
«Diese Frau war unmöglich!» stöhnt er entsetzt, «was glaubst du, was die mit mir gemacht hat – und ich hatte doch die Hände am Steuerrad!»
«Beruhige dich, mein Lieber! So schlimm war das nun gerade auch wieder nicht; und außerdem hast du sie ja, stante pede, hier im doppelten Sinne, wie ich vermute, an die Luft gesetzt. Zudem kannst du von Glück sagen, daß du nicht statt der Geisterhöferin der jungen, schwarzen Fronhofbäuerin in die Hände gefallen bist, die erst kürzlich in der Melkerschule Aulendorf den ersten Preis gemacht hat, ha, ha, ha!»

Jetzt denken Sie natürlich, mit dem Pfeffer wird's auch nicht mehr besser. Der hat noch immer nichts anderes im Kopf als nur Thema eins. Aber falsch geraten! Denn einmal sah mein Fortbildungsprogramm ab fünfzig ja auch geistige Profilierung vor und zum anderen weiß der Schwipfinger Tierarzt, daß es Nachsommer ist in seinem Leben. Er weiß,

daß man es nicht bewenden lassen darf bei der Ernte leichter Halme. Jetzt wo die Herbstzeitlosen auf den Wiesen stehen mahnen ihn die Stoppelfelder; es ist Zeit zu pflügen, in die Tiefe zu gehen, wesentlich zu werden. Und deshalb kniet sich der Veith Pfeffer im Augenblick zunächst mal kräftig rein, um seinen Wissenstand aufzupolieren. Denn wie lang ist es eigentlich her, daß er zur Schule ging? Regelrecht lernen wie damals, steht jetzt auf seinem Programm. Er findet, daß es viel zu früh ist für ihn, auf seinen Lorbeeren auszuruhen und die Hände in den Schoß zu legen. ‹Flasche› werden ab fünfzig, das will er anderen überlassen. Wie hat er es doch am Strande Marathons formuliert?: ‹Schnell enden und früh die Lebensfahrten der meisten an den Ufern der Mittelmäßigkeit. Hier wird kein Ruder mehr ergriffen, kein Steuer, und keiner denkt mehr daran, Segel zu setzen und blauen Horizonten entgegenzueilen. Land unter den Füßen, nährendes sattmachendes Land, was will man mehr? Und doch ist dies Seßhaftwerden krankmachender Irrtum! Aufbruch, unablässig bis zum Grabe, das ist Leben!›
Im Einzelnen sieht das bei mir so aus. Ich nehme mir jeden Tag zwei Stunden Zeit, setze mich hin und lerne. Ganz einfach! Wann? Na morgens, morgens von fünf bis sieben, da bin ich am ungestörtesten. Was ich lerne, wollen Sie wissen! Och, ich habe mir gedacht, fängste mal ganz vorne an, beim ersten Wasserstoffatom und machst von da an allmählich Richtung heute. Sie, das ist ungeheuer, was es da Neues gibt und spannender als jeder Krimi. Nur ein Beispiel. Wußten Sie, daß nur die verschiedene Konstruktion des Blutgefäßsystems darüber entschied, daß nicht die Insekten, sondern wir Menschen den Aufstieg zur führenden Rolle auf diesem Planeten nahmen? Die Insekten waren schon 400 Millionen Jahre vor uns da und sie sind heute noch die biologisch Erfolgreichsten von allen Lebewesen, wenn man die Zahl ihrer Mitglieder und die Vielfalt der Arten zugrunde legt. Sie machen nämlich 80 Prozent aller Tiere auf der Erde aus und besitzen über 800000 verschiede-

ne Arten. Ihnen verdanken wir ungefähr die Hälfte aller pflanzlichen Nahrung, die wir zu uns nehmen (durch die Bestäubung). Andererseits vernichten diese Insekten, die unsere biologischen Konkurrenten sind und bleiben, rund ein Drittel aller durch Menschenhände erzeugten und geernteten Nahrungsmittel. Enorm ist auch, daß diese Insekten 50 Prozent aller Krankheiten und aller Todesfälle der Menschen verursachen; verstehen Sie, 50 Prozent! Als Europäer denkt man da doch nur an Herzinfarkt, an Krebs und an Verkehrstote. Aber allein an der durch Insekten übertragenen Malaria stirbt heute noch im Jahre 1980 alle zehn Sekunden ein Mensch dieser Erde! Auch für die Zukunft hat dieser Machtbereich Insekt viel bessere Perspektiven als der Mensch: Er ist nämlich gegen Radioaktivität fast unempfindlich. Also wird er im Gegensatz zum Menschen einen Atomkrieg ohne weiteres überstehen und danach? Danach würden die Insekten herrschen und leben, vielleicht noch einmal 400 Millionen Jahre!

Ist also keineswegs doof oder langweilig, was es da zu lernen gibt! Zumal auch von manchen solchen Sachen her Beziehungen bestehen zu meiner eigenen tierärztlichen Welt hier in Schwipfingen. Mit Insekten nämlich wird man in meinem Berufe oft mehr konfrontiert als einem lieb ist. Da brachte neulich erst unsere Simone ein Kätzchen an, schön bunt gefleckt, rot und weiß, und zwischen Töchterchen und Findeltier entstand ganz schnell ein überaus enges Verhältnis. Kein Wunder allerdings, denn ‹Katja› durfte in Simones Bett schlafen und bei Tische saß sie ihr auf der Schulter und schaute zu, wie sie aß. Manchmal, wenn dann auf der Gabel ein Wurststückchen aufgespießt war oder wenn auf dem Löffel etwas verführerisch duftete, dann versuchte das kleine Pfötchen sogar sachte vorzutasten, wie wenn es sagen wollte, das da könntest du auch mir überlassen. So sehr ich manchmal schmunzeln muß, wenn ich das sehe, so sehr geht es mir auch gegen den Strich. Bei Tisch und im Bett,

da hört bei mir die Tierliebe auf; da will ich keine Vierbeiner haben, das ist mir zu unappetitlich.
Nur beim Simonchen, das ich so ins Herz geschlossen habe, drücke ich da vorläufig beide Augen zu. Aber eines Tages sagt Silke zu mir: «Du Veith, schau dir doch mal Simones Hals an. Hinten ist da seit gestern eine Rötung und es juckt sie ständig. Ob sie wohl allergisch ist auf Katzenhaare?»
«Allergisch», antworte ich, «das kann ich mir schlecht vorstellen, eher denke ich an etwas Anderes. Wo ist die ‹Katja›? Mal rein mit ihr in die Praxis!»
Fünf Minuten später haben wir's: Katzenräude! Im Geschabsel unter dem Mikroskop da marschieren sie: Milben, Blutsauger, Insekten! Und sie gehen auch an den Menschen! Jetzt gab's natürlich Tränen. ‹Katja› und Simone, getrennt bei Tisch und im Bett: schlimm, schlimm, aber sie überstehen es, und nach zwei Wochen sind beide wieder gesund vereint.

Ja, die Insekten, man würde es gar nicht glauben, was diese Unbedeutenden in einer Tierarztpraxis für eine Rolle spielen. Diesen Sommer war das bei uns besonders schlimm. Ein Pferd, fünf Schafe und zwanzig Hühner haben sie gekillt.
Das Pferd war eine wunderschöne Fuchsstute, die drüben am Hahnenberg auf der Weide ging. Sie trug ein Fohlen im Leibe und war der ganze Stolz ihres Besitzers. Doch an einem schwülen Sommertag geriet sie mitten in einen Bienenschwarm: Tödliches Gift; von hundert Stacheln floß es. Als ich eintraf, umfaßte ich schon vom Wagen aus die ganze Tragik der Situation: Das Pferd stand da, breitbeinig, aus müden Augen ängstlich starrend, den Hals gestreckt in höchster Atemnot, schweißgebadet, ein Bild des Jammers. Ich sehe, daß nichts mehr zu machen ist; doch instinktiv bin ich schneller als je am Kofferraum, greife nach Spritze und heilender Arznei – da stürzt das gepeinigte Tier vor meinen Augen zusammen. Aus! Insekten!

Als es Winter wurde und ich mit Silke wieder abends vor dem Kamin saß, da erzählte ich ihr gern von meinem neu Hinzugelernten. Von dem, daß wir tierischer Abstammung sind bis hin zur Entwicklung unseres Denkens und Fühlens, von dem, daß unser Fuß eine Antwort ist auf das Land, die Flosse eine Antwort auf das Wasser, der Flügel auf die Luft und – das Gehirn dann eine Antwort sein muß auf den Geist, auf den kosmischen Geist, auf Gott. Silke ist immer lebhaft interessiert an diesen Themen, und wie im Flug vergehen beim Diskutieren die Stunden.
Irgendwie muß ich mein Frauchen aber auch mit meiner Lernlust angesteckt haben, denn eines Tages sagt sie zu mir:
«Nach Weihnachten will ich mit Marion zusammen einen Kurs an der Volkshochschule besuchen!»
«Klasse!» freue ich mich, «und welches Thema habt ihr gewählt?»
«Autogenes Training, wenn du dir darunter etwas vorstellen kannst.»
«Nein», bedauere ich, «noch nie gehört!»

4. Kapitel

Die Erde verlassen

Was das aber für eine tolle Sache war, da mit dem ‹Autogenen Training›, das erfuhr ich bald. Doch davon später ...

Denn jetzt gerade, in den Weihnachtsferien, fährt Kai mit mir auf Praxis und von dem muß ich Ihnen doch auch ein wenig erzählen. Der Kerl ist jetzt vierzehn und, obwohl er ein rechter Lausbub ist, macht er mir eine Menge Spaß und wir verstehen uns gut. Er darf zu mir den Vornamen sagen und ich behandle ihn ein bißchen so, wie wenn er schon zwanzig wäre, so ein wenig wie einen Kumpel. Und das bringt mir unheimlich Sympathien von ihm ein. Es ist selbstverständlich, daß, wenn wir einen Platten haben am Wagen, daß dann mein Kai rangeht und das Reifenwechseln in die Hand nimmt und es ist selbstverständlich, daß wenn ich in eine Kuh reingreife und da was Besonderes feststelle, wie zum Beispiel eine Scheidencyste, so groß wie ein Kinderkopf, daß ich da nicht ein paar gescheite Sprüche an den Buben hinlasse und meine Überlegenheit herauskehre, sondern ich sage: «Los, Ärmel hoch und hinein. Was spürst du, was kann das sein, welche Ursache kann das haben und wie kriegen wir das wieder hin?» Und dann darf er das Skalpell holen vom Wagen und ich drücke diese mit Drüsensekret gefüllte Blase nach außen, so daß sie mit ihrer prallgespannten Kuppe zwischen dem Wurf sichtbar wird und jetzt darf der Kai dahinein einen schnellen Schnitt führen. Das macht er prächtig. Aber von der unter Druck herauszischenden Flüssigkeit bekommt er einen Teil ab und wir lachen und er hält seinen Kopf unter den Wasserhahn und spült sich sauber. Kurz und gut, vorderhand bin ich mit meinem

Sprößling schwer zufrieden und die Bauern sagen: «Da bekommen Sie aber mal einen tüchtigen Nachfolger!»
Auch in anderer Beziehung scheint das der Fall zu werden. Denn dem Kai schmeckt's bei den Metzelsuppen enorm und er haut rein wie ein Scheunendrescher und daß er drei, vier Teller voll wegmacht ist gar keine Seltenheit. Heute nun, an einem klirrend kalten Dezembertag, wo es einen selbst mit Roßhaarsocken in den Gummistiefeln an die Zehen friert, und wo selbst die Fensterscheiben an den Ställen zugefroren sind, fahren wir gerade zum Heidle Hermann, der in Degersbach drüben unterm Rechberg seinen Hof hat. Wie wir eintreffen, werden wir bereits erwartet und der Heidle hat im Vorraum zum Schweinestall, wo die Schrotmühle steht und die Mehlkisten, eine Flasche Zwetschgenwasser postiert ‹zum Aufwärmen›, wie er sagt. Gemeinsam genehmigen wir einen, der Kai nippt nur und muß husten, und der Herr Schweinezüchter dampft dazu einen seiner dicken Stumpen, ohne die er nicht sein kann. Dick und friedlich ist der Heidle und immer schwebt ein bläulicher Rauch um sein Haupt. Dann gehen wir rein und der Bauer zeigt gleich in den ersten Buchten auf einige der Mastschweine:
«Sehen Sie die dort, Herr Doktor, der haben sie das halbe Ohr weggefressen – und die dort drüben, bei der fehlt ein ganzes Stück Schwanz – und bei der da am Trog, da ist er ganz weg. So eine Sauerei! Das haben wir noch nie gehabt, woher kommt denn das?»
Empört stößt er mit gespitztem Mund eine Tabakswolke von sich Richtung Schweine. Derweil lehnen wir über die Bretterdielen der Buchten und schauen auf jeweils sechs Tiere, die da meist am Boden herumliegen und pennen. Der Stall ist schön geweißnet, es ist sauber eingestreut, Helligkeit ist vorhanden, nichts zu beanstanden von dieser Seite.
«Kannibalismus, Herr Heidle! Eine Untugend, eine Verhaltensstörung! – Das braucht einen aber gar nicht zu wundern», fahre ich fort. «Das ist wie bei den Leuten; wenn sie nichts zu tun haben, kommen sie auf dumme Gedanken!»

«Aber Veith», meldete sich da mein Sprößling, «du glaubst doch nicht im Ernst, daß diese Ringelschwänze viel denken!»

«Vielleicht nicht, aber stinklangweilig ist es ihnen da drinnen bestimmt. Aufstehen zur Futterzeit, am Trog sich den Bauch vollhauen und dann wieder hinliegen und verdauen, mehr als dies wird nicht geboten. Jedoch so stupide sind Schweine keineswegs, daß sie bei dieser zugemuteten Gleichförmigkeit nicht einmal auf irgend eine Art Dummheit kämen. Denk nur an Valeska und Brillinchen, was die alles angestellt haben!»

«Ah, das machen doch die Hühner auch in den Intensivhaltungen! Die picken sich doch gegenseitig wund und fressen sich sogar auf!»

«Genau Kai, das ist etwas ganz Ähnliches. Auch hier sind sie auf engem Raum zusammengesperrt und können sich nicht ihrer Art gemäß bewegen.»

«Wenn das stimmt, was du sagst, Paps, dann dürfte er ja bei den Wildschweinen nicht vorkommen, dieser Kannibalismus!» ließ Kai nicht locker.

«Kommt auch nicht! Obwohl die Schwarzkittel genausowenig etwas gegen Verzehr von Fleischportionen haben wie unsere Hausschweine. Mit Hochgenuß verzehren sie Mäuse und Junghasen, ja sogar Rehkitze, kurzum alles was sie erwischen können, vom Regenwurm an aufwärts.»

Der Heidle hat gut zugehört, dabei ist ihm der Stumpen ausgegangen. Jetzt zündet er ihn gerade wieder an und zwischen dem Paffen vermerkt er:

«Müßiggang ist aller Laster Anfang, soweit sehe ich nun klar. Aber, was tun wir jetzt? Die eine dort hinten frißt ja überhaupt nicht mehr. Vorhin habe ich sie gemessen, da hatte sie über vierzig Grad Fieber! Und bei den anderen zwei wird's wohl auch bald soweit sein.»

«O.k. – Zuerst müssen die Angefressenen raus und für sich eingesperrt werden. Dann spritzen wir ihnen Antibiotika,

denn da läuft bei allen eine Infektion und die mit vierzig hat schon eine regelrechte Blutvergiftung. Als drittes wird nötig sein, daß Sie jetzt eine zeitlang jeden Tag Boden, guten Humus von der Wiese hinterm Haus, in die Buchten werfen, damit Ihre Mastschweine sich damit beschäftigen und auch davon fressen. Denn wenn man Stallschweine ins Freie läßt, dann haben sie nichts Eiligeres zu tun als mit ihren Rüsseln den Boden umzuwühlen und Dreck und Würmer zu fressen!»
Jetzt hat der Heidle seinen Stumpen ausgeraucht und wir gehen rüber in den Nebenstall zu den Muttersauen mit ihren Babies, denn dort gibt es jetzt Ferkel zu kastrieren. Das geht so vor sich. Der Heidle schnappt sich eines nach dem anderen und setzt sich damit auf einen Schemel, klemmt es mit den Beinen fest und hält ihm die Hinterbeine auseinander. Das geht ruck zuck und nun lasse ich meinen Kai ran, das ist was für ihn, da hat er Spaß dran. Letztes Mal habe ich es ihm gezeigt, wie man das macht und heute packt er es selbst. Zack, der erste Schnitt, zack, der zweite. Und jetzt den Emaskulator her und ratsch, fertig ist die ganze Chose. Der Nächste bitte! Der Kai strahlt, der Heidle wundert sich und der Papi ist natürlich stolz auf das Bürschle. Er stellt sich gar nicht dumm an, mein Kleiner! Hernach waschen wir uns und trocknen uns gut ab, denn sonst klaffen hinterher Schrunden an den Fingern, bei dieser Affenkälte. Der Heidle zündet jetzt einen neuen Stumpen an und wir stehen wieder im Vorraum bei den Mehlkisten und bei der Schnapsflasche. «Ausnahmsweise!» sage ich, «ich trinke ja sonst kaum mehr, aber heute kann man so was brauchen.» «Ja», sagt der Bauer, «heute ist's einen Kittel kälter; heut pfeift der Wind von Osten, von der Alb runter!» Nun sollte ich ihm noch ein Wurmmittel geben, meint er, für seine Läuferschweine. Aber ich bringe meinen Kofferdeckel nicht mehr auf. Erst wie die Bäuerin einen Eimer heißes Wasser bringt und wir es drüberschütten, da klappt es. Ich blicke mich nach Kai um, aber der fehlt. Schon eine ganze Weile,

stelle ich fest. «Der wird drin sein bei meiner Frau in der Küche. Der vespert doch so gern!» meint der Heidle gemütlich und hat beide Hände tief in den Hosentaschen. Da schaue ich durch die Scheiben und – tatsächlich, da sitzt er, mein Junger, mein Söhnlein, drinnen in der Küche und vespert. Sapperment, jetzt hat der Bursche doch erst vor einer Stunde zu Hause tellerweise saure Kutteln vertilgt mit Pellkartoffeln und jetzt kann der schon wieder! Wo er das nur her hat!

Na ja, sei's drum. Jedenfalls, wie wir auf der Heimfahrt sind und langsam der Krumm entlangfahren und die Blicke über die hartgefrorenen Äcker und Fluren unseres lieben Ländles schweifen, da fühlt sich der Kai äußerst wohl und er meint, das Tierarztleben wäre schon eine feine Sache: Immer sei man gerne gesehen, immer werde einem das Beste vorgesetzt. Aber er schwärmte nicht allein von der krachigen Rinde des frischen Brotes, das er vorhin genossen und der weißen Preßwurst, sondern auch davon, wie gerne er zum Beispiel in einem so sauberen Schweinestall wie dem vom Heidle die Luft einatmet mit dem feinen Hautgeruch der Tiere, wie gerne er das tieftönende Locken der Muttertiere hört und das dünne Quiecksen ihrer Kinder. Und die Rüsselscheiben, über die, welche so zart sind wie sonst kaum je etwas, über die streichle er so gerne. Sie können sich denken, wie wohl mir solche Worte tun, empfinde und fühle ich doch genauso wie er, wie mein vierzehnjähriger Bub.

Auch meine Frau, meine Silke, ist immer wieder auf's Neue mein Schatz, mein Schatz im wahrsten Sinne des Wortes: Gestern zum Beispiel überraschte sie mich mit der Idee, einmal alle Kollegenfrauen zu einem Kaffeestündchen einzuladen. Ich fand das prima. Denn die Frauen der Tierärzte, die ans Telefon gefesselten, die stündlich neuen und meist unangenehmen Überraschungen ausgesetzten, denen würde es ganz sicher einmal guttun, sich ein Stündchen im Kreise ebenso Geplagter niederzulassen, abzuschalten und zu plaudern. Abgesehen davon könnte unsere ganze berufliche Atmosphäre daraus Nutzen ziehen und manche, die sich bisher nur vom Hörensagen kannten, kämen sich vielleicht ein bißchen näher.

Noch bevor aber dieses Kaffeekränzchen stattfinden konnte, geschah etwas anderes, das mir sehr naheging:
Ich fuhr, wie ich dies des öfteren tat, bei der Rückkunft von einer Praxistour drunten vorbei in der Birnengasse, wo meine liebe alte B. B. im Häuschen am Wiesenbach wohnt. Wie immer, nachdem ich den Wagen unter den schönen Bäumen vor ihrem Gärtchen abgestellt hatte, so sprang ich auch heute frohgemut die vier Stufen hinauf und trat pfeifend in den Hausgang und – erstarrte.
«B. B.!» – rufe ich entsetzt: «B. B.!»
Aber B. B. antwortet nicht mehr, atmet nicht mehr. Ich knie neben der leblosen Gestalt, die da im Flure hingestreckt liegt. Meine Hand legt sich auf ihre Stirne und so verharre ich, ich ihr Pflegesohn, ich ein Lebender neben der Toten auf dem Boden im düsteren Flur. Wir waren uns nahe, jetzt sind wir es ein letztes Mal. Ich senke den Kopf, in mich, in uns versunken in dem kleinen Häuschen, und ich kann mich nicht erheben. Mein Gefühl trägt mich zur Seele dieser alten Frau, die alleine starb, hier auf dieser Stelle. Weitab ist der geschäftigen Welt Gebaren. Schwipfingens Tierarzt, der rauhe und robuste, verharrt ergriffen – und Tränen sind in seinen Augen.

Am Abend, wie Silke und ich die vorgeschriebenen Formalitäten hinter uns haben, sitzen wir trotz der frühen Jahreszeit noch ein halbes Stündchen vor's Haus auf unsere Bank. Wir haben einen Teppich untergelegt und rücken nahe zusammen. Traurig blicken wir vor uns hin.
«So schnell und überraschend B. B. diese Erde verlassen hat,

ein wenig war das in letzter Zeit doch vorhersehbar», sagt Silke. «Zu mir hat sie vor Monaten schon gesagt, als ihr immer ein wenig schwindelig wurde tagsüber: ‹So ein bißchen eine Ruine wird man schon im Laufe der Zeit!› Und ich merkte auch, wie sie in vielem nachließ, trotz aller Mühe, die sie sich gab. Und gegessen hat sie auch nicht mehr so richtig.
‹Wegen einem Maul eine Suppe kochen!› führte sie an, als ich sie rügte.»
«Ja, sie war weniger geworden, das habe ich auch gesehen. Und vor zwei Wochen sagte sie zum Toni, der ihr da vom Metzger was besorgt hatte: ‹Ich komme jetzt in die Gegend, wo man sterben muß!›»
«Ob man das ahnt? Bei mir zitierte sie öfters etwas Ähnliches: ‹Hin geht die Zeit, her kommt der Tod!› Und das hat mich jedesmal besonders getroffen, dieses kleine Verschen.»
Ich lege meinen Arm um Silke und sie nimmt meine Hand. Und wie wir weiter nachdenken über der Oberin Leben, drunten an Schwipfingens Wiesenbach, da wird uns klar, daß sie ein Mensch war, der nichts von anderen erwartete, dagegen alles von sich selbst. In ihr gab es keinen Platz für negative Gedanken, sie hatte gelernt in ihrem Dasein – und hatte vor allem gelernt, auch nach dem Gelernten zu leben. Und das scheint das Schwerste zu sein: Das Wissen um das Gute umzusetzen in beständiges Handeln für das Gute. Und B. B. hatte das fertiggebracht wie wenige. Silke küßte mich: «Lieber, wir beide wollen uns bemühen es ihr nachzutun. Laß uns auf ihren Spuren wandeln, denn auch für uns gilt ihre Mahnung: ‹Hin geht die Zeit, her kommt der Tod!›»

Von der Besinnung wird man in meinem Berufe recht schnell zurückgeholt in die Ebenen des täglichen tätigen Tuns inmitten der Tiere. So auch jetzt, kurz vor Pfingsten. Ich habe dringend noch einiges nachzuholen vom letzten Winter her. Da bin ich nämlich mit der Blutprobenentnahme noch ganz schwer im Rückstand. Es ist so, daß man bei

den Rindern von jedem Tier ein kleines Fläschchen Blut entnimmt und dieses dann zur Untersuchung auf Brucellose, auch Bangsche Krankheit genannt, ins Untersuchungsamt einschickt. Das ist ja eine sehr heimtückische und böse Krankheit, die außer den Tieren auch den Menschen befällt, und mit der ich schon mehr zu schaffen hatte als mir lieb war. Vielleicht erinnern Sie sich noch an den Bahnhofsbauern, bei dem ich eine Nachgeburt abnahm von einer Frühgeburt im siebten Monat und der mir voller Angst im Gesicht seinen geschwollenen schmerzhaften Hoden vorzeigte.
Das war einwandfrei ‹Brucellose› damals und seither habe ich das immer wieder gesehen, auch bei Kollegen in Form von Eiterungen, Hautausschlägen und Knochenhautentzündungen.

Also dieser Sache will man zu Leibe rücken und das ganze Land freimachen von Tieren, die den Ansteckungsstoff in sich tragen. Daher fahre ich heute raus nach Schiefertal am Hahnenberg und beginne beim Fridolin Greb, beim Strohbachbauern.
Es ist ein schöner Tag heute, das Schwipfinger Ländle zeigt sich von seiner besten Seite. Hecken und Bäume ziehen als grüne Kulissen die Blicke an, Weiden mit romantischen Scheunen liegen dazwischen. Die Kletterrosen an den Schiefertaler Häusern leuchten rot und weißgelb, da und dort blüht ein Holunderstrauch und verströmt seinen Duft. Vögel spielen in den Gärten und hier in Schiefertal sieht man auch noch Hühner im Hofe scharren und Gänse am Wegrand stehen, so wie das früher einmal war. Der Strohbachbauer übrigens ist einer vom alten Schlag, wie man im Schwipfinger Ländle sagt; ein Hagebüchener, einer den so leicht nichts umwirft. Ihn hat der Sanitäter schon wie ein kleines Kind auf den Armen zum Hofe hinausgetragen in den Krankenwagen. Nur noch Haut und Knochen war er damals. Im Krankenhaus dann haben sie ihn dreimal in ihr

Sterbekämmerlein gelegt und keiner der Ärzte gab auch nur mehr einen Pfifferling auf ihn. Aber, er kam wieder heim, jedesmal nach dem Sterbekämmerlein kam er wieder heim. Und nun treibt er sich schon seit Jahren wieder auf seinem Hof rum, so, als ob nichts gewesen wäre. Eines allerdings muß man dazusagen: Dieser lange dürre Strohbachbauer, der nimmt alles von der humorvollen Seite. Bei dem muß man lachen, wenn er das Maul aufmacht.
Zu so einem geht man natürlich gern in den Stall, selbst wenn man etwas so Unerfreuliches vorhat wie Blutnehmen. Denn da wäre so ganz nebenbei jedem Tier eine starke lange Nadel durch die schwartigdicke Haut am Halse zu stechen, damit man dann das herausschießende Blut in einem Röhrchen auffangen kann. Leider aber halten die zu Untersuchenden da nicht freiwillig ihre Hälse her und leider auch erregt man öffentliches Ärgernis in der Stallgemeinschaft mit diesem Tun, zumal ja darüberhinaus vor dem Reinstechen der Hals jeden Tieres mit einem Strick oder einer Kette ganz ordentlich zusammengequetscht werden muß, damit man die Vene auch sehen kann. Also alles in allem läuft das auf eine rechte Schinderei hinaus, und Tier, Tierarzt und Tierbesitzer bekreuzen sich meist vor derartigen Unternehmungen.
Jedoch, der Strohbachbauer weiß Rat: «Herr Doktor, ich weiß, wie wir das machen», sagt er. «Von meiner ersten Kuh vorne, von der ‹Paula›, die ja hinsteht wie ein Lamm, von der lassen wir geschwind einen halben Liter raus und dann kann's meine Frau in der Küche in Ihre dreißig Gläschen abfüllen und wir sitzen derweilst in die Stube und trinken einen. So ist jedem gedient. Die Stuttgarter vom Untersuchungsamt kriegen ihre Proben zum Untersuchen, Sie bekommen das Geld für das Probennehmen, und meine Kühe haben ihre Ruhe!» Sehen Sie, wie schnell man so böse Probleme in den Griff bekommen kann! Nur denken!
«Herr Greb, dieses Verfahren lassen Sie sich nur gleich

patentieren», sage ich; «das könnte schneller Eingang in die Praxis finden als sonst was!»

In meiner täglichen Kleintiersprechstunde gibt es bislang leider keine so hilfreichen Methoden wie der Strohbachbauer eine wußte. Da muß ich nach wie vor durch dick und dünn alles ausbaden, was unsere Wohlstandsgesellschaft an möglichen und unmöglichen Sonderbarkeiten hervorbringt. Neulich war zum Beispiel einer da, der wollte mir, während ich seinen ‹Felix›, der eine Promenadenmischung darstellte, einer Gehörgangsbehandlung unterzog, weismachen, daß, wer gerne Äpfel esse, ein Hundeliebhaber sei und andererseits einer, der Birnen bevorzugt, unbedingt ein Katzen-Fan sein müsse. Er brachte zum Ausdruck, daß man hätte erwarten können, daß ein Tierarzt so was wisse. Außerdem noch machte er mir überzeugend klar, daß vielfarbige Katzen immer weiblicher Natur seien, das könne jeder nachprüfen. – Sehen Sie, auch das gehört zu meinem Beruf, daß man sich solches Geschwätz anhört – und dabei soll man auch noch ernst bleiben!
Ein anderer suchte Rat, weil er, wie er sagte, vier Vögel und drei Katzen besitze und da gebe es gewisse Schwierigkeiten. Die Vögel lasse er fliegen, wenn die Katzen schliefen. Aber einen hätten sie bereits erwischt, den Besten! Und dabei hätten es Vögel und Katzen doch so gut bei ihm und er füttere alle ganz vorzüglich. Die Katzen bekämen nur beste Steaks und dazu einmal in der Woche Kalbsleber, die Wellensittiche hätten am liebsten Nieren mit Spätzle und Bier dazu. Hinterher würde er nach Wahl Cognac oder Kaffee anbieten. Mann oh Mann! Da greift man sich an den Kopf und denkt an 45, an die Zeit, wo selbst der Mensch kaum was zu nagen und zu beißen hatte, und man denkt an die Not heute, an die vielen Hungers Sterbenden auf der ganzen Welt.
Wie ich das mit den Vögeln und Katzen anderen Tages einem Landwirt erzähle, da meint der: «Den Tierbesitzer täte ich zum Landerer, in die psychiatrische Klinik; die

Katzen gehören erschossen und den Vögeln sollte man den Hals umdrehen und sie in's Clo runterfeuern!»
So gehen die Meinungen auseinander, so gibt's da Gegensätze, so klaffen da Lücken des Verstehens! Tierhalter und Tierhalter sprachen da eben und jeder hat so seine speziellen Gesichtspunkte. Und der Schwipfinger Tierarzt, von dem erwartet jedermann Verständnis, er steht in den Lücken des Verstehens mitten zwischen so verschiedenen Welten.

A propos Lücken, Lücken bei mir selbst, Gedächtnislücken! Auch sie machen mir zu schaffen. Ich lerne und lerne, Sie wissen es ja, und vergesse und vergesse. Ich nehme beständig Wissen in mich auf und stapele es, wie beim Studium gelernt, fein säuberlich geordnet, jedes für sich in einer besonderen Schublade. Jedoch am Wiederhervorholen dieser Dinge, am Abrufen bei Bedarf, da hapert es gewaltig. Daher ergibt sich unbestreitbar, daß ich unbedingt bald mal was unternehmen müßte in Richtung Gedächtnisaufbau. Lernen ab fünfzig ist anscheinend doch nicht so ganz einfach wie ich mir das vorgestellt hatte. Da war's viel einfacher gewesen den Marathonlauf zu machen. Dazu war nur Wille nötig. Hier aber hilft der allein auch nicht weiter. Albert Schweitzer hat zwar mal gesagt, Glück sei gute Gesundheit und ein schlechtes Gedächtnis, aber so sehr ich den Urwaldarzt sonst schätze, mit dieser seiner Theorie kann ich im Augenblick nicht glücklich werden. Und daher schaue ich mich natürlich schon die ganze Zeit eifrig um nach Möglichkeiten, dieses durchlässige Sieb von Gedächtnis etwas engmaschiger zu gestalten. Denn sonst kann ich ja die ganze Lernerei gleich wieder aufgeben, wenn es so ist wie bei einem Faß ohne Boden: Oben leer ich's rein und unten läuft's wieder davon!
Deshalb ist es für mich sehr interessant, was mir meine Silke von ihrem Kurs im Autogenen Training erzählt und wie sie das macht. Das hört sich ja ein bißchen wie Sport an, Training! Aber, weit gefehlt. Silke setzt sich da nur an einen

stillen Ort, schließt die Augen und wenn man sie anschaut, könnte man meinen, sie schlafe da nur ein Viertelstündchen. Aber das tut sie beileibe nicht. Sie ist trotz ihrer totalen Entspannung hochkonzentriert und aufmerksam. Nur, das ist jetzt das Entscheidende, sie paßt nicht darauf auf, was um sie herum passiert, wie da zum Beispiel eine Fliege sich an ihr Bein setzt oder wie die Uhr tickt oder wie ein Auto am Hause vorbeifährt. Nicht nach außen ist also ihre Aufmerksamkeit gerichtet, sondern nach innen. Sie spricht da zum Beispiel mit ihren Organen, sie hört dabei ihr Herz schlagen, lauscht auf ihre Atmung, ihren Darm und so weiter. Kurz, sie erfährt ihren Körper an jeder Stelle, auf die sie sich konzentriert. Als zweiten Vorgang lernt sie dann die Einflußnahme auf Steuerung der Arbeitsweise gewisser Organe. Toll, ist sie vielleicht schon ein halber Fakir, nicht? Na ja, aber da ist was dran, muß was dran sein an der Geschichte, denn es gibt, wie Silke mir schwarz auf weiß zeigt, bereits über 2000 wissenschaftliche Arbeiten über dieses Gebiet und das Verfahren findet weltweit bei Ärzten und in Kliniken erfolgreich Anwendung. Aber es kommt noch viel interessanter. Vor allem für mich, weil ich ja mein Gedächtnis stärken muß. Silke sagt, daß es erwiesen sei, daß man mit Autogenem Training sowohl körperliche als auch geistige und seelische Vorgänge beeinflussen könne. Erinnerungsschwäche komme da genauso in Betracht wie Ängste, Schmerzen und noch vieles andere. Aber jetzt kommt der Haken bei der Geschichte: Ich müßte mich da längere Zeit intensiv dahinterklemmen, sagt Silke, unter einem Jahr täglichen Trainings wäre da sicher nichts drin. Aber das mag ich vorläufig nicht, so lange! Und skeptisch bin ich dazu auch noch. Wer weiß, ob das überhaupt hinhaut! Und dafür ein ganzes Jahr ... «Silke», sage ich, «übe du nur mal schön weiter und wenn es dann bei dir klappt, dann fang ich's auch an! Ich schaue mich derweilen mal nach einer schnelleren Methode um! Soll es nicht nützen, kann es nicht schaden. Wir vergleichen dann unsere Erfolge!»

So kann jeder sehen, daß sich die Pfeffers gemeinsam auf den Wegen geistigen Strebens befinden und nach alle den Lehr- und Leidensjahren ein harmonisches Zusammenleben praktizieren. Mit unseren Jungen dagegen, mit den Tonis, meine ich, wird alles immer ungewisser und ihre Ehe schlingert bedenklich. Es ist selbstverständlich, daß Silke und ich dieser krisenhaften Entwicklung nicht teilnahmslos zusehen, sondern versuchen, da und dort zu helfen, zu stützen oder einen Rat zu geben. Silke bei Fränzchen, ich bei Toni. Mir scheint es sonnenklar, warum es bei den Zweien nicht mehr stimmt: Der Toni, dem die Frauen dauernd nachstellen, seine eigene vorneweg, der könnte und will nicht, und sein Fränzchen, bei dem ist es gerade umgekehrt, es will und kann nicht. Daher sage ich es meinem Compagnon auch ganz unverblümt auf den Kopf zu:
«Wenn du so weitermachst und dich nur um die Eierstöcke von Stuten und Rindern kümmerst, statt auch um die deiner Frau, dann bist du das größte Rindvieh das rumläuft im Schwipfinger Ländle!» Und ich fahre fort: «Wenn ein Bauer von dir für einen Preis von DM 20.– eine Besamung will, dann rennst du hin wie ein Irrer und bringst dich fast um vor Beflissenheit. Aber für eigenen Nachwuchs zu sorgen et cetera, dafür hast du keine Zeit, das ist für dich Nebensache, du Simpel!»
Sie sehen, ich rede nicht um den Brei herum und ich sage es sogar noch viel deutlicher, als Sie es hier lesen. Abwehrend meint er aber, am Anfang hätten sie es schon probiert, da habe es aber nicht geklappt. «Ha, da hört sich doch alles auf», gebe ich empört zurück, «du willst Mediziner sein und bringst nicht mal ein Kind fertig. Jeden Tag behandelst du Tiere wegen genau derselben Sache. Mensch bist du blöde. Weißt du, was die Bauern sagen in so einem Falle, die sagen, der soll mal den Hemdzipfel mit hineinnehmen, dann wird's schon klappen!»
Ich nehme ihn hart an die Kandare und versuche bei jeder Gelegenheit, ihn ein bißchen diesbezüglich anzuschucken, wie man im Schwipfinger Ländle zu sagen pflegt.

«Du Toni», trieze ich ihn ein andermal, «der Apotheker Birkel, der hat jetzt, nach fünfjähriger Ehe doch noch seinen Sohn bekommen! Und was dieser dürre Docht fertigbrachte, Toni, das schaffst du zweimal. Wir Tierärzte lassen uns doch da nichts vormachen, reiß dich am Riemen, Bursche!»
«Ach, sei mir still vom Birkel, er hat mir's erzählt, was er alles ausprobiert hat. Angefangen von seinen tausend Pillen, die er geschluckt hat über die Wundersalbe Potenzosex bis zu den Stierhoden, die ich ihm besorgen mußte jeden Montag, alles hat er durchexerziert und alles hat ihm nicht genützt. Noch vor Jahresfrist gab er den totalen Mißerfolg zu, als er mir hinter vorgehaltener Hand das alte Sprüchle zitierte:

‹Trotz Kaviar und Schnecken,
meinst, 's wär was geworden,
nicht ums Verrecken!›

Und wenn der jetzt trotzdem Nachwuchs hat, dann kann ich nur sagen, daß dies an ein Wunder grenzt.»
«Gut, Toni, dann sage ich dir aber auch: Ist's vom Birkel, ist's ein Wunder. Ist's nicht vom Birkel, ist's ein Wunder? Das muß man auch einkalkulieren, verstehst du! Denn es laufen immer noch genug Männer in der Gegend rum, wenn die nur die Hose an's Bett hängen, dann schlägt's schon ein. Also los, jetzt nimmst du drei Wochen Urlaub, vergißt die ganze Praxis und verziehst dich mit deinem Fränzchen und läßt dich mal so richtig anstecken von ihrer Lebenslust, du bettfaules Männlein, du!»

Noch bevor aber der Toni sich zu so etwas aufschwingen kann, macht er eine niederschmetternde Entdeckung. Er fährt ja immer seine Morgentour durchgehend von sieben Uhr bis Mittag. Dabei erledigt er unsere ganzen Besamungen einschließlich der gemeldeten Krankheitsfälle, während ich die Fleischbeschau sowie die Kleintiere und eventuell dringende Fälle übernehme. Wie der Toni nun heute heim-

kommt zum Essen, da fehlt das Fränzchen. Soweit wäre das allerdings noch nichts Besonderes, denn das kommt des öfteren vor bei Mühlbergers und hinterher stellt sich dann raus, daß die junge Frau beim Frisör nicht fertiggeworden ist, daß sie sich nicht entschließen konnte bei einem Einkauf und was dergleichen Ausreden mehr sind. Toni ist da schon so abgebrüht, daß er sich gar nichts mehr dabei denkt, obwohl ich ihm das nicht ganz abnehme. Wenn sie nicht da ist, dann ißt er eben allein, das heißt mit der Haushälterin zusammen, und um ein Uhr fährt er dann sowieso wieder los. Jedoch heute, heute in dieser Mittagspause, da bricht seine Welt zusammen. Denn immer, wenn er heimkommt, geht er zuerst an seinen Schreibtisch, schaut dort auf dem Schreibblock neben dem Telefon die neu eingegangenen Anrufe durch und anschließend auch die Post, die ebenfalls dort bereitliegt. Und da, obenauf lag ein Brief von seiner Frau! Ungläubig und abwesend vor sich hinschauend, bleichen Angesichts trägt er ihn vor sich her wie er bei uns zur Türe hereinkommt. Er drückt ihn mir in die Hand und spricht kein Wort. Nur mit dem Kopfe schüttelt er. «Lieber Toni!», stand da zu lesen, «ich brauche dringend andere Tapeten, sonst gehe ich ein! Leb wohl! Franziska.»
Das war alles. Was soll man da dem Toni sagen? Silke weiß es: «Grundsätzlich gilt, alles ist zu etwas gut, also auch dieses!» sagt sie und dann verschwindet sie und holt eine Flasche von Tonis geliebtem ‹Ballantines› her. Anschließend sitzen wir wohl eine ganze Stunde zusammen und sprechen ruhig und überlegt miteinander. Warum? Diese Frage ist nach all dem Vorhergegangenen müßig. Aber Silke sagt es trotzdem nochmals mit aller Deutlichkeit: «Toni, Liebe vorzuenthalten, dies ist nach meiner Ansicht die schlimmste aller Unterlassungssünden in der Ehe! Sicher, es gibt Situationen, wo man auch mal warten können muß. Aber allzu lange warten macht krank. Und Fränzchen war krank, das haben alle gemerkt, nur du scheints nicht!»
Aber so wie der Toni niedergeschmettert ist, das gibt es ja

nicht. Ich bestehe darauf, daß wir am Nachmittag zusammen auf Praxis fahren, in einem Auto, und da sprechen wir alles durch, was es jetzt zu überlegen gilt. Nachforschen zum Beispiel bei ihren Verwandten, ob sie sich dort aufhält? Nein, meint der Toni. Wenn sie es wirklich nicht mehr aushalten könnte bei mir, dann hat das keinen Sinn. Dann muß ich wohl erst mal zu einer anderen Einstellung, zu einer anderen Relation zwischen Beruf und Ehe kommen.
«Ja Toni, genau das ist's! So sehr wir als Tierärzte passioniert sind, so müssen wir doch den Zentralpunkt unseres Daseins, unsere Familie an die allererste Stelle setzen. Im Klartext heißt das: Zuerst Familie, dann Beruf! So kommt's nacheinander. Was nützt denn aller Erfolg, alles Geld, alles Gefühl, Tieren geholfen zu haben, wenn es daheim schief läuft. Ich kann dir sagen, dann ist alles Essig. Ich hab's schon mitgemacht – und du wirst es ja jetzt dann auch zu spüren bekommen! Weißt du, ganz im Grunde ist der Beruf ja in der Hauptsache nur dazu da, soviel Geld zu verdienen, daß man seine Familie ernähren kann!»
In der folgenden Zeit holen wir den Strohwitwer natürlich oft zum Essen rüber und beziehen ihn soweit es geht in unser Familienleben ein. Nebenbei fangen wir immer wieder davon an, daß er doch jetzt auch einmal von Schwipfingen abhauen soll und mal richtig ausspannen von der Praxis.
«Du könntest am Bodensee einen Segelkurs besuchen oder in Marbach droben auf dem Gestüt Reitunterricht nehmen, so was wolltest du doch schon lange! Was ist?»
Aber verdrießlich, wie er zur Zeit ist, der Toni, faßt er keinen derartigen Entschluß. Dagegen beginnt er, überall draußenrum anzuecken und er bekommt Ärger mit den Leuten, was es früher überhaupt nie gegeben hat. Richtig widerborstig tritt er auf und fährt jedem über's Maul, der auch nur ein krummes Wort zu ihm sagt. Etliche haben sich schon bei mir beschwert. Aber ich will mit Toni weitermachen – jetzt erst recht!

Neulich geht er zur Fleischbeschau zum vereinbarten Termin, aber wie er da hinkommt, hört er schon vor der Metzgerei außen die Brühmaschine laufen, und wie er die Türe aufmacht, sind da erst drei von den insgesamt zehn Schweinen aufgehängt und die anderen werden eben erst betäubt und entblutet. Mit grimmigem Gesicht blickt er von einer schwitzenden und schuftenden Gestalt zur anderen. Ein Geselle sei krank und dazuhin sei die Brühmaschine eine Stunde lang ausgefallen, entschuldigt sich der Meister. «Ja habt Ihr denn kein Telefon! Könnt Ihr mir das nicht beizeiten sagen, daß ich nicht umsonst hierherfahre. Was bildet Ihr Euch ein!»
Und er läßt ein solch unangemessen großes Donnerwetter vom Stapel, daß der Meister Rapp Maul und Augen aufreißt und seinen Ohren nicht traut. Jedoch eine Stunde darnach, als der Toni ein zweites Mal kommt und mit bitterer Miene und langem scharfem Messer ratsch, ratsch die Organe der geschlachteten Tiere anschneidet, da erst kommt der Höhepunkt. Der Griff seines Messers ist etwas fettig, beim Einschneiden in den Kaumuskel eines Rinderkopfes verwendet der Zornige etwas zuviel Kraft und schnapp, das Schneidewerkzeug, das silberglänzende, fährt ihm in die eigene Hand. Und nicht einmal nur die Haut hat's erwischt, nein, tief rein ist's bis auf Sehnen und Knochen. Nun ist das ja wohl schon jedem Tierarzt passiert im Laufe der Jahre, daß er sich reinsäbelt und der Toni ist auch nicht besonders wehleidig, aber als er aufblickt von seiner blutüberströmten Hand und schadenfrohes Grinsen rings um sich her bemerkt, von denen, die er vorher so hat runterlaufen lassen, da vergißt er seine ganze gute Erziehung und brüllt:
«Euch helf ich! Alles ist bis auf weiteres beschlagnahmt! Jede weitere Bearbeitung ist verboten. Wehe, wenn Ihr noch was anrührt!»
So läßt er sie stehen und geht zum Arzt, um sich nähen zu lassen. «Herr Doktor Pfeffer, schicken Sie doch ihren Kollegen in Erholung!» beschwört mich der Rapp, wie ich später

dort die Arbeit fortsetze, «der ist so rabiat und durchgedreht, das ist doch nicht seine Art sonst. So kannten wir ihn nie zuvor!»

Auf den Höfen mit den Bauern verfährt er keineswegs sanfter. Das kann man unter anderem auch aus den Ärgernissen ersehen, die es mit den Schwämmles auf dem Zukkerleshof gibt. Dort, das muß man wissen, führt die Käthe, die Bäuerin, das Regiment. Sie ist eine gewichtige Persönlichkeit und wiegt gut und gerne ihre zwei Zentner, während ihr Ludwig, den sie ‹Labbai› ruft, sich daneben wie ein Kakerlakchen ausnimmt, klein und bedeutungslos. Von der Käthe heißt es, daß sie ihr Geld, das sie markstückchenweise in Schmalzhäfen aufbewahrt, zusammenhält wie kaum sonst jemand. Deshalb auch hält sie ihren ‹Labbai›, ihren Bauern und Ehemann äußerst kurz. Läßt sie ihn ausnahmsweise mal fort, dann kriegt der Schwämmle von ihr drei Mark in die Hand gedrückt und dazu schärft sie ihm warnend ein: «Aber komm mir nicht heim wie eine Sau!»
Einmal, als er nicht punkt zehn, das ist die Zeit, die er einhalten muß, daheim war, hat ihn die Käthe kurzerhand hinausgesperrt und er mußte in der Scheune nächtigen.

Jedermann kann also sehen, daß auf dem Zuckerleshof Ordnung herrscht und daß die Käthe immer äußerst scharf kalkuliert. Und das tut sie selbstverständlich auch in bezug auf ihre kranke Kuh, die seit gestern nicht mehr frißt. Nicht daß sie so blöd gewesen wäre und gleich hätte den Tierarzt gerufen. Nein, grundsätzlich ist es am besten, sagt die Käthe, man wartet zuerst mal einen Tag ab, ob es nicht von selbst wieder gut wird. Heute nun ergreift sie die zweite angemessene Maßnahme: sie telefoniert bei Silke an und frägt, was denn ein Verdauungsmittel für eine Kuh koste und ob es nicht auch noch ein billigeres gebe. Wie sie sich dann doch entschlossen hat, die paar Mark herauszurücken, schickt sie ihren ‹Labbai› mit dem Fahrrad los, damit er zehn

Kilometer hin, zehn Kilometer her, das Medikament eiligst herbeischaffe. Nach Ablauf von drei weiteren Tagen klingelt dann beim Toni das Telefon und die Käthe Schwämmle ist dran und verlangt in aufgebrachtem Tone, daß sofort nach ihrer Kuh geschaut werde, denn die bei uns gekaufte Arznei habe überhaupt nichts getaugt, im Gegenteil, davon sei dem Tier schlechter und schlechter geworden. Also, verstanden, sofort solle jemand kommen!
Das Wörtchen ‹sofort› hätte selbst mich in diesem Falle gereizt, was es beim Toni in seinem jetzigen Zustande bewirkte, das können Sie vielleicht nur ahnen. Jedenfalls, als er auf dem Zuckerleshof eintrifft und eine Kuh mit einer uralten Herzbeutelentzündung vorfindet, ist die Käthe ausgesprochen kleinlaut.
«So habe ich mir's vorgestellt, genauso, Frau Schwämmle! Zuerst warten Sie und warten und wollen Geld sparen und dann, wenn das Tier aus dem letzten Loch pfeift, dann soll der Tierarzt alles stehen und liegen lassen und herbeistürzen und mit einer Wunderheilung die Kuh vor dem sicheren Tod retten. Man könnte gerade meinen, Sie wären plemplem! Also jetzt aufgepaßt: Diese Kuh wird heute noch geschlachtet, verstanden! Sie hat eine so fortgeschrittene Entzündung am Herz, daß eine Behandlung vollkommen aussichtslos ist. Ist das klar?»
Schimpfend steigt der Toni in seinen Wagen und fährt weg. Aber die Schwämmle denkt nicht im Traum dran, den Metzger zu holen. Granatenmäßig sauer ist sie auf den Tierarzt, der sie, die Zuckerleshofbäuerin Käthe Schwämmle derart zusammengestaucht und zur Schnecke gemacht hat. «Jetzt schon gar nicht!» lamentiert sie. Wie sie aber dann nachts in ihrem Bette liegt und plötzlich drunten im Stall ein Plumps zu hören ist, da rennt sie im Nachthemd, ihr Kakerlakchen hinterdrein, die Treppe hinunter und, was sieht sie? Ihre Kuh ist hinüber!
«Verreckenlassen hätte ich sie auch selbst können, dazu hätte ich keinen Tierarzt gebraucht! Jetzt kann ich eine

Riesenrechnung bezahlen und genützt hat's überhaupt nichts. Wir Bauern sind doch immer die Dummen, wir werden doch beschissen und betrogen wo man hinschaut!»
So motzt die Käthe am anderen Tage in der Milchsammelstelle herum nach dem altbekannten Schema: Geht eins kaputt, dann ist der Tierarzt dran schuldig. Wird eins gesund, dann hätt' es sich auch von selbst wieder gemacht und man hätte sich die Ausgaben sparen können.

Wie das der Toni vom Angerbauern erzählt bekommt, steigert er sich derart rein, daß ich sagen muß:
«Also nun ist aber endgültig Schluß! Wer wird denn so ein dummes Gewäsch von Leuten wie den Schwämmles für voll nehmen! Du bist total runter mit den Nerven, Toni. Ab sofort mache ich jetzt die ganze Praxis alleine und du schaust zu, daß du fortkommst, avanti!»
Da endlich gibt er nach, zieht seine Stallkleider aus und packt die Koffer. Gott sei Dank!

Allerdings, ich muß jetzt ganz hart ran. Jetzt gibt es natürlich nicht mehr die geringste Muße für Lernprogramm oder andere derartige Scherze. Jetzt heißt es wieder wie einstmals rennen von früh bis spät, von einem zum anderen. Gottlob aber erscheint auch immer wieder mal ein Farbtupfer auf diesem grauen Tuch der Nonstop-Arbeitswelt, was einem dann hilft, diesen harten Job besser zu ertragen.
Da fahre ich zum Beispiel letzten Samstag abend noch raus auf einen abgelegenen Hof auf dem Grasberg, weil dort, wie der Besitzer atemlos berichtet, eine Kuh urplötzlich einen dicken Kopf bekommen habe und zu ersticken drohe. Als Fachmann weiß man natürlich, um was es sich da handelt, denn so äußert sich bei Rindern eine Allergie. Da fressen die zum Beispiel eine Pflanze, die sie nicht vertragen, und dann kommt es oft überraschend schnell zu dieserart Überempfindlichkeitsreaktionen mit dem Anschwellen der Unterhaut am Kopf und Hals. Also schnell das Glas Augustiner

vollends geleert, denn wir sitzen, wie könnte es anders sein, gerade am Nachtessen, und dann nichts wie rein in's ständig startbereite Auto. Es sind fünfzehn Minuten zu fahren, das letzte Stück, bereits auf Hofgelände, auf einem Feldweg am steilen Wiesenhang entlang. Selbstverständlich habe ich den Fuß feste auf dem Gaspedal, komme jetzt in eine unübersichtliche Kurve, haue die Bremsen rein und rummmms ... Herrgott, da steht einer ... ein Pkw und versperrt die Durchfahrt. Aus dem geöffneten Fenster pendelt ein Damenbein mit einem Stöckelschuh. Und pendelt weiter, obwohl ich aufgefahren bin und gerammt habe. Schimpfen und lachen in einem, ich tue es. Schnell verlasse ich meine Kiste, schnappe mir mein Calcium, meine Spritzen und was ich sonst noch brauche, wetze an der fahrbaren Liebeslaube vorbei und dem Hofe zu, zu dem es keine zweihundert Meter mehr sind. Der Bauer, der nervös unter der Stalltüre steht, glaubt, er sieht nicht recht, wie er mich daherspringen sieht mit meinen Utensilien in den Händen. Aber jetzt gibt's keine langen Vorreden, denn es pressiert. Also rein, Zustand prüfen als Nummer eins, Injektionen, Infusionen Nummer zwei. – Gut, das hätten wir. Jetzt noch dabeibleiben mit dem Messer und aufpassen! In Kurzem wird schon die Abschwellung beginnen. Da endlich bricht's aus dem Bauern heraus, was er die ganze Zeit über auf der Zunge hatte:

«Ja Herr Doktor! Daß Sie so schnell von Schwipfingen raufgelaufen sind! Das ist ja unglaublich! Aber ich weiß, Sie sind Marathon-Rennläufer. Ist denn Ihr Auto kaputt?»

«Das kann schon sein. Da vorne, auf Ihrem Weg, da steht einer, auf den bin ich drauf! Aber der war so beschäftigt, der hat's nicht mal bemerkt.»

«Hol's doch der Kuckuck! Jetzt mache ich aber doch eine Schranke hin, dort vorne. Erst neulich ist es mir selbst so ergangen, daß ich nicht in meinen eigenen Hof reinfahren konnte. Saß da ein älteres Ehepaar im Wagen, versperte und betrachtete die Landschaft.»

«Die jetzt gerade vorne stehen, dürften eher ein jüngeres Ehepaar sein, wenn überhaupt eines. – Also, wie ich gesagt habe, aufpassen noch! Ich mache jetzt, daß ich wieder heimkomme, denn ich saß, als sie anriefen, gerade beim Schnittlauch und Peterling, bei Zwiebeln und Rettichen.»
Wie ich die zwei zusammengeboxten Autos erreiche, da hat sich nur insofern was geändert, als der Stöckelschuh herabgefallen ist. Nun wippt der Fuß eben ohne ihn. Aha, die haben das Radio an, das habe ich vorhin gar nicht bemerkt. Im Bogen gehe ich um das kleine Liebesnest herum. Es wäre doch roh, zwei Menschen in ihrer Glückseligkeit zu stören. Auch denke ich an eigene Schäferstündchen auf vier Rädern und an die Sorglosigkeit und Hingabe, die einen dabei befallen kann. Ich bin also unsichtbar und leise und ich sehe jetzt, daß nur die Stoßstangen der zwei Wagen Kontakt gehabt haben. Und da beide Kutschen schon Roststellen aufweisen und also keine Neuwagen mehr sind, kann man die Dellen tolerieren. So lege ich brav den Rückwärtsgang ein, werfe einen letzten, bedauernd entsagenden Blick zurück und fahre wieder Schwipfingen zu, heimwärts zu meiner Silke.

Wie zwei Wochen rum sind, steht eines Abends, wie ich heimkomme, dem Toni sein Auto wieder vor dem Hause. Ach, wie bin ich froh bei diesem Anblick. Jetzt kann ich wieder zu meinem gewohnten Lebens- und Tageslauf hinfinden, kann wieder was für meinen inneren Menschen tun. Wie ich aber den Berichten lausche, die der Urlauber von sich gibt, und in denen das Wort Spielcasino eine große Rolle spielt zusammen mit den Ortsbezeichnungen Baden-Baden und Monte Carlo, da mache ich mir doch einige Gedanken sehr bedenklicher Art und nehme mir vor, den Strohwitwer gut im Auge zu behalten. Übrigens, vom Fränzchen hat man seit seinem Verschwinden weder mehr etwas gehört noch gesehen.
Wie große und kleine Wellen geht das Leben. Mal zieht es

einen hinab, mal wird man hochgetragen. Dieses unablässig wechselnde Gesicht der Tage und Stunden zeigt sich mir auch heute. Ich sitze da mit Silke, seit zwei Wochen zum ersten Male wieder, auf der Bank vor dem Hause. Es ist ein lauer Sommerabend und ich erzähle zuerst mal meiner Frau von meinen Sorgen betreffs Tonis neuerlicher Begeisterung für Glücksspiele. Aber Silke meint, ich solle nicht so schwarzsehen, dazu sei der Abend viel zu schön und zu schade. Sie werde mir lieber vom kleinen Florian berichten, von dem kleinen Buben, der schräg gegenüber von uns bei seiner Tante in Ferien ist. Den habe die Tante gefragt: «Sag mal, Florian, warum gehst du den ganzen Tag nicht vom Fenster weg und und sitzt dauernd auf der Lehne vom Sofa und schaust hinüber zum Dr. Pfeffer seinem Haus?»
«Ha Tante Emilie», antwortete da der Bub, «weißt, ich möcht doch mal sehen, wie die Ochsen und die Kühe beim Tierarzt die Treppe raufgehen. Und wie die zur Türe reinkommen wo's ins Wartezimmer geht!»
Sehen Sie, wie meine Silke das macht! Sie hat's raus. Sie bringt alles gleich wieder ins Lot. Und dazu verwendet sie ein echt schwäbisches Rezept, das da lautet: «A Bergle en a Täle schmeißa!»

5. Kapitel

Ein Faschingsball

Jetzt sind die Sommerferien zu Ende und alle Geschäfte haben wieder geöffnet. Da gehe ich nun des öfteren wieder los, um die mir auferlegten Pflichten bezüglich der Lebensmittelkontrollen wahrzunehmen. Gerne tue ich ja so was nicht. Zu sehr trägt mir das den Anstrich des Herumschnüffelns in anderer Leute Privatleben, zu sehr gleicht man schnell dem Feldwebel, der Stube und Spinde der Rekruten kontrolliert, der auf den Stuhl steigt und oben auf der Lampe mit dem Finger Staub wischt. Aber nötig sind solche Kontrollen schon, da gibt's gar keinen Zweifel. Das sehe ich leider bei jeder einzelnen meiner Visiten. Auch heute wieder ist das so. Da gehe ich nämlich gerade rein in eines der kleinen Lebensmittelfilialgeschäfte und schaue mich ein bißchen um. Vorne, wo die Kundschaft Einsicht hat, ist ja meistens alles in Ordnung, dort findet man nur hie und da überlagerte Ware, aber weiter hinten, zum Beispiel hier im Vorratsraum, im hintersten Eck im Kühlschrank, da sieht es anders aus. «Wurst mit Haaren, Fräulein Jauss, und uralte Konserven! Glauben Sie, daß auch nur ein Mensch noch etwas bei Ihnen kaufen würde, wenn er wüßte, wie's da herinnen aussieht?»
«Das ist alles für den Abfall bestimmt, so was wird doch nicht mehr verkauft, wo denken Sie hin!»
Ja, so sagen sie alle, aber damit können sie bei mir nicht landen, das ist eine Schweinerei. Denn nebenan, neben der Wurst mit dem dicken Schimmelüberzug und den rostigen Konserven bewahrt sie Schnittwurst auf und noch jede Menge anderer Lebensmittel, die sie selbstverständlich noch abgibt.

«Jetzt nehmen Sie zuerst alles Beanstandete raus und bringen es nach draußen in den Mülleimer, los! Und hernach wird der ganze Schrank geleert, ausgewaschen und desinfiziert, verstanden! Und als Drittes schreibe ich jetzt eine Auflage an Ihren Chef, damit so was nicht wieder vorkommt.»
Das Wegwerfen der Ware hat das Fräulein schnell und willig besorgt, jetzt, wo es um die schriftliche Auflage geht, merkt man ihr an, daß sie sich äußerst unwohl fühlt.
«Bitte nichts schreiben», sagt sie, «mein Chef ist doch so streng! Es soll nicht wieder vorkommen!»
Wie sie aber merkt, daß ich nicht reagiere, sondern meinen Block herausziehe, da öffnet sie wie beiläufig den obersten Knopf ihrer hellblauen Bluse. Ich tue, wie wenn ich das gar nicht bemerkt hätte, setze mich auf einen Stuhl und greife nach dem Kugelschreiber.
«Der Chef wirft mich mit Sicherheit raus», jammert sie, während ich zu notieren beginne. «Können Sie nicht dies eine Mal ein Auge zudrücken?»
Ich blicke auf von meinem Formular und da bleibt mir die Spucke weg.
Steht sie nicht da direkt vor mir mit offener hellblauer Bluse und greift eben mit beiden Händen nach hinten, um den weißen BH zu öffnen.
«Stop, mein Fräulein!» höre ich da unerwartet energisch den Veith Pfeffer einschreiten, «stop, so geht das nicht!»
Diese Rüge scheint ihm aber gar nicht so leicht von den Lippen zu kommen, wie ich erstaunt bemerke. Denn, was die Appetitlichkeit angeht, so ist die des Kühlschrankes umgekehrt proportional zu der des Fräuleins. Jedoch es bleibt dabei:
«Stop, was fällt Ihnen ein?»
Aber irgend was scheint sie doch bewirkt zu haben, diese frauliche Attacke, denn ich sehe mich den Auflagenblock wegstecken und höre mich sagen:
«Lassen Sie sich ja nichts mehr zu Schulden kommen. Ich werde jetzt öfter hier vorbeisehen und wehe ...!»

Na ja, sehen Sie, so habe ich's gemacht. Jetzt können Sie mich natürlich tadeln, und vielleicht haben Sie auch recht, denn es gab ja noch zwei andere Möglichkeiten! Obwohl, und das muß ja wohl auch mal wieder gesagt werden, hintergründiges und geistiges Trachten lockt mich allmählich mehr als ein geöffneter BH. Aber ganz ist es anscheinend doch noch nicht soweit.

Heute nehme ich auch noch ein paar Stichproben bei den Metzgern, um eventuell rauszukriegen, ob da nicht im Fleische von Schweinen oder Kälbern gesundheitsschädliche Stoffe vorhanden sind. Denn man will ja nicht ein Schnitzel mit Östrogen drin auf dem Teller haben oder Koteletts mit Penicillin. Deshalb schicke ich von jedem Schlachttier ein Stück Fleisch und eine Niere eisgekühlt an's Untersuchungsamt und von Kälbern auch noch den Urin. Gewöhnlich ist das Ergebnis negativ, denn meine Bauern hier im Schwipfinger Ländle lieferten bis jetzt fast ausnahmslos erstklassige Qualität. Deshalb bin ich auch ganz perplex, wie ich von einer der heute genommenen Proben das Ergebnis bekomme. Im Hemmstofftest heißt es da: ‹Fleisch und Nieren positiv!› Oha! Nun heißt es aufpassen. Das ist nämlich jetzt eine heiße Spur – wie in einem Krimi! Also Nummer eins: Das Schwein, von dem die entsprechenden Proben stammten, wird zur Verbrennung in die Tierkörperbeseitigungsanstalt geschafft, nicht ohne vorher die Ohrmarkennummer abzulesen, denn auf die kommt's jetzt an. Der Detektiv Veith Pfeffer hat also den ersten Anhaltspunkt und jetzt wird als Nummer zwei der Viehhändler ermittelt, der das Schwein anlieferte. Diese Adresse ist vom Metzger zu bekommen. So, und jetzt geht's ans Telefon und der Viehhändler muß nachschlagen in seinem Buch, welcher Bauer aus welcher Ortschaft dieses für den Menschen so schädliche Schlachttier erzeugt hatte. Ah, dacht ich mir! Aus einem Nachbarkreis stammt das Tier. Drum, unsere Bauern hier, die spritzen nicht selbst. Um das handelt es sich

nämlich in der Hauptsache. Aber wie geht es weiter? Ich telefoniere dem zuständigen Veterinärbeamten und gebe Namen und Adresse durch. Und wissen Sie, was dann herausgekommen ist? Man hat eine halbe Arzneimafia geschnappt und vor den Kadi gebracht. Zuerst natürlich war der Landwirt dran, denn bei ihm fand man noch das Penicillin und auch die Spritze, mit der er das kranke Schwein kurz vor der Schlachtung noch gespritzt hatte.
«Vom Dillinger, vom Futterhändler, hab' ich's», gab der Ausgefragte nach einigem Hin und Her zu. «Wenn man dem für tausend Mark abnimmt, dann gibt er eine Flasche Penicillin und eine Spritze gratis dazu!»
Bei einer Hausdurchsuchung stieß die Polizei dann auf ein ganzes Arzneidepot und dort auch wiederum auf Adressen von Lieferanten dieses mit Recht verbotenen grauen Marktes. Eine ganze Untergrundorganisation brachte meine kleine Stichprobe an den Tag. Aber das war seltenes Glück: meist verlaufen solche Nachforschungen im Sande, denn die zuständigen Leute, die an den Schalthebeln dieses lukrativen Gewerbes sitzen, sind gerissen und geben sich die allergrößte Mühe, ihre Spuren besser zu verwischen als dies einst Winnetou und Old Shatterhand vermochten.

Mit dem Dienst an Sonn- und Feiertagen wechseln der Toni und ich uns regelmäßig ab. Seit nun Fränzchen fort ist, fährt der Toni meist schon Samstag abends weg, meist in den Schwarzwald. Wie ich da weiter nachfrage, sagt er lässig: «In den Nord-Schwarzwald. Dort gefällt es mir am besten!» Da aber werde ich hellhörig: Verflixt, er wird doch nicht nach Baden-Baden ...? Und eines Montags, nach einem seiner freien Wochenenden, da fällt mir auf, daß der Kerl so wortkarg ist und einsilbig, wie man es gar nicht von ihm gewohnt ist. Denn er unterhält sich sehr gerne und oft länger als mir manchmal lieb ist. Ausgenommen ist da nur das Thema Fränzchen. Das ist tabu, mit dem kann man ihn vertreiben. Am Abend holen wir ihn wegen diesem Stim-

mungstief rüber zu uns. Silke hat für ihn extra Kräutersteaks vorbereitet mit Gurkensalat. Das ißt er doch so gerne. Und hinterher schenken wir ihm seinen heißgeliebten ‹Ballantines› ein. So allmählich taut er auf und wird lockerer.
«Fünftausend Mark habe ich verspielt.» Eine derartige Leidenschaft zu spielen habe ihn gepackt und er wisse überhaupt nicht warum und wieso.
«Hoffentlich ist dir dieser Aderlaß vom Samstag nun eine Lehre! Schließlich weißt du ja selbst wie hart und markstücksweise man als Tierarzt sein Geld verdienen muß.»
Skeptisch hören Silke und ich seine Beteuerungen, daß es jetzt Schluß sei, denn, wenn da einer einmal Blut geleckt hat ...? Stirnrunzelnd schaue ich zum Himmel, zum Himmel meines Berufslebens. So lange war er nun wolkenlos und heiter gewesen. Nun aber beginnt er sich zu überziehen, von Westen her treibt der Wind des Lebens grau und undurchsichtig das kommende Schicksal. «Wir müssen uns jetzt noch mehr um ihn kümmern, Veith», meint Silke, «weißt du was, wir kaufen ihm ein Pferd, dann muß er es am Wochenende bewegen und hat keine Zeit mehr, so weit wegzufahren.»
«Das haut nicht hin, Silke, der Toni hat ja keine Ahnung vom Reiten. Der müßte zuerst mal Unterricht nehmen.»
«Was, ein Tierarzt, der nicht reiten kann, gibt's denn das auch?»
«Scheint so, aber vielleicht fällt uns was anderes ein, wo er Spaß dran hat.»
So machen wir uns häufig Gedanken und auch Sorgen und oftmals blicken wir nicht so ganz durch, was er alles treibt und macht, unser Compagnon.
Doch wenn man Tierarzt ist, kommt einem immer wieder das Weggeholtwerden vom Meer bedrängender Gedanken zugute; das Rufen eines Tieres, das in Not ist. Dieses Zuhilfekommen denen, die nicht sprechen können, ist für mich der wertvollste und der schönste Hintergrund meines Berufes. Aber nur selten ist das ein vernehmbares, ein mit dem Ohre hörbares Rufen. Fast immer kommt dieses Rufen

aus dem Bereich meiner eigenen seelischen Empfindungen. Denn ich identifiziere mich mit dem Tier, denke mich in es hinein und höre dann unverwechselbar die Forderung an mich, dieses zu tun oder jenes. Im Inneren fühle ich mich als Anwalt des Tieres und nicht selten wende ich mich daher gegen bestimmte Wünsche des Besitzers. So auch hier in diesem einmaligen Falle, mit dem ich gerade jetzt in diesem Herbst konfrontiert werde.

Da starb nämlich eine reiche, ältere Dame in der Stadt. In ihrem Testamente nun hatte sie bestimmt, daß ihre ‹Trixi›, ihr Hundchen, bei ihrem Tode einzuschläfern sei und zu ihr in den Sarg gelegt werden solle. Sie hätte ein so enges Verhältnis zu dem Tiere gehabt, daß es nun auch im Tode bei ihr sein solle. Können Sie da auch noch? Und können Sie sich meinen roten Kopf vorstellen, wie ich diesen Inbegriff von Tierliebe zu hören kriege! Schon kommt auch der Rechtsanwalt, der Testamentsvollstrecker, mit der kleinen putzigen ‹Trixi› zur Türe herein mit der unumstößlichen Forderung, das nette, an der Leine trippelnde Tierchen auf der Stelle und schmerzlos umzubringen. Ich solle dann dem verendeten Tiere das kunstvoll gefertigte Sterbekleid überziehen und es danach in die weiße, verschließbare Plastikhülle mit der goldenen Aufschrift ‹Meine treue Trixi› legen. «In Ordnung!» sage ich, «es widerspricht zwar meiner Einstellung, was Sie von mir verlangen, ich sehe jedoch, daß Sie ihre Pflicht tun müssen. Bitte nehmen Sie Platz im Wartezimmer, bis alles soweit ist.»
So und jetzt arbeiten Silke und ich fix und ohne ein Wort zu sprechen: ‹Trixi› raus zur Hintertüre und rauf die Treppe in das Zimmer von Simone. Einen toten, heute früh von einem Lkw überrollten Kater hinein in das Sterbekleid, hinein in die Hülle und zugemacht.
Jetzt kann er reinkommen. Er hat noch einen kleinen Minisarg dabei und mir wird etwas mulmig, wie er das tote Tier da hineinlegt und mich dabei so komisch anschaut und sagt:

«Sonderbar, es fühlt sich so ganz anders an, so ein Tier, wenn es gestorben ist.»

Da haben Sie ganz recht», erwidere ich aber sofort ohne Zögern, «Sie haben Sachverstand! Es sind die sogenannten fermentolytischen Vorgänge der Autolyse, die das von Ihnen angesprochene Problem hervorrufen. Aus demselben Grunde aber wäre es auch sträflicher Leichtsinn, wenn das Tier noch durch Bekannte oder Verwandte oder sonstwelche Personen berührt würde. Wenn ich Ihnen also dieses tote Tier in dieser, vom Gesetz durchaus nicht gebilligten Weise im Vertrauen überlasse, übergebe ich Ihnen damit auch die Sorgfaltspflicht, gerade speziell im Hinblick auf eventuelles Leichengift!»

«Selbstverständlich, selbstverständlich!» kommt beflissen und auch ängstlich, wie ich gut merke, die Antwort. «Ich werde alles unternehmen, damit niemand das Särgchen mehr öffnet. Sie können sich auf mich voll und ganz verlassen!»

So, jetzt habe ich ihm aber gründlich eingeheizt, denn das mit dem Leichengift, das stimmt ja nun überhaupt nicht. Silke muß immer mal wieder wegsehen, denn in ihren Augenwinkeln blitzt es auf und um ihren Mund huscht ein Lächeln nach dem anderen.

Draußen ist er. Das hätten wir. Und ich weiß auch schon einen schönen Platz für ‹Trixi› in einem Hause, wo man niemals drandenken würde, ein Tierchen zum Tode zu verurteilen – nicht einmal vor lauter Tierliebe!

Leider wird die Sorte der ‹Überkandidelten›, wie man solche Leute hier im Schwipfinger Ländle heißt, immer mehr. Zu mir sind sie schon gekommen und wollten für einen Notarztwagen für Hunde und einen Rettungshubschrauber für Katzen sammeln. Wissen Sie, da hört's bei mir auf. Mit solchen Spinnereien kann die Tierliebe nur ihren anerkannten Platz unter den erstrebenswerten Eigenschaften des Menschen einbüßen. «Auf dem Boden bleiben!» sagen meine Bauern, und da haben sie recht!

Das Jahr ist schon recht weit vorangeschritten. Der Herbstwind hat die Blätter von den Bäumen geblasen, die Blumen in den Gärten sind verblüht und über die Stoppelfelder ging der Pflug. Die naßkalten Tage des November mit ihrer traurigen Stimmung und ihren langen Nächten sind wieder angebrochen. Toni und ich ziehen von Stall zu Stall, der Praxisalltag beherrscht unser Leben.
Solange geht das bis ... bis eines Tages das Fränzchen wieder da ist. Ich fahre gerade die Straße zum Freßberg hoch und, da läuft sie! Im Regenmantel und mit vollen Einkaufstaschen rechts und links. Ich fahre rechts ran und öffne gleich den Wagenschlag. «Hallo, Fränzchen! Hast ja schwer geladen, komm, steig ein!»
«Tag, Veith! Und dieses Regenwetter dazu, dieses scheußliche! Gut, daß du gerade daherkamst!»
Und so wie es bei dieser ersten Begegnung zuging, so verhalten wir uns auch weiterhin. Wir tun nicht erstaunt und wir stellen auch keine Fragen. Sie war da, wie wenn sie nie fortgewesen wäre. Doch freuen tun wir uns natürlich riesig, vor allem für Toni, denn der hatte seither jeden freien Samstag in der Spielbank verbracht, seine Logik hatte ihn vollständig verlassen, es zog ihn dorthin, obwohl er fast jedesmal mit trübem Gesichtsausdruck zurückkehrte. Reuig war er jedesmal, aber nur bis kurz vor dem kritischen Samstag; und dann fuhr er wieder fort, verbissen lachend, ein Unrettbarer. Und wir freuten uns noch viel mehr, als die ‹Tonis› zwei Flugkarten nach Gran Canaria kauften. Wir ließen sie ganz alleine machen und mischten uns nicht im Geringsten ein. Sie mußten selbst wieder zueinander hinfinden.

Als sie dann braungebrannt am ganzen Leib, voll Freude erzählte sogar der Toni selbst, daß dort im Süden der Insel textilfrei die große Mode sei, wieder eintrafen, da schienen sie beide glücklich und zufrieden.
«Hoffen wir, daß es hält bei ihnen», sagt Silke. «Du mußt

jetzt nur drauf sehen, Veith, daß der Toni abends immer beizeiten Schluß machen kann. Abends gehört der auf den Sofa neben seine Frau, dann kann nichts mehr schiefgehen!» Und sie fährt fort: «Ihr müßt sehen, daß ihr die Routinearbeiten alle am Vormittag wegmacht, dann bleiben für den Abend nur die dringenden Fälle und wir haben endlich auch mal Feierabend wie andere Leute!»
«Einverstanden Silke! Aber dann müßt ihr beiden, du und Fränzchen, die Anrufer zuerst mal ziehen. Die telefonieren ja zu jeder Tages- und Nachtzeit, wann immer es ihnen gerade einfällt. Erst heute mittag zum Beispiel, der Mann mit seinen zehn Schafen! Der sagte doch ohne jede Hemmung: Er hätte heute abend gerade Zeit, da solle der Tierarzt doch um zwanzig Uhr draußen sein auf seinem Grundstück am Hahnenberg und die Schafe gegen Lungenwürmer impfen. Solche Sachen müßt ihr grundsätzlich abstellen, sonst läuft nichts. Passende Termine vereinbaren, damit fängt alles an, was man in unserem Berufe Freizeit heißt!»

Schon im Dezember geht dann ein Rundschreiben raus an alle unsere Bauern mit der Bitte, möglichst die am Tage anfallenden Behandlungen schon bis morgens um acht Uhr anzumelden. Und ob Sie's glauben oder nicht, das funktioniert auf Anhieb! Die Bauern haben Verständnis und halten sich dran, nur bei den Kleintierleuten und den Hobbytierhaltern ist's noch mies. Die erwarten in der Regel, daß ihnen eine extra Wurst gebraten wird.

An genau so einen dachte ich, als Silke an einem Sonntagvormittag, als es eben zu schneien anfing, von einem Ponyhalter einen Anruf bekam, daß sein Tier einen Hautausschlag habe, der überall blute. Hautausschlag am Sonntag, das hört man gerne! Daher nehme ich Silke den Hörer aus der Hand: «Einen Hautausschlag kann man auch unter der Woche behandeln», sonntags würden nur Notfälle versorgt. Nach einer Woche harter Arbeit benötige ein Tierarzt auch mal eine Verschnaufpause. So sagte ich dem sonntäglichen Ruhestörer gehörig die Meinung, voreingenommen, voreilig. Denn er schilderte dann seinen Fall so: «Gestern war überhaupt nichts zu sehen an dem Tier und heute läuft ihm überall am Fell das Blut herunter!» Mit ‹Blutherunterlaufen› muß man ja so seine Bedenken haben bei Laien; da übertreiben sie meist gewaltig. Trotzdem: komisch hört sich die Sache doch an. Vielleicht ist es gar kein Ausschlag? Was dann?

Jetzt setze ich mich doch in mein Auto und fahre trotz des Schneetreibens zwei Kilometer raus in Richtung Hahnenberg, wo das schwarze Shetlandpony in einer Scheune untergestellt ist und auf einer Koppel nebenan seinen Auslauf hat.

Ich kann nur bis auf hundert Meter heranfahren, denn der Weg ist eingeschneit und stark zerfurcht. Also stapfe ich mit dem Besitzer durch die stille Landschaft. Dann hören wir ein Schnauben hinter dem dichten weißen Flocken-Vorhang und sind da. Tatsächlich, am ganzen Tier klebt Blut. Aber halt, nur auf der einen Seite; auf der anderen sieht man nichts. Sonderbar! Gut, daß ich eine Schere eingeschoben habe. Nachdem mit Mühe und Not der Besitzer dem schwarzen Hengst ein Stallhalfter hat über den Kopf streifen können, damit er stillhält, schere ich jetzt zuerst mal an so einer blutigen Stelle am Hals das Fell ab. Das geht nicht so leicht. Ein Winterpelz kann ganz schön dick und derb sein. Und außerdem ist der Bursche die Freiheit gewohnt und hält überhaupt nicht das Geringste davon, sich von einem Wildfremden in die Mache nehmen zu lassen. Deshalb drückt er durch Hin- und Herspringen, Kopfschlenkern, Fußstampfen und Schweifschlagen seinen Unmut aus. Zudem sieht man hierdrin in der dunklen Scheune und bei dem schwarzen Fell so gut wie nichts. Draußen jedoch, wo es halbwegs hell wäre, kann man den Kerl nicht festbinden und außerdem schneit es immer dichter. Sie sehen, nur eine Kleinigkeit ist das, Haarscheren! Trotz allem, nach einiger

Zeit ist eine blutende Stelle freigelegt und man kann ein Stückchen Haut sehen. Ein kreisrundes Loch kann ich feststellen. Also doch kein Hautausschlag. Was dann? Hm!
«Wir machen uns die Mühe und scheren noch eine Stelle frei», sage ich. «Das ist eine sonderbare Sache!»
Jedoch der Patient wird immer unpäßlicher und der Hobbymann hat weit mehr Angst vor seinem eigenen Tier als im Augenblick gut wäre. Trotz der Kälte gerate ich ins Schwitzen, nur wegen der lächerlichen Haareschneiderei. Einmal hat er mir schon auf den Fuß gestampft, zweimal lag die Schere schon im Dreck und selbst schleift man auf dem schmierigen Boden mehr als daß man steht.
So kann's einem als Tierarzt am gemütlichen Sonntagnachmittag ergehen: Eben noch sitzt man behaglich im Sessel und liest ein Buch über die herrlichen Palmenstrände Hawaiis – und eine halbe Stunde später schon kämpft man dreckig und verschwitzt irgendwo in einer düsteren Scheuer hinter einem Vorhang aus nassen Schneeflocken. Und dabei liegt eigentlich nichts Besonderes vor. Was soll's also? Heimfahren? Nein, jetzt nicht mehr. Bevor ich da nicht einwandfrei durchblicke, kriegt der schwarze Hengst keine Ruhe und wenn er sich auf den Kopf stellt.
«Aha! Das zweite Loch: an der Seitenbrust, genau wie das erste! Sollte da? In mir keimt ein Verdacht. Mit der Fingerkuppe drücke ich vorsichtig an den Wunden herum. Jetzt! Jawohl! Alles klar! Ich nehme Schnee vom Boden vor der Scheuer, reinige damit die Schere und die Hände so gut es geht.
«Ihr Pony ist mit Schrot angeschossen worden! Das muß gestern abend oder heute vormittag geschehen sein. Wahrscheinlich hat ein Jäger auf einen fliehenden Hasen geschossen und dabei hat ihr Tier eine Breitseite abgekriegt. Das Gelände ist unübersichtlich hier draußen, der Waldrand nahe. Und wenn dazu die Sicht schlecht gewesen sein sollte, wie es in der Dämmerung der Fall ist, oder wie jetzt bei Schneefall, dann kann so was passieren.»

«Aber ein Jäger sollte doch aufpassen und nicht blindlings in die Gegend ballern!»
«Vielleicht hat er Ihren Rappen nicht einmal gesehen, vielleicht stand er im Dunkeln der Scheune und die Schrotkörner flogen hier zum offenen Tor herein? Das kriegt niemand mehr raus, wie das zugegangen ist!»

Jetzt muß ich aber noch einmal zum Auto zurück, um eine Ladung Antibiotika zu holen, damit es in und unter der schrotdurchsiebten Haut keine Infektionen gibt. Baßerstaunt, wie der Ponybesitzer die Diagnose aufgenommen hat, so baßerstaunt ist er auch, als ich ihm sage: «Solche Schrotkörner dringen nicht tief ein; die lassen wir allesamt da, wo sie sind. Da passiert weiter nichts!»
«Das bringt mich auf eine Idee», sagt der Toni, wie ich ihm von diesem komischen Hautausschlag erzähle. «Jetzt mache ich die Jägerprüfung! Immer wieder mal wird man mit Problemen aus dem Bereich Jagd und Jagdtiere konfrontiert, und fast immer hat man bestenfalls Halbwissen zu bieten. Du hättest zum Beispiel da draußen in der Scheune nicht erst lange dir die Zehen verstampfen lassen müssen, um zu einer Diagnose zu kommen, wenn du dich ausgekannt hättest!»
«Nur zu», ermuntere ich ihn, «nur zu!» Und im stillen denke ich, so was könnte vielleicht an die Stelle von Baden-Baden treten und das wäre ja das allerwichtigste, daß er davon loskommt, der Toni.

Und lernen, sich fortbilden, das ist jetzt im Winter auch mein eigenes Programm. Sie kennen mich ja nachgerade: Ich will in die Tiefe, ich gehe hinter dem Pflug auf meinem Acker. Aber während Silke ihr Autogenes Training weiterverfolgt und mir bereits einige Proben ihrer Übungen gezeigt hat, wie zum Beispiel, daß sie damit ihre chronische Stuhlverstopfung, mit der sie sich schon seit eh und je herumplagt, vollständig weggebracht hat, suche ich noch

immer nach schnellen, guten Methoden, mein Gedächtnis zu stärken. Dabei habe ich mir schon einen Fernkurs kommen lassen und versucht, mich da von Heft zu Heft durchzuarbeiten. Man lernt da verschiedene Tricks und soll diese Tricks im Alltag von morgens bis abends vorführen, einer Zirkusnummer gleich. Ich schaffe das nicht. Außerdem ist es stinklangweilig, wenn man mit niemand darüber sprechen und es zusammen üben kann; das nimmt einem auf die Dauer jeden Spaß an der Sache. Jetzt aber habe ich von einer neuen Lernmethode gehört, bei der man das Unterbewußtsein benützt und mit der man anscheinend in der Lage sein soll, eine Fremdsprache perfekt in einem einzigen Monat zu lernen. So schnell! Und was das Bedeutendste daran ist: man könne sich nach einem Jahre noch an rund 90 Prozent des Gelernten erinnern. Ein Professor Losanov aus Bulgarien habe diese Methode entwickelt und sie werde bereits an vielen Schulen in Europa und in den USA praktiziert.
Ob dies etwas für mich wäre? Ich werde mich mal näher damit befassen.
Von meinem Lernstoff für diesen Winter will ich Ihnen auch noch ein bißchen erzählen. Es geht um unser Gehirn. Was alles hat dort seinen Platz, was alles spielt sich dort ab! Der Geist zum Beispiel – und was ist der Geist? Wissen Sie das? Die Seele zum Beispiel – und was ist die Seele? Wo sind dort oben die Schubladen für das Gedächtnis, wie und wo arbeitet unsere Phantasie? Wie kommen unsere Träume zustande, wie entsteht Ärger und Aggression – dort droben in dem großen Kopfknochen, den man Schädel nennt?
Ein Thema interessanter als das andere – aber auch unerforschter als das andere. Was man aber mit Exaktheit bereits herausgebracht hat, das versetzt mich in Erstaunen und läßt mich von da an die Menschen und ihr Handeln neu und viel besser verstehen.

Zum Beispiel erfahre ich, daß dieses Zentrale Gehirn aus drei ganz verschiedenen Bezirken besteht, von denen der

älteste, das sogenannte Stammhirn, eineinhalb Milliarden Jahre alt ist, der darüberliegende Teil, das Zwischenhirn, aber nur eine Milliarde und gar das Großhirn außen, die dritte und größte Abteilung, gar nur eine halbe Milliarde Jahre. Jeder Bezirk hat in sich Programme gespeichert, welche auf die Lebensverhältnisse der damaligen Entstehungszeit zugeschnitten sind. So laufen bei Ihnen und bei mir heute noch Reaktionen und Aggressionen ab, die aus der Tiefe des Stamm- und Zwischenhirnes freigesetzt werden und die oft mehr tierische als menschliche Verhaltensweisen produzieren. Jeder trägt also primitive tierische Vergangenheit programmgerecht gespeichert in seinem Gehirn, gegen deren Losbrechen die Vernunft, die erst im jüngsten Abschnitt, im Großhirn einen Platz hat, oft nicht durchkommt. So hat jegliche Unvernunft des menschlichen Verhaltens, wozu in erster Linie Streit und Kriege zählen, ihren eigentlichen Ursprung, ihre tiefsten Wurzeln in der Beschaffenheit des Gehirns, dieses anachronistischen Organes.
Deshalb wohl wird es sicherlich noch manches Jahrtausend dauern, bis wir, die Menschen, wie wir uns unberechtigterweise schon heute nennen, das Übergangsfeld vom Tier zum Menschen soweit durchschritten haben, daß man uns als vernünftige Wesen bezeichnen kann.

Auch unsere Mühlbergers sind anscheinend am Durchschreiten einer Entwicklungszone. Auch sie haben eine Menge althergebrachtes Störpotential aufzuarbeiten. Der Toni muß endlich mal kapieren, daß nicht nur die Tiere seiner bedürfen, sondern auch seine Frau. Denn wenn man es so treibt, wie er das bisher getan hat, dann macht man sich als Ehemann auf der ganzen Welt unbeliebt. Und das durchaus zu Recht. Solche Kerls, die nur ihrem Geschäft nachrennen und praktisch mit diesem verheiratet sind, die brauchen zu keinem Chirurgen zu gehen, die sind kastriert durch ihren Beruf! «Hoffen wir, daß der Toni umlernt!»

sagt Silke bei einem der vielen Gespräche, die wir wegen der zwei führen. «Fränzchen macht ihm ganz schön Dampf; denk dir nur, neulich hat sie ihn zu einem Tanzkurs überredet und an Fasching will sie sogar einen Hausball veranstalten!»
«Wenn die nur nicht gleich den Bogen überspannt! Dem Toni sind doch derlei Sachen wie Spitzgras!»
«Da müssen wir halt ein bißchen nachhelfen und ihn entsprechend einstimmen. Und dein wichtigstes Geschäft dabei ist – wie ich schon mal sagte – dafür zu sorgen, daß der Toni abends nicht mehr draußen rumkutschiert, sondern Zeit hat, sich um sein Frauchen zu kümmern.»

Na ja, wir tun unser Bestes, was diesbezüglich möglich und erwünscht scheint, und dann ist es auch schon soweit: der Faschingsball steigt! Fränzchen hat dazu ihr ganzes Haus auf den Kopf gestellt. Im Souterrain befindet sich eine Bar, im Hausgang ein kaltes Buffet und ein Faß Bier. Das Bügelzimmer nebenan hat sie in eine kleine ländliche Wirtschaft verwandelt mit Tischen und Bänken. Zwei Tanzflächen, eine davon winzig, im Keller, die andere hinter Girlanden und bunten Bändern, im Wohnzimmer. Dort gibt es in Ecken auch Schaffelle am Boden zu gemütlichem Parken und anderem mehr. Den Toni habe ich feste vorprogrammiert und ihm die Sache schmackhaft zu machen versucht mit einem Sätzchen, das mir die beste Überschrift für so ein Faschingstreiben zu sein scheint, nämlich ‹Ausprobieren ist alles!›. Und ich hoffe, daß er gemäß dieser uralten Karnevalsweisheit heute mal richtig aus sich rausgeht und nicht wie früher immer auf Stühlen und Sesseln herumhängt und gelangweilt in sein Glas glotzt.

Silke geht als Zigeunerin, trägt eine tolle schwarze Perücke und große goldene Ohrringe und ich bin U.S.-Sheriff mit breitkrempigem Hut und silberglänzenden Pistolen. Zuerst ziehen alle Paare in einer Polonaise durch das Haus, tanzen die erste Runde, und dann werden wir alle losgelassen auf kaltes Buffet und Bierfaß. Wenn ich mich da im Hintergrund halte und zusehe, wie sie an dem langen Tische ihre Teller füllen, dort das dralle Blumenmädchen, hier die feurige Spanierin und dahinten das verlockende Kind aus der Südsee, da muß ich schon sagen, hm ... so alt bin ich eigentlich noch nicht! Wird doch keiner behaupten wollen, der Pfeffer hätte keinen Pfeffer mehr im Hintern! Ha, ich werd' es ihnen zeigen heute abend. Wetten, daß ich noch für manches Späßchen gut bin!

Immerhin, wissen Sie, neulich, da war ich für einen Augenblick richtig geschockt, was dieses Thema anbetrifft. Da stehe ich gerade vor dem Gasthaus zum ‹Adler› an der Straße und überlege, ob ich nicht schnell rein soll und sündigen, das heißt in diesem Falle, geschwind einen ‹Augustiner› hinunterlassen. Da kreuzt doch da eine Frau auf, wie man sie in Schwipfingen selten zu sehen kriegt: Eine Figur, sage ich Ihnen, ein Gang! Wer würde da in die entgegengesetzte Richtung schauen? Ich blicke also bewundernd hinterher und wissen Sie, was jetzt geschieht? Ein Lkw, der gerade abbremsen muß, fährt langsam an mir vorbei und der Fahrer streckt den Kopf heraus und ruft: «He Opa, das ist aber nichts mehr für dich!» So eine Frechheit! Der Kerl hat keine Ahnung davon, was wir in Schwipfingen für Burschen sind!

Nun aber zurück zum kalten Buffet, sonst sind die besten Sachen weg und ich habe das Nachsehen mit meinen ganzen theoretischen Betrachtungen. Denn etliche sind sogar schon mit dem Speisen fertig und legen schon recht vielversprechend los was Tanzkünste und Nächstenliebe betrifft. Was mich erstaunt, nebenbei, das ist der Toni. Der nimmt die Frauen reihenweise in den Arm und tut, wie wenn er der Weltmeister wäre im Küssen. Nanu?
Und jetzt ruft er die Herren zu einem Raketenwettbewerb

auf. Wie das geht? Oh, ganz einfach. Der Boden unserer Tanzfläche ist spiegelglatt poliert. An der Längswand gehen die Herren auf die Knie, stoßen sich dann auf Fränzchens Kommando von der Wand ab und surfen auf ihrem Bauche, Hände nach vorne, quer durch den Raum, damit man rauskriegt, wer am weitesten kommt. Damit dieses Faschingsspiel an Reiz gewinnt, stellt sich je eine Dame vor einen Herrn, etwas breit, damit man untendurchschießen kann – mit Schwung. Lustig, sage ich ihnen! Und es gibt Preise. Zum Beispiel zwei Eierwärmer, handgestrickt! Raten Sie mal, an wen die gehen? An mich natürlich. Nochmals so eine Gemeinheit! Das Fränzchen hält sie hoch und hüpft fast bis zur Decke vor Freude. Überhaupt das Fränzchen, das macht Furore! Es stellt selbst seinen Toni in den Schatten. Als Schülerin mit ganz kurzem Röckchen wirbelt es ausgelassen durch die Gegend, von einem Schoß auf den anderen. Auch Silke findet Spaß an dem Festchen und macht mit, soweit ich sehen kann.
Doch dauernd kann ich natürlich auch nicht hinsehen was andere tun, weil ich mich im Augenblicke ja an einem der weißsandigen Südseestrände befinde, wo die Palmen über mir rauschen und wo ich meine ganze Aufmerksamkeit einer Blume hinterm Ohr widmen muß und lachenden Augen und einem träumenden Mund. Und weil man ja hierzu bestimmt keine Eierwärmer braucht, habe ich sie neben mich in den Sand gelegt und meine Pistolen dazu und was man sonst so in der Südsee an Ausrüstung entbehren kann.

Also wenn Sie mich fragen, wie mir der Mühlbergers Faschingsball gefallen hat, dann kann ich nur sagen: «Einsame Spitze! Und keine Spur von Midlife-Krise beim Schwipfinger Tierarzt!» Wesentlich war jedoch, wie die Mühlbergers selbst diese Nacht überstehen würden. Und da muß man sagen, erstklassig hat das gewirkt! Kein Mensch hätte dem Toni zugetraut, daß er so rangeht. Fränzchens Augen wurden dabei groß und größer und schließlich hing sie sich ihm an den Hals und tanzte mit niemanden anderem mehr. Na, was sagen Sie da? Wie machen wir das, wir Tierärzte vom Schwipfinger Ländle?

6. Kapitel

China-Hand oder: Karate in Schwipfingen

Unweit von Schwipfingen, Wasserheim zu, gibt es am Wiesenbach einen neuen Aussiedlungshof. Er wird von der Familie Eberhardt bewirtschaftet und glänzt durch einen sehr großen Viehbestand. Dieser Hof ist im Gegensatz zu vielen anderen, die Dörfer verunstaltenden neuen Bauwerken, von einladender Anmut und eine echte Augenweide. Schon daß er harmonisch hingelagert ist unter einer breiten Gruppe kanadischer Pappeln, von denen er übrigens auch seinen Namen hat, macht auf ihn in angenehmer Weise aufmerksam. Die weißen Gebäude mit den roten Dächern passen hübsch unter den silberflimmernden Blätterhimmel. Vor dem Wohnhaus, das zwei geräumige, gut eingerichtete Wohnungen enthält, ist ein großer Garten, in dem jetzt schon – und es ist Ende April – Narzissen und Tulpen blühen und die Beete wohlgedüngt vorbereitet sind für die neue Bestellung. Stallgebäude, Geräteschuppen und Garagen stehen im Viereck um einen großen blitzsauberen Hofraum, in dessen Mitte ein alter Nußbaum aufragt. Unter ihm lädt eine Sitzgruppe aus Baumstämmen und Wurzelstücken, schön in Eigenarbeit zugesägt, zum Ausruhen ein. Und man kann da hinkommen wann man will, da ist's immer gleich sauber, da fährt nie was rum, weder ein leerer Papiersack noch ein Kanister oder eine Hacke, die stehenblieb. Dieser Pappelhof ist ein Muster an Sauberkeit und Ordnung. Allerdings, und das muß man dazusagen, Arbeitskräfte sind genügend da, denn die Eberhardts sind eine Großfamilie und alle helfen mit. Die Ahne, die Großmutter sorgt für das Kochen und die Versorgung der Kinder, und der älteste Sohn, der Werner, der den Hof mal übernehmen soll, ist bereits zwanzig und geht schon so gut im Geschirr, wie sein Vater sagt, daß die Eltern letztes Jahr zum ersten Mal in ihrem Leben ein paar Tage Urlaub machen konnten und mit dem Bauernverband für vier Tage in die Schweiz fuhren. Auch zwei Reitpferde stehen auf dem Pappelhof und meine Simone, die jetzt auch schon siebzehn ist, und eine ganz ausgeprägte Freude am ländlichen Leben zeigt, kommt oft hierher, hilft mit und darf hie und da auch mal ausreiten. Die Reitbegeisterung hat sie erfaßt, und Silke muß schwer dahinter her sein, daß unser Töchterchen, welches ja aufs Abitur zusteuert, erst seine Schulaufgaben erledigt, bevor es sich auf das Fahrrad schwingt und zum Pappelhof hinunterradelt. Na ja, denke ich, mir ist es so lieber, als wenn sie sich nächteweise in Discotheken rumtreiben würde.

Was aber den schönen Hof anlangt, so habe ich dort ein sehr unschönes Erlebnis, das mich aufschreckt aus meinem Altpraktikerphlegma, welches einem immer vorgaukelt, man könne alles und man wisse alles. Da ruft nämlich der Eberhardt frühmorgens an und berichtet mit besorgter Stimme, daß eine seiner besten Kühe, und er hat wirklich deren gute, nicht fresse und anscheinend Bauchschmerzen habe. Nun reißt eine solche Nachricht einen ja nicht unbedingt vom Sessel, denn das passiert hundertmal und ist meist schnell wieder behoben. Deshalb mache ich mir auch keine besonderen Gedanken deswegen und sage in aller Ruhe: «'s ist recht, ich komme dann vorbei.»
Auf meiner Vormittagstour schaue ich also rein auf dem Pappelhof und sehe ein stark benommenes Tier mit deutlichen Kolikerscheinungen. ‹Vergiftung› denke ich, denn im letzten Herbst waren Manöver hier auf den Feldern am Wiesenbach gewesen und seitdem gab es bei Rindern, die von hier ihr Futter erhielten, mehrere ähnliche Erkrankungen. Selbstredend tippe ich auf das und nichts anderes und leite dieselbe Behandlung ein, mit der ich in solchen Fällen gute Erfolge hatte.

Gleich nach dem Mittagessen jedoch hängt der Eberhardt schon wieder an der Strippe und ist richtig deprimiert und sagt, daß ihm seine Kuh gar nicht gefalle und daß ich doch bitte nochmals vorbeisehen solle. Wenn nun ein Landwirt, der auf Draht ist, so was äußert, dann kann man sich darauf verlassen, daß wirklich Gefahr im Anzug ist und daß es sich nicht nur um ein Gefasel handelt, wie man es leider allzuhäufig von Kleintierbesitzern zu hören kriegt. Gute Bauern haben ständig ihre Hand am Puls des Lebens und sie sind auf du und du mit Leben und Tod ihrer Tiere.

Ich also, statt der nachmittäglichen Pause, rein ins Auto und los! Aber nicht allein, Simone saß schon eine Minute vor mir drinnen. In dem hellen, blitzsauberen Stall, groß wie eine Halle, liegt Tier neben Tier, ruhend und dösend auf der Streu, ein friedliches Bild, mittägliche Ruhe ausstrahlend. Auch die kranke Kuh liegt und einem Unerfahrenen würde vielleicht nichts an ihr auffallen. Sie schläft, würde er sagen. Aber ihr Schlaf ist schon nahezu Bewußtlosigkeit. Wie narkotisiert liegt sie da! Und hinter ihr liegt etwas Kot mit Blut. Das hatten die anderen auch: Blut im Darm.
«Auftreiben, Herr Eberhardt!» Oh je, die schwankt ja, sie findet auf ihren Hinterbeinen keinen rechten Stand mehr.
«Sense!» sage ich da mit Bestimmtheit. «Die laden sie am zweckmäßigsten gleich nachher in ihren Viehanhänger und fahren sie ins Schlachthaus, die wird nicht mehr!»
Obwohl es sich um eine Spitzenkuh handelt und er einen großen Verlust zu verbuchen hat, ist der Bauer froh über diese meine Entscheidung, denn er selbst sieht es ihr an, er selbst hat das Gespür, daß da nichts mehr zu machen ist. Wenn man viele Jahre hindurch Tiere beobachtet, genau beobachtet, dann weiß man häufig, auch ohne daß man die Details kennt, wie der Hase läuft.

Simone bleibt da und ich fahre wieder heim zu Silke, denn um diese Zeit machen wir es uns immer ein bißchen

gemütlich. Da wird ein Täßchen Kaffee kredenzt und meist dazu etwas vom Bäcker oder vom Konditor. Sie sehen, der Doktor Pfeffer läßt sich's zur Zeit wieder recht gut gehen, was er selbst auch daran konstatieren kann, daß seine Hosenknöpfe am Bund vorne von Monat zu Monat schwerer zu schließen sind. Kaum aber sind wir fertig mit unserem Kaffeestündchen, da läutet es erneut, und diesmal ist Simone am Apparat:
«Papi, denk dir nur, als wir vor dem Schlachthaus Werners Kuh ausladen wollten, da lag die tot im Anhänger drin!»
«Verflixt, so schnell! – Simone, da fahrt ihr jetzt gleich weiter zur Tierkörperbeseitigungsanstalt nach Süßen und sagt, daß ich zur Sektion raufkomme und daß sie bitte so freundlich sein sollen, die Kuh von Eberhardts gleich dranzunehmen.»

Natürlich kann dieser perakute Verlauf bei einer Vergiftung vorkommen, aber ich hab' das noch nie erlebt. Was dann? – So eine ungelöste Praxisfrage beschäftigt einen unablässig, aus allen Richtungen schießen Möglichkeiten auf einen zu, man verwirft sie, neue tauchen auf und man sucht und sucht und ist unruhig bis im Innersten. In Süßen bin ich schnell und daher kriege ich noch mit, wie die Kuh ausgeladen wird.
«Aus der Nase hat sie noch geblutet, bevor sie einging!» zeigt der Werner auf den Kopf.
«Schon gesehen!» – und da dämmert es mir plötzlich. «Laßt die Finger davon! Weg! Nur mit Handschuhen noch ran an das Vieh!»

Eine halbe Stunde später ist mein Verdacht bestätigt:
«Schau das Blut, das nicht gerinnt, sieh die riesige Milz!» erkläre ich Simone, «das ist Milzbrand wie er im Buche steht! Und derartig erkrankte Tiere sterben oft an demselben Tag, an dem die ersten Krankheitssymptome sichtbar

werden. Außerdem, die Sache ist für den Menschen brandgefährlich. Daher geht ihr jetzt sofort rüber in den Waschraum und desinfiziert euch gründlich, vor allem die Arme und die Hände!»

«Ja aber Papi ...»

«Nein Simone, jetzt zuerst desinfizieren. Fragen stellen könnt ihr später, wir fahren alle zusammen zurück zum Pappelhof.»

Und so saßen wir denn bei Eberhardts um den großen Küchentisch bei Honigbrot und einem Glas frischer Milch, und ich mußte ihnen die Geschichte dieser uralten Krankheit erzählen, die hineinreicht bis in philosophische Betrachtungen der Jetztzeit. Dieser Milzbrand ist nämlich eine sogenannte Bodenkrankheit, das heißt, der Ansteckungsstoff kommt aus dem Boden, aus der Erde, dem Humus. Eine unerquickliche Vorstellung: Mutter Erde, das Ackerland, die Scholle – sie enthalten todbringende Bakterien! Es geht so zu, daß die Tiere Futter aufnehmen von Böden, welche den Erreger enthalten. Mit dem Futter kommen diese in den Tierkörper, vermehren sich dort mit rasender Geschwindigkeit, und so erliegt eine große, schwere Kuh wie die von Eberhardts diesen winzig kleinen Tierchen in Stunden. Dabei können sich diese Milzbranderreger im Boden meist nicht lange halten; sie sind selbst so krankheitsanfällig, daß ein bißchen Fäulnis oder eine minimale Temperaturveränderung sie bereits vernichten. Also könnte eigentlich nur für ganz kurze Zeit eine Gefahr von ihnen ausgehen. Aber jetzt kommt der Knüller: Diese verachtenswert kleinen, an der untersten biologischen Entwicklungsstufe stehenden Lebewesen beherrschen einen einmaligen Trick. Sie verwandeln sich, sie verzaubern sich! Das können sie. Folgendes bringt nämlich so ein billiges Bakterium fertig, das sich normalerweise alle zwanzig Minuten durch Teilung vermehrt: es macht einfach einen Satz in die Unsterblichkeit, indem es eine feste Hülle um sich bildet und innerlich auf Stoff-

wechselstopp schaltet. Jetzt ist es so gut wie unzerstörbar. Im Boden oder im Gestein oder im Wasser kann es Jahrzehnte, Jahrhunderte, vielleicht sogar Jahrmillionen überdauern. Und auch dieses zeitlose Minigebilde beherrscht eine ausgeklügelte Technik: Aus dem Jahrtausendschlaf gelingt ihm der Senkrechtstart – Bakterium wieder werden wie einst; in Pflanzen oder ins Wasser gelangen, in Tierkörper eindringen und dort und überall sich in wahnsinnigem Tempo vermehren! Das für die Menschen so undurchschaubare Phänomen der Zeit, vermutlich die vierte Dimension des Lebens, diese scheint das unsichtbare Volk des bacterium anthracis seit Urzeiten zu kennen.
«Wenn ich das recht verstehe, dann müßten also hier in meinen Böden solche Milzbranderreger drin sein?» frägt der Eberhardt interessiert.
«Sicher! Hier ist früher mal ein Tier an Milzbrand verendet oder aber mindestens ein Milzbrand-Opfer verscharrt worden. Da gibt's keinen Zweifel! Aber deshalb brauchen sie jetzt keine Angst zu haben! Einmal sind das sonderbarerweise immer Einzelfälle die da auftreten, und zudem wurde innerhalb eines Stalles noch nie eine Ausbreitung von Tier zu Tier beobachtet. Trotzdem müssen wir das dem Veterinäramt anzeigen und allergründlichst durchdesinfizieren. Da kann sich Simone nützlich machen!»
Ich schiebe mir noch eine Honigschnitte zwischen die Zähne, gebe dem Pappelhofbauern einen Behälter mit Desinfektionsmittel – und dann ist dieser Fall mit Lebewesen, die den Begriff Zeit nicht kennen, die den Übergang von Leben zu Tod vernünftigerweise nicht sonderlich ernst nehmen, für mich beendet.

Nun muß ich aber wieder auf meinen Compagnon, auf den Toni zu sprechen kommen. Der hat Wort gehalten! Erinnern Sie sich noch, wie dieses Pony die Schrote unterm Fell hatte und bei mir so lange nicht der Groschen fiel? Da sprach doch mein Mühlbergers Toni, daß er aber jetzt die

Jägerprüfung mache, das wisse er sicher. Und tatsächlich büffelt er jetzt schon über ein halbes Jahr wie ein Verrückter und er behauptet, es sei schwieriger als ein Abitur. Allein die Weidmannssprache besitze mehr als sechstausend Fachausdrücke. Daß man zum Beispiel statt Schwanz «Wedel» sage, beim Fuchs aber statt dessen «Standarte» oder «Lunte», beim Wildschwein und Dachs dagegen «Pürzel». Marder, Iltis und Wiesel besitzen jedoch eine «Rute», und bei Hase und Kaninchen hat man «Blume» zu sagen. Neben anderen tausenderlei Dingen lernt er auch Jagdtierkunde und das ist für uns besonders wichtig. Da kann ich ihn dann in Zukunft hinschicken, wenn sie da mal mit einem Waschbären oder sonst was Ausgefallenem daherkommen.

Übrigens, das wissen Sie ja auch noch nicht: Das Fränzchen, das lernt auch mit! Und im Tontaubenschießen, so sagt der Toni ganz begeistert, sei sie einmalig, da treffe sie jedesmal! Wie sie dazu gekommen ist, da mitzumachen, fragen Sie? Da steckt meine Silke dahinter. Seit nämlich der Toni so loslegte mit den Frauen, oder wenigstens so tat als ob, ist das Fränzchen richtig eifersüchtig geworden. Und sie paßt auf den Toni auf wie sonst was. Als er dann den Vorbereitungskurs besuchte für diese Jägerprüfung und immer erst spät in der Nacht nach Hause kam, da gefiel ihr das gar nicht, zumal ihr bekanntgeworden war, daß da eine Zwanzigjährige ebenfalls mit von der Partie war ...
«Fränzchen, wenn du schlau bist, sattelst du das Steckenpferd deines Mannes! Du gehst einfach mit und sagst, daß du das wahnsinnig interessant findest, was er da immer erzählt und daß du das unbedingt auch mitkriegen möchtest. Paß auf, das gefällt dem Toni sogar, wie ich ihn kenne!» so sprach Silke, meine Frau.
Und so war es denn auch. Wir freuen uns mächtig über diese positive Entwicklung und haben auch schon ein Geschenk für die beiden zur bestandenen Prüfung parat. Es lebt zur Zeit noch in Degersbach drüben, das Geschenk ist

jetzt acht Wochen alt, nennt sich Jagdhund und ist eine Drahthaarhündin. So eine wie meine Randy war, falls Sie sich an sie erinnern können.

Was aber an Toni und Fränzchen besonders auffällt, ist die Tatsache, daß sie von diesem Jägerstammtisch, der sich jeweils an den Unterricht anschließt, immer später und immer lustiger nach Hause kommen. Diesbezüglich klärt mich der Toni auf, und zwar lerne ich: daß nach einer Treibjagd, auf der verschiedene Wald- oder Geländestücke bejagt werden – was man jeweils einen Trieb nennt –, der letzte Trieb stets im Wirtshaus stattfindet. Das sei uraltes Brauchtum und müsse gleich bei den angehenden Jungjägern entsprechend eingeübt und gepflegt werden.
«Dabei erlernen sie sicher auch das Jägerlatein und die dazugehörenden Witze», sage ich zu Silke, «denn immer tags darauf bringt der Toni etwas daher, was er bestimmt dort geerbt hat. Neulich fragte er mich zum Beispiel, ob ich wisse, was der Unterschied sei zwischen einem guten und einem schlechten Jäger. Na ja, ich sprach von der Hege des Wildes und daß man nicht wahllos alles abschießen sollte, was einem vor die Flinte kommt – und was ich halt sonst noch wußte. Aber der Toni sah mich nur verächtlich an und antwortete:
«Hör her, du ungebildetes Mannsbild von einem Tierarzt! Ein guter Jäger hat den Hasen im Rucksack, die Flinte über der Schulter und den Hund an der Leine!»
«Witzig! Und der schlechte?»
«Der schlechte Jäger hat den Hasen im Bett, die Flinte in der Hand und der Hund, der kommt nicht!»
«Nein», lächelt Silke, «das erzählt der Toni? Unglaublich! Fränzchen hat aber neulich auch was von diesem Jägerlatein mitgebracht. Da erklärte sie mir nämlich, daß man in Jägerkreisen fest von der Tatsache überzeugt sei, daß jeder Mann sechstausend ‹Schuß› habe. Sag mal, stimmt denn so was?»

«Ich hab's nicht nachgezählt! Aber wenn das Fränzchen dies sagt und es von derartigen Fachleuten hat ...?»

Noch bevor aber die Sache mit dieser Jägerprüfung steigt, hat der Toni bereits den ersten Einsatz, bei dem seine einschlägigen Kenntnisse gefragt sind.
Abends gegen zwanzig Uhr kommt da eine junge Frau angeradelt und hat auf ihrem Gepäckständer eine kleine Schachtel, deren Deckel sie zudrückt, als sie vor dem Toni seiner Haustüre steht und läutet.
«Wirklich, glauben Sie es mir, das ist ein dringender Fall! Ihr Mann muß unbedingt feststellen um was für eine Art Raubtier es sich bei diesen Tieren in meiner Schachtel handelt!» protestiert sie bei Fränzchen, die sie wieder fortschicken will. Vorher erst habe sie die Tiere im Schuppen am Hause entdeckt und eingefangen. Außerdem sei sie eine alleinstehende Frau und man könne ihr nicht zumuten, in einem Hause zu schlafen, wo Ratten oder sonstwelche Raubtiere ihr Unwesen treiben. «Raubtiere!» schnaubte Fränzchen, «Raubtiere in einer Seifenschachtel! Daß ich nicht lache! Wir haben jetzt Feierabend ...» Da kommt Toni dazu, weil er hört, daß da etwas nicht stimmt. Um diesen nun schnell und gründlich zu überzeugen, daß ihr geholfen werden müsse, öffnet die junge Frau den Deckel der Schachtel:
«Herr Doktor, was sind das für Tiere?»
Aber im gleichen Atemzuge beginnt sie zu kreischen und hin und her zu hüpfen, und verblüfft stehen Toni und Fränzchen und beobachten was da geschieht: Zwei behaarte Lebewesen, Mäusen gleich, mit langen Schwänzen, krabbeln mit beachtlicher Geschwindigkeit da heraus und husch, husch ein Versteck suchend, rein in die Ärmel und runter unter die Bluse ist eins. Die Frau schnappt mit den Händen wild mal dahin mal dorthin an ihrem Körper und zappelt hin und her.
«Hilfe, Hilfe, die krabbeln überall, so helfen Sie mir doch!»
«Junge Steinmarder!» der Toni sagt's und ist auch schon dabei, tastend die Jagd aufzunehmen. Fränzchen aber macht

Augen wie ein Feuerstehler und reißt ihn weg. «Aber du nicht!»
In diesem Augenblicke jedoch verändern sich plötzlich die ängstlichen Blicke der ‹gemarterten› jungen Frau, sie steht still, sie lächelt und sie sagt: «Ach, ah, jetzt sind Sie im BH. Ah, lassen Sie nur!»
Sanft lächelnd wehrt sie Fränzchens Hilfe ab und ihr Blick verklärt sich. Das Jägerehepaar ist perplex und sperrt Maul und Augen auf.
«Machen Sie keinen Blödsinn!» fährt sie da aber der Toni an, «das sind junge Steinmarder, das ist Raubwild! Holen Sie sie sofort heraus und lassen Sie diese Tiere hier!»
«Da wäre ich schön dumm!» wehrt sich die späte Besucherin. Jetzt wird's dem Fränzchen aber endgültig zuviel und sie haut die Haustüre zu, daß der Toni Mühe hatte, gerade noch seinen Kopf hereinzuziehen.

So sieht man mal wieder, wie alles halt seine Tücken hat, wo man auch hinschaut, selbst das Jagen. Denn entgegen der Verheißung in Löns' Heide-Lied ‹Ich bin ein freier Wilbretschütz und hab' ein weit Revier ...› enden die meisten Jagdbezirke unter der Haustüre, ob es den Herren Jägern paßt oder nicht.

Toni und Fränzchen sind also beinahe schon jagdliche Experten, Silke macht in Autogenem Training weiter und ich, der ich mit der Lozanow-Lernmethode nicht klar gekommen bin, ich sportle wieder ein bißchen. Was wohl? Wetten, daß Sie es nicht rauskriegen! Der Dr. Pfeffer ist ja bekannt dafür, daß er immer die ausgefallensten Dinge aufgreift. Wissen Sie, damals an meinem Fünfzigsten, da habe ich doch mein Fortbildungsprogramm mit dem Marathonlauf gestartet. Aber ich tat nicht nur dieses, sondern zu gleicher Zeit begann ich meinen Körper noch in einer zweiten Disziplin zu üben: Ich lernte Karate! Da brauchen Sie nicht so schräg zu gucken! Das ist nichts Verbotenes und es hat auch weder was mit Gangstern noch mit Brutalität zu tun; ganz im Gegenteil! Aber ich will ihnen der Reihe nach erzählen.

Wie kommt ein Tierarzt vom Lande und dazu noch ein so alter Knopf wie ich an diese ausgefallene Sportart? ‹Karateunterricht für Anfänger› las ich da einmal in der Zeitung. Und im Gegensatz zu wohl den meisten Zeitgenossen dachte ich mir, Karate, das hört sich gut an; so nach Leistung und nach Härte, da wird dir bestimmt einiges abverlangt, da gehst du mal hin. Das willst du doch mal ausprobieren, ob du da nicht ein wenig mitmischen kannst. Meine Bedenken, von wegen zu alt, wurden schnell zerstreut und man lernte mich die Grundbegriffe einer zweitausend Jahre alten Selbstverteidigungsmethode. Ich will Ihnen aber ehrlicherweise sagen, daß mir dieser Unterricht mit seinen extremen körperlichen Aktivitäten gar nicht leicht fiel. Da sollte ich meine Beine so hochreißen, meine Fäuste so schnell machen, wie das Zwanzigjährige tun, die diese Kampfsportart ausüben. Ein weiteres Handicap war, daß ich mich öfters recht dumm anstellte und durch diese Tapsigkeit manche sonst leicht vermeidbare Verletzung einstecken mußte. Da hieß es dann wieder für mich, wie damals beim Marathonlauf: fertigwerden mit der einem innewohnenden Schwäche, nicht aufgeben, weitermachen trotz der Schmerzen und trotz der Unzulänglichkeit älterer Baujahre. So schaffte ich mich von Prüfung zu Prüfung über den gelben Gürtel zum orangenen und von da zum grünen empor. Und von Gürtel zu Gürtel wurde der Schwipfinger Tierarzt besser und es passierte immer weniger. Aber mit der Zeit merkte ich und las es vor allem aus Büchern, daß diese ungeheuer wirkungsstarken Kampftechniken nicht die Hauptsache dieser ostasiatischen Schulung darstellten, die in Übersetzung ‹China-Hand› (denn dort war das Ursprungsland), oder auch ‹Leere Hand› (denn der Karateka kämpft ohne Waffen) lautet: Schwipfingens alter Tierarzt wurde da nämlich des

Hintergrundes dieses Tret-Stoß-Schlag-Trainings gewahr und stand plötzlich vor dem tiefgründigen Vermächtnis alter asiatischer Weisheit.
Und dieses innere Anliegen des Karate offenbarte sich als Erziehung zu Höflichkeit, zu Rücksichtnahme und Bescheidenheit – und vor allem zu der Tugend der Selbstbeherrschung. So heißt denn auch sehr treffend der Leitspruch der Karatekämpfer:

Oberstes Ziel in der Kunst des Karate
ist weder Sieg noch Niederlage
sondern die Vervollkommnung des Charakters.

Sehen Sie, und das imponierte mir mehr als alles andere, was ich dort lernte. Vervollkommnung des Charakters, wessen Aufgabe wäre das nicht! Und noch ein zweiter Satz aus den Karatebüchern hat einen großen Eindruck auf mich gemacht:

Wer andere besiegt,
hat Muskelkräfte.
Wer sich selbst besiegt,
ist stark!

Auch diese weisen Worte aber sind, wie die Karatetechniken selbst, schwer zu verwirklichen. Wenn zum Beispiel heute abend gerade der Kai noch daherkommt um zweiundzwanzig Uhr und sagt, er hätte morgen früh eine Mathe-Arbeit und ich solle ihm noch bei den Vorbereitungen helfen, da juckt's mich ganz gewaltig, ihn gehörig in den Senkel zu stellen, ihn zur Schnecke zu machen, ihn anzubrüllen, weil die Mathe-Prüfung ihm nicht früher eingefallen ist. Kurzum, es drängt mich geradezu, meinen Gefühlen freien Lauf zu lassen. Handle ich aber im Sinne guter karatemäßiger Selbstbeherrschung, kann ich meinen aufsteigenden Ärger besiegen und meinem Buben über den Kopf streicheln und mich hinsetzen und mit ihm geduldig bis um ein Uhr in der Nacht alles durchbesprechen und ihm helfen. Kein Zweifel

was besser ist, aber auch kein Zweifel, daß die Anwendung solcher Karate-Maximen viel, sehr viel Selbstüberwindung erfordert. Aber Lernen hat ja nur dann einen Sinn, nur dann, wenn es zur täglichen Nutzanwendung führt. Leider bin ich aber noch lange nicht soweit, daß Sie mich als Musterbeispiel ansehen könnten. Ich glaube, da gibt's für den Veith Pfeffer noch viel zu tun. Karate ist also rechtverstanden Arbeit an sich selbst, und zwar Schwerarbeit!
Eine einzige, ganz einfache Übung will ich Ihnen verraten, weil sie mir viel geholfen hat. ‹Seiza› heißt sie und bedeutet nichts anderes als abknien, am Boden sitzen mit untergeschlagenen Beinen, aufrecht, die Hände auf den Oberschenkeln und den Blick nach innen gewendet. ‹Lächerlich primitiv!› höre ich Sie sagen; ‹soll das vielleicht so ein verkapptes Yoga werden?› Aber warten Sie jetzt noch einige Momente ab, so! Jetzt beginnt, was diese leichteste und doch auch schwerste Karateübung meint: die Selbstbeherrschung! Denn jetzt schon tun ihnen die Beine weh und die Füße, die da unter ihnen zusammengequetscht sind. Und sie signalisieren: Aufstehen! Laß doch den Unfug! Wir leiden Schmerzen! Jedoch das Karate lehrt: Bring deinen Schmerz unter Kontrolle, bleibe sitzen, dein Kopf hat das Kommando, nicht deine Füße! Sehen Sie, und wenn Sie das fertigbringen, diesen Schmerz zu verachten, eine Minute, fünf Minuten, eine halbe Stunde, dann gelingt es ihnen sicher auch, ruhig und gelassen zu bleiben, wenn statt den Beinschmerzen ein Ärger des Alltags ihnen die Beherrschung nehmen will. Man hat also mit dieser einen Übung bereits begonnen, die Herrschaft über sich und seinen Körper zu gewinnen.

Wenn ich das auf mein Schwipfinger Tierarztleben übertrage, dann wirkt es sich zum Beispiel folgendermaßen aus: Da beißt mich ein großer Schäferhund, wegen der Unachtsamkeit seines Besitzers, gerade wie ich mich vom Behandlungstisch wegdrehe, um ein Medikament herzuholen,

schnapp, in die Hand, und zwar richtig. Das Blut läuft aus vier Wunden, Schmerz peitscht den Arm hinauf. Statt jetzt in ein wildes Lamento auszubrechen nehme ich mir eine Binde aus dem Schrank, wickle sie um die Hand und arbeite weiter, wie wenn nichts geschehen wäre. Schmerz verachten, sofort sich wieder seiner Tätigkeit zuwenden, dies Rezept verdanke ich dem Karate. Nebenbei, nicht daß Sie mir das obige falsch auslegen: Wenn Sie selbst mal gebissen werden, bitte, gehen Sie sofort zum Arzt, das ist für Sie speziell in bezug auf die Tollwutgefahr äußerst wichtig!
Was aber nun die Anwendung der eigentlichen Kampftechniken in meiner Landpraxis anlangt, so ergeben sich da naturgemäß weniger Möglichkeiten. Einmal, als ich in Not war und ein Jungbulle mich bedrängte, versuchte ich mein Glück mit Tsukis, das sind spezielle Fauststöße, und mit einem Handkantenschlag. Aber der Dickschädel schüttelte sich nur, nahm mich im Anlauf auf die Hörner und warf mich beiseite. Aber wissen Sie, bis jetzt habe ich auch erst den Grad eines dritten Kyu erreicht, womit man die Ausbildung der Unterstufe abschließt. Wer weiß, ob ich mich in zwei Jahren auch noch so von einem Rindvieh in den Mist werfen lassen muß!

Nun ist es Sommer geworden. An den heißen Tagen sitzen wir oft vor dem Hause im Schatten unserer Linde. Es ist ein luftiges Blätterzelt aus hellgrüner Seide, das sich da über uns wölbt und schon fast bis zum Boden reicht mit seinen Ästen. Scharen gelber Blütenbüschel tanzen zierlich und duftig dort oben im sanften Brummen der Bienen. Zusammen mit dem Gewisper der Blätter wird daraus ein wahrer ‹Gesang des Sommertages› und wenn man da zurücklehnt und dem lauscht, und hinaufschaut in die Lichtschimmer der Sonne, die hindurchflimmern und wie Goldregen auf den Blütenblättchen sich drehen, dann bedeutet dies für mich irdisches Glück im Höhepunkt des Jahres und ich atme tief und versuche die Stunde zu verstehen und mein Dasein

zu begreifen. Aber zum Philosophieren kommt man bekanntlich ja nur dann, wenn man alleine ist. Meist aber sitzt Silke neben mir und sie stellt dann ein kühles Bier vor mich hin und ich sage zu ihr in leicht irritiertem Tone: «Heute ist's aber mal sehr ruhig in der Praxis!»
«Das ist gerade recht!» freut sie sich dagegen, «das tut uns ganz gut, wenn's mal ein paar Tage nicht ganz so streng ist.» Und besänftigend fügt sie an: «Die Bauern dreschen doch jetzt alle bei dem Wetter, wo sollen denn da die Anrufe herkommen!» Na ja, es stimmt, sauere Gurkenzeit, wie jedes Jahr in der Ernte. Also machen wir's uns gemütlich!
Nachdem wir uns längere Zeit über Kais neuen Freund unterhalten haben, mit dem er demnächst eine Mopedfahrt nach Italien machen will, mit Zelt und einfachem Leben, erzähle ich Silke von meinem gestrigen Besuch auf dem Weidenhof. Das interessiert sie besonders, weil seit jeher der Weidenhof immer mal wieder für eine Überraschung gut ist und weil wir zudem von dort immer unsern Waldhonig beziehen.
Nun, ich mußte hin, weil eine der drei Töchter des Weidenhofbauern, die schwarzhaarige Inge, die älteste, mir am Apparat mitteilte, daß ihr ‹Pascha›, der große, schnelle Schimmelwallach sich kaum mehr satteln und reiten lasse. Wenn man so etwas hört als Tierarzt, dann denkt man an die diversen Ursachen, welche einen solchen sogenannten ‹Sattelzwang› auslösen können. Am deutlichsten werden diese Erscheinungen, wenn man den Sattelgurt fest anzieht und hernach dann nochmals, wenn man aufsitzen will und das Pferd zu bocken beginnt und einen abwerfen will. Nun weiß man aber eines: ein solch unbotmäßiges Verhalten entsteht nicht von heute auf morgen, sondern es gehen da fast immer wochenlange Schmerzzustände voraus, Qualen, die das Pferd dann eines Tages nicht mehr aushalten kann und sich gegen die Schmerzverstärker Sattel und Reiter wehrt. Leider legen manche Reiter dieses ihrem Pferde als Bösartigkeit aus und nehmen die Peitsche zur Hand, um

ihm solche ‹Mucken› auszutreiben. Jedoch so was konnte ich den Weidenhofleuten nicht vorwerfen; sie sorgten immer vorbildlich für ihre Tiere und hatten viel Verständnis für sie. Doch wie ich hinkam, fielen mir in der Sattellage, das ist die Stelle des Rückens, wo der Sattel aufliegt, Hautstellen auf, die bei näherer Betrachtung die Merkmale chronischer Hautentzündung aufwiesen. Daraufhin ließ ich mir mal die Satteldecke zeigen. Und da fiel mir nochmals was auf: Flecken, braune Flecken auf der Unterseite dieses Filzes, der als Polster zwischen Sattel und Pferdekörper fungiert. Ich legte die Decke auf und verglich: Jawohl, ganz genau! Unter jedem der braunen Flecken war die Haut entzündet.
«Wo kommen denn diese Flecken her?» wollte ich wissen.
«Keine Ahnung! Haben die denn was zu bedeuten? Ich habe sie noch gar nicht bemerkt. Man schaut doch nie da drunter!» antwortete die Neunzehnjährige.
«Eben! Man schaut nicht drunter. Und ob die was zu bedeuten haben? Da, riech mal hin! Das ist ganz eindeutig. Da hat jemand des öfteren mit Absicht ätzende Chemikalien reingeträufelt!»
«Aber Herr Doktor! Das ist ganz und gar ausgeschlossen! Wer sollte denn auf so eine teuflische Idee kommen. Und warum denn überhaupt? Ich sehe das nicht ein!»
«Ob du das einsiehst oder nicht, Inge, das Pferd wird jetzt erst mal vier Wochen nicht mehr geritten und die kranke Haut wird behandelt. Dann mußt du dich nach einer neuen Satteldecke umsehen; vor allem aber, du mußt dir mal ernsthaft überlegen, wer dieses Zeug da raufgegeben hat. Es kommt ja nur jemand in Betracht, der auf dem Hof verkehrt. Dazuhin muß er etwas gegen dich haben, vielleicht auch gegen ‹Pascha›. Laß dir das alles mal durch den Kopf gehen, Inge und besprecht das miteinander!»

«Veith, ob das vielleicht mit dem zusammenhängt, was Fränzchen mir neulich vom Jägerstammtisch erzählt hat?»
«Was denn? Das weiß ich ja noch nicht!»

«Da gehe das Gerücht um, daß die drei Töchter vom Weidenhof manchmal in den Sommernächten auf ihren Pferden nackt über die Felder ritten. Ich habe zu Fränzchen gesagt, daß ich mir das kaum vorstellen kann, weil doch die Eltern so streng kirchlich gesinnt sind. Die würden so was niemals zulassen.»
«Bestimmt nicht. Aber wie wäre es, wenn die Töchter das heimlich gemacht hätten, als Jux sozusagen. Das könnte schon sein. Die sind jetzt gerade in dem Alter, wo so was reizt und Vergnügen bereitet. Der Pferdestall ist ja auf dem Weidenhof ziemlich weit vom Wohnhaus!»
«Das ist wahr. Und wenn sie bei diesem einen Male vielleicht einer gesehen hat ...»

Da läutet drinnen das Telefon und Silke geht rein. Wie sie wieder erscheint und frisches Bier mitbringt, tritt auch gerade der Toni durch's Gartentörchen und setzt sich zu uns.
«Ein Hund war' s für heute Abend, Veith, Millner heißt der Besitzer. Er war schon letzte Woche mal da wegen einer Gehörgangsentzündung. Es sei noch nicht besser geworden!» berichtet Silke.
«Thema Hund, da kann ich mit was Tollem aufwarten, da staunt ihr!» macht uns der Toni neugierig und bringt uns von unserem Thema ab. «Da brachte doch gestern Nachmittag die Frau Schindler, die gleich drüben wohnt in der Freßbergstraße, ihren ‹Philon› daher, ihr Hündchen, mit dick aufgetriebenem Bauch und im übrigen mit allen Anzeichen eines unabwendbaren Exitus. Die Tränen liefen ihr über die Wangen und sie stammelte eine Menge Zeug. Jedoch zu langer Unterhaltung war keine Zeit, wollte ich den Kleinen noch retten. Denn obwohl es ja bei Kleinhunden, soviel ich weiß, kaum vorkommt, dies hier war eine Magendrehung, da gab es für mich keine Minute einen Zweifel. Und daher plazierte Fränzchen die Nachbarin, die immer noch wirres Zeug redete, eilig auf die Bank im

Wartezimmer und half mir dann gleich. Du warst ja im Freibad und schwammst, wie ich wußte, deine täglichen tausend Meter runter, und es ging ja um jede Minute. Kreislaufmittel, Plasmaexpander, Narkose, Öffnen, Magen zurückdrehen im Uhrzeigersinn, Festnähen am Bauchfell den Burschen, damit es ihm nicht noch einmal einfällt so einen Purzelbaum zu schlagen, dann nochmals Kreislaufunterstützung, nochmals Infusion, na ihr kennt ja die Tour. Beide waren wir total naßgeschwitzt als wir diesen Wettlauf mit dem Tode beendet hatten und den Dreikäsehoch mit seinen großen Tellerohren seinem Frauchen mit den entsprechenden Anweisungen wieder in die Arme legten. Soweit also nichts Außergewöhnliches – mit der einen Ausnahme, daß wir Dusel hatten und dieser gefährliche Seltenheitsfall von dem winzigen Randsteinschiffer gut überstanden wurde. Aber nun hört her, wie es weiterging. Am Abend schaute ich noch drüben vorbei und kontrollierte den Kreislauf, war zufrieden und dann kam's. Was die Frau Schindler heute Mittag zusammengestammelt hatte in ihrer Aufregung. Das hörte sich nun folgendermaßen an.
«Das muß ich Ihnen noch einmal in aller Ruhe erzählen, Herr Doktor Mühlberger. Auch wenn Sie mich nachher vielleicht deswegen auslachen! Denken Sie, heute nachmittag war ich zum Kaffee eingeladen bei meiner Schwägerin, die drunten wohnt in der Stadt neben dem Pfarrhaus. Weil es zwischen meinem Philon und dem Mogly, dem Siamkater meiner Schwägerin, immer zu Auseinandersetzungen kommt, mußte also mein Kleiner zu Hause bleiben. Da hat man nämlich keine Ruhe, die jagen sich unter dem Tisch durch, dann springt der Kater aufs Buffet, mein Philon über das Sofa hinterher und es ist ein Gefauche und Geknurr, daß es nimmer schön ist. Letztesmal trieben sie es so toll, daß wir sagten, jetzt ist aber Schluß, jetzt bleibt der ‹Philon› in Zukunft zu Hause. So habe ich ihm heute als Ausgleich eine große Schüssel voll von seinen Lieblingscrackers hingestellt und bin gegangen. Als wir nun so ganz

gemütlich uns unterhielten und ich bereits an der dritten Tasse war und gerade einen Bissen von dem saftigen Apfelkuchen auf die Kuchengabel gespießt hatte, da geschah es. Ich wollte die Gabel zum Munde führen, jedoch ich hielt erschrocken inne. Meine Schwägerin, welche mein Verhalten beobachtet hatte, rief: «Was hast du, Berta? Du wirst ja ganz bleich!» «Mein Philon!» stieß ich entsetzt hervor, stand auf und rannte davon. Bis ich den ganzen Freßberg hoch war, mit meinen zwei Zentnern und bei der Hitze, da kam ich etliche Male außer Atem und ich mußte mich mehrmals im Schatten hinstellen und verschnaufen. Als ich dann meine Wohnung aufschloß und gleich im Gang meinen Philon liegen sah, aufgebläht wie eine Trommel und merkte, wie er mich erwartet hatte, wie er mir entgegenblickte mit angst- und schmerzverzerrtem Gesichtchen, da wußte ich mit einem Male mit aller Deutlichkeit, daß er selbst mich gerufen hatte. Seine Not, seine Todesangst war zu mir gedrungen, plötzlich und aus dem Nichts sozusagen, aber dennoch so deutlich und klar wie eine Meldung im Radio. Wie kann das sein, Herr Doktor? Ich bin nur eine einfache Frau, ich kann mir das nicht erklären. Und wenn ich das jemand anderem erzählen würde, dann würden die Leute bestimmt sagen, die Berta Schindler, die spinnt, die hat nicht mehr alle Tassen im Schrank!»
«Ja was hast du denn da geantwortet? Da bin ich aber gespannt!»
«Zunächst war ich ganz baff. Aber dann besann ich mich und da fiel mir meine Schwester ein, die eines Morgens im letzten Kriege ganz verweint zu meiner Mutter kam und schluchzend berichtete, daß sie heute nacht im Traume ihren Franz gesehen habe, ihren Mann, der Leutnant war im Westen, in der Normandie. Er habe ganz furchtbar geschrien und sich am Boden hin- und hergeworfen in einer Blutlache. Meine Mutter versuchte, meine Schwester zu beruhigen, sprach von Alpträumen, die aus Angst um jemand, den man in Gefahr wähnt, entstehen können, aber

meine Schwester blieb von diesem Tage an ernst und in sich gekehrt und was sie dachte, das konnten wir anderen uns alle denken. Und eines Tages, nach vielen Wochen, da kam ein Brief von Franzens Bataillonskommandeur, in dem stand, daß er in derselben Nacht, in der meine Schwester den Traum gehabt hatte, bei einem Häuserkampf mit amerikanischer Infantrie gefallen sei. – Sie hatte es also gewußt, hatte es auf unerklärliche Weise so deutlich erfahren, wie wenn sie dabeigewesen wäre. An dies also erinnerte ich mich, als die Frau Schindler mir mit dieser Frage kam und ich sagte ihr daher, daß ich sie bestimmt nicht auslachen werde, sondern im Gegenteil davon überzeugt sei, daß es solche hellseherischen Erscheinungen gebe. Nur, eine Erklärung dafür könne ich nicht geben. Und nun frage ich euch dasselbe, wie mich die Frau Schindler gefragt hat: Welche Erklärung gibt es für derartige Phänomene? Ihr habt euch doch schon öfters mit derartigen Dingen befaßt!»

«Da lasse ich am besten Silke antworten, die ist da Expertin. Seit sie damals das Autogene Training angefangen hat, ist sie nicht mehr losgekommen von dem, was man mit dem Modewort Psi bezeichnet und da gehört ja die ‹Philon-Geschichte› wohl auch dazu. Also, Frauchen, jetzt bist du dran!»

«Beides, Toni, was du da von der Frau Schindler und von deiner Schwester erzählt hast, gehört in den Bereich der außersinnlichen Wahrnehmung. Beide haben eine Nachricht aufgenommen, aber nicht mit einem der fünf Sinne, mit denen wir ausgestattet sind. Weder die Augen noch die Ohren noch die Nase, weder der Tastsinn noch Nummer fünf, der Geschmackssinn, haben die Botschaft übermittelt.»

«Ja gibt es denn sonst noch was?»

«Gewiß! Muß es ja geben! Es gibt eine Realität außerhalb unseres Bewußtseins! Die außersinnliche Wahrnehmung ist eine unbestreitbare Tatsache, nur, wie sie funktioniert und vor allem, wo dieser sechste Sinn, denn um einen solchen handelt es sich ganz zweifellos, im Körper lokalisiert ist, das weiß man bis heute noch nicht. Auf der anderen Seite weiß man aber auch nicht, was Elektrizität ist oder Schwerkraft oder Magnetismus. Zwar kann man mit diesen Phänomenen umgehen, sie besitzen auch praktische Anwendungsbereiche, aber niemand weiß genaueres über sie. Die außersinnliche Wahrnehmung hingegen steht erst am Anfang ihrer Erforschung und es wird noch sehr lange dauern, bis man einmal soviel mit ihr anfangen kann wie heutzutage mit der Elektrizität.»

«Aber Silke, geh doch mal konkret auf unsere beiden Fälle ein. Es mutet einen doch recht unwahrscheinlich an, dieses Gebiet. Klär mich mal auf! Was für Theorien gibt es da?»

«Vorstellen kannst du dir's am besten, wenn du akzeptierst, daß jeder Mensch Sender und Empfänger für ASW (außersinnliche Wahrnehmung)-Botschaften sein kann. In extremen Lebenssituationen, wie hier in Todesängsten wird die ASW derart aktiviert, entsteht urplötzlich eine solch starke Senderfrequenz, daß betroffene Empfänger augenblicklich eine Übermittlung erhalten, die mitunter einer Ahnung gleichen kann, die so stark ist, daß aus ihr Gewißheit spricht und manchesmal werden sogar echte bildhafte Vorstellungen, echtes Erleben der augenblicklichen Situation erfahren ...»

«Nach unserem Falle mit dem Philon müßten aber auch Tiere solche Funksignale durchgeben können!»

«Das haben Tierfreunde schon immer behauptet und es gibt eine Menge solcher Beobachtungen. Bei enger Verbundenheit mit dem Menschen funktioniert die wort- und zeichenlose Kommunikation Mensch – Tier so gut, daß sie bereits in den zwanziger Jahren in wissenschaftlichen Versuchen nachgewiesen wurde. In umgekehrter Richtung allerdings, Hund als Sender – Besitzerin als Empfänger, gibt es meines Wissens noch keine Forschungsergebnisse. Bei der Frau Schindler könnte es sich also auch allein um reines Hellsehen ihrerseits gehandelt haben.»

«Hellsehen, wenn ich das höre, da setzt es bei mir aus, da kann ich nicht mehr mit. Da denke ich an all die vielen Fälle aus der Presse und den Illustrierten, wo zunächst ein Riesenzirkus um so eine Sache gemacht wurde und sie sich hinterher doch fast immer als Schwindel entpuppte.»
«Da braucht's bei dir überhaupt nicht auszusetzen! Denn mittlerweile gibt es einen Zweig der Wissenschaft, der diese ganzen Erscheinungen, einschließlich des Hellsehens erforscht. Dieses neue Fachgebiet der Naturwissenschaften heißt die ‹Parapsychologie›. Rußland und die USA sind derzeit führend, und das Beeindruckendste – für mich jedenfalls –, was bislang dabei herausgekommen ist, sind einmal die Veränderung eines magnetischen Feldes durch psychische Beeinflussung, zweitens die Beeinflussung der chemischen Vorgänge auf einer Photoplatte und drittens die im Labor bewiesene Tatsache der Gedankenimprägnation. Letzteres heißt, daß Gedanken an Gegenständen und Orten immaterielle Spuren zurücklassen, die ein empfindsamer Empfänger unter Umständen nach Jahren noch wahrnehmen kann. Überhaupt gibt es für das Funktionieren der ASW weder eine Zeitschranke noch ein Raumproblem. Entfernungen spielen keine Rolle, wie du das ja selbst durch das Beispiel von deiner Schwester aufgezeigt hast, Toni.»
«Oh, das war ja beinahe eine Vorlesung!»
«Mitnichten! Nur ganz oberflächlich gestreift haben wir dieses Thema. Es existieren bereits unzählige Veröffentlichungen und wir könnten uns tagelang darüber unterhalten.»
«Ja aber das können wir jetzt nicht einfach so abbrechen, dieses interessante Thema, da muß ich noch eine Menge Fragen an dich richten!»
So ließ ich die beiden sitzen, ging in den Keller und holte frisches Bier Und dann wurde nochmals eine Stunde angehängt, denn wenn der Toni einmal anfängt zu fragen ...
Dieser Nachmittag unter unserer Linde fand erst sein Ende, als um neunzehn Uhr der Hund mit der Gehörgangsentzündung kam.

Der Toni meinte, so was wie die ASW täte ihn auch reizen und wenn er jetzt bald die Jägerprüfung in der Tasche habe, dann werde er sich das mal überlegen. Aber wenn der was Neues anfängt, dann sollte er meiner Ansicht nach zuerst mal die Reiterprüfung machen, das wäre wichtiger. Außerdem kriegt er ja demnächst einen jungen Jagdhund. Und bis er den abgeführt hat, da geht auch ein Jahr um oder auch zwei!

Nebenbei, die Sache mit dem Sattelzwang auf dem Weidenhof hat sich inzwischen auch aufgeklärt. Die schwarze Inge war doch nicht so dumm wie ich dachte. Und es hatte auch seine Richtigkeit mit den heimlichen nächtlichen Ausritten. Diese waren auch einem jungen Burschen aus der Stadt zu Ohren gekommen, der gewaltig für die schwarze Inge schwärmte und sie daher auch des öfteren besuchte: in Ledermontur, auf seiner schweren Yamaha und so. Dieser Bursche nun hielt sehr wenig vom Ausreiten; viel lieber hätte er gesehen, wenn die Inge sich hinter ihm auf seinen Feuerstuhl gesetzt hätte und er mit ihr abgezischt wäre. Als er nun sogar die Gerüchte von den nächtlichen Eskapaden der Weidenhofmädchen vernahm und daraus folgerte, daß er auf diese Weise bald vollends restlos abgemeldet sei, beschloß er, einen Riegel vorzuschieben. ‹Der werde ich das Reiten schon verleiden. Wenn die ein paarmal runterfliegt, dann fährt die gerne Motorrad!› so kalkulierte er und nahm ab sofort zu jedem Besuche ein Fläschchen ‹Jobral› mit. Ein Kumpel, den er zu Rate gezogen hatte, riet ihm, Pfeffer oder Reißnägel unter den Sattel zu legen, und so kam er überhaupt erst auf die Idee. Was er sich statt dessen ersann, war weitaus schlauer. Andererseits aber ... Er war gerade reingeschossen in den Hof, hatte die Yamaha nochmals aufheulen lassen und sie dann neben dem Pferdestall abgestellt. Wippenden Schrittes, den Sturzhelm unterm Arm, stapfte er zur Stalltüre und verschwand dahinter. «Inge!» rief er, wie wenn er sie suchte. Aber niemand antwortete. «Inge!»

Nun war er sicher. Fläschchen raus, auf der Futterkiste die Satteldecke, drauf! Knarr ... da ging die Türe, ruck zuck, das Fläschchen verschwinden lassen, ohne Verschluß, egal. Niemand? War das der Wind gewesen? Betont laut pfeifend stakste er zurück zum Eingang. Niemand? Doch da brannte ein Feuer an seiner linken Brust; naß fühlte es sich an, ein nasses, braunes Feuer aus ‹Jobral›. Er schrie auf, stechende, beißende Schmerzen durchwühlten seine Haut unter der Jacke. Er griff in die Tasche, brennende Finger zogen ein leeres Fläschchen heraus. Herabreißen wollte er die Montur, sich hinwerfen wollte er sich, fluchen wollte er, schreien. Sein Kopf war rot, vor Ärger, vor Scham, vor Angst, vor Schmerz. Aufheulend stürzte er zum Motorrad und fuhr in irrem Tempo fort. Da kamen sie aus ihren Verstecken! Alle hatten die braunen Finger gesehen. Inge aber noch mehr, denn sie war in der Box gekniet, zwei Meter von der Futterkiste.

7. Kapitel

Der Schuß aus dem Hinterhalt

Wenn im Spätsommer die Disteln blühen, in rotem Violett oder in blauem, dann ist im Schwipfinger Ländle die Zeit, in der überall auf den Äckern die Kartoffelfeuer brennen und ihr Geruch durch Veith Pfeffers Tierarztheimat zieht.
Jetzt, Anfang September, wo der Mais auf den Feldern so hoch und dunkelgrün steht, wo bei dieser langanhaltenden, ausgeglichenen Schönwetterlage meine Bauern öhmden und wo in den Gärten überall die kräftigen Farben der Dahlien und der Astern leuchten, da habe ich eines Tages auf dem Hofe von Markus Sigger zu tun, der drüben liegt, am hinteren Rande vom Grasberg. Der Grund für meine Zuziehung war die künstliche Besamung. Denn so viele Vorteile sie auch aufzuweisen hat, Haken gibt es auch da. So nahmen hier bei den Siggers die Kühe einfach nicht mehr auf. Ich konnte die Tiere zweimal besamen und dreimal und noch öfters, aber Kälber wurden nicht daraus. Dabei gab es überhaupt keine erkennbare Ursache für dieses Desastre.
«Vielleicht streiken sie? Vielleicht soll das heißen: Zurück zur Natur!» sagte ich halb im Spaß zu den Siggers. Und dann bekamen sie ihren Willen, denn ich wußte selbst nichts Besseres, und es wurde ein Deckbulle angeschafft. Aus Erfahrung weiß man ja, daß so ein vitaler Naturbursche Wunder wirken kann. Aber, wo Licht ist, ist auch Schatten, und so bekamen Siggers Kühe nicht nur den strammen Jungbullen ‹Senator› zugeführt, sondern gleichzeitig auch eine Sorte anderer Tierchen, nämlich Trichomonaden. Trichomonaden, kennen Sie die nicht schon? Die spielten doch schon damals in den Fünfzigerjahren, als ich um meine Existenz kämpfen mußte, eine so große Rolle. Ich glaubte,

diese Deckseuche sei ausgerottet, aber Siggers Kühe und Rinder zeigten fast alle nach dem Deckakt einen typischen Bläschenausschlag und auch Ausfluß.
«Wir werden heute mal eine Spülprobe entnehmen bei diesem Burschen, damit sich herausstellt, was dahintersteckt», verkünde ich, «so geht's ja nicht!»
Nur widerwillig läßt der Elefant von einem Stier sich die Prozedur gefallen. Wohl beleidigt ob meines Mißtrauens seiner männlichen Kraft gegenüber bläst er, Mißfallen prustend, durch seine Nasenlöcher. Dazu schwenkt er sein schweres Haupt in der Gegend herum und läßt das Weiße sehen in seinen Augen. Jedoch auch ohne seine Zustimmung bringen wir die Prozedur über die Bühne und ich trage den Behälter mit der Spülflüssigkeit für's Untersuchungsamt raus zum Auto. So weit, so gut.
Anschließend muß ich noch mit und den Neubau besichtigen, denn die Siggers haben erst letzte Woche ihr neues Wohnhaus bezogen, das sie gegenüber den Stallgebäuden erstellt haben. Linchen Sigger zeigt mir voller Stolz, was ihre Familie da durch Sparsamkeit und viel, viel zusätzliche Eigenarbeit geleistet hat. Ich weiß, was es heißt, wenn einer mit nur einigen Hektar eigenen Landes und dazu noch vier Kindern und einer Oma so was durchzieht, und ich spare deshalb nicht mit meinem Lob. Am Schluß kommen wir ins Elternschlafzimmer und Linchen stellt es vor: «Unsere Werkstatt!» sagt sie und lacht mir ins Gesicht. In diesem Moment fahren wir beide erschreckt zusammen, springen ans Fenster und schauen auf den Hof hinunter. ‹Zack, rums, klirr, ruck› und nochmals ‹zack, klirr, rums› tönt's da herauf! Und was ich sehe ist verrückt, ich traue meinen Augen nicht! «Zum Donnerwetter!» Mit langen Sätzen sause ich durch Werkstatt, Gang und Treppenhaus hinunter auf den Hof und auf mein Auto zu. ‹Klirr, bums, zack›, schon wieder! Haben Sie eine Ahnung was sich da abspielt? Ein Tierarzt wie der Pfeffer, dem bleibt doch nichts erspart! Wie meinen Sie? Ich soll rennen und nicht so viel quasseln!

Recht haben Sie! Denn dieser von mir vorher in die Mache genommene ‹Senator›, der rammelt im Augenblick auf meinem braunen VW-Passat herum, wie wenn er die attraktivste Kuh wäre. Das halbe Hinterteil hat er schon eingedrückt. Nun sind's noch vier Meter, gleich bin ich dran. Instinktiv stoße ich meinen wildesten Karatekampfschrei aus, ihn aber beschäftigt nur die braune Blechkuh unter sich, er hört mich nicht und sieht mich nicht an. Da – jetzt bin ich bei ihm, da, krach, er rutscht aus und pflumps, haut es ihn hin. Und liegen bleibt er, schnaufend, prustend. Die rollenden wilden Augäpfel stehen still. Er macht einen Aufstehversuch, ich springe zurück. Oh, das ist ein Bild! Mein demolierter Wagen, daneben der schwere Bulle am Boden, der nicht mehr hochkommt, dahinter Linchen Sigger, ihr Mann und die vier Kinder! Alle sprachlos, kopfschüttelnd, Maul und Augen aufsperrend!
«Schnell, Herr Sigger, ein Wellenseil? Los, laufen Sie! Wir müssen ihn schnellstmöglich anbinden, dem ist der Nasenring rausgegangen, sehen Sie das nicht?» Am dicken Stahlring, der durch die Nasenscheidewand gezogen ist, kann man die größten Bullen anstandslos spazierenführen. Ist dieser aber ausnahmsweise mal defekt und rausgefallen, dann kann es passieren, daß ein Bulle aus seiner Kette schlüpft und dann zur Abwechslung mal das Tierarztauto aufs Korn nimmt.
«Und Sie Frau Sigger, schnell einen Eimer kaltes Wasser her, auf!» Wollen doch sehen, ob es ihn nicht packt, wenn ich ihm das kalte Naß über den Grind leere. Nach fünf weiteren Minuten ist er um die Hörner angeseilt und steht still. Aber nur auf drei Beinen! Und zitternd. «O je, Herr Sigger», muß ich nach kurzer Untersuchung konstatieren, «der hat den Oberschenkel gebrochen. Da brauchts keine Spüluntersuchung mehr, den können Sie gleich in den Schlachthof fahren! – Aber wer von euch hat denn die Stalltüre offen gelassen? Da kam ja alles zusammen: Nasenring raus, Kette zu locker und noch die Stalltüre offen!»

«Wer denkt denn auch an so was, Herr Doktor! Bei so einer Hitze lassen wir immer offen», entschuldigt sich der Bauer.
«Eine schöne Bescherung! Der hat sich aber schwer revanchiert, dieser ‹Senator›!» sagte Silke, wie ich mit meiner zusammengebeulten Blechkiste zu Hause eintrudle. «Man nimmt auch bei so hoch titulierten Herren keine so diskriminierenden Manipulationen vor, Veith, das solltest du dir merken!»
So habe ich die Sache noch gar nicht gesehen, hm! Man lernt doch nie aus.
Um meine, durch dieses Ereignis doch etwas gedämpfte Gemütslage, wieder in die richtige Fasson zu bringen, zieht mein gutes Frauchen nun allsogleich die richtigen Register. «Am besten wird es sein», so spricht sie zu mir, «du setzt dich jetzt erst mal raus unter die Linde und ich bringe dir ein kühles Bier. Inzwischen hole ich in der Stadt drunten geschwind ein halbes Pfund Preßkopf und eine Tellersulz und frische Brezeln. Und wenn du dann gevespert hast, dann besprechen wir in aller Ruhe wie es weitergehen soll. Einverstanden?»
Und ob ich einverstanden bin! Silke ist einfach eine wunderbare Frau! Ich fühle mich rundum wohl bei ihr. Wobei ‹rundum› natürlich auch heißt, daß ich, ich muß es zugeben, wieder am sündigen bin. So lange Jahre hatte ich nun eingehalten beim Essen, solange auch mein Gewicht gehalten. Jedoch seit einiger Zeit habe ich die Sache immer lockerer gehandhabt und bin dadurch immer mehr hineingeschlittert in meine alten Gewohnheiten. Ich genieße es voll, wieder so richtig zuzuschlagen, so frei von der Leber weg nach Herzenslust zu essen, statt vor jedem Bissen zu überlegen, ‹darfst du oder darfst du nicht›. Darum vertilge ich auch jetzt mit Genuß das halbe Pfund Preßkopf und die Sulz samt den Brezeln. Nebenher trinke ich zwei Flaschen Bier und wir überlegen zusammen, ob es noch rentabel ist, den zerquetschten Passat wieder herrichten zu lassen, wo er doch schon etliche Jährchen auf dem Buckel hat.

Draußen am Zaun geht gerade Fränzchen vorbei, die vom Einkaufen kommt. Wie sie uns sitzen sieht, ruft sie herüber: «Ich komme nachher auch, ich muß euch das Neueste von ‹Sonny› erzählen!» ‹Sonny›, das wissen Sie ja noch nicht, ‹Sonny› heißt die junge Jagdhündin, die wir unseren Mühlbergers geschenkt haben, als sie die Jägerprüfung bestanden hatten. Den Toni hätte es um ein Haar erwischt beim Examen, und er wäre durchgefallen, wenn er beim Schuß auf den stehenden Rehbock auch nur zwei Ringe weniger erreicht hätte. So aber herrscht eitel Freude über der Straße drüben und unser Geschenk, die Drahthaarhündin, war genau das Passende gewesen. Toni hat sich schon Bücher besorgt, um die Ausbildung der kleinen zukünftigen Jagdgenossin selbst in die Hand nehmen zu können. Fränzchen übt inzwischen bereits die sogenannte Stubendressur mit der Kleinen, und Silke und ich haben viel Spaß daran, zu sehen, mit welchem Eifer da alle drei am Werke sind. Ah, da kommt Fränzchen!
«Ihr glaubt ja gar nicht, was wir mit Sonny schon für ein Verhältnis haben!» beginnt sie. «Wir können uns schon regelrecht in sie hineindenken und ihre Gedanken lesen. Lach nicht, Veith, das ist wahr!»
«Telepathie, was?»
«Ach komm! Nein, aber es ist so lustig mitzukriegen, was so ein Tierchen sich vorstellt. Zum Beispiel ist sie jetzt schon ein paarmal, als niemand im Zimmer war, über's Sofa auf den Tisch rauf und hat dort mit Begeisterung aus der Blumenvase geschlappert. Selbstverständlich habe ich, als ich dazukam, sie augenblicklich heruntergescheucht. Aber ich konnte fast hören, was sie dabei dachte: ‹Dieses aromatische Blumenwasser zu trinken, ist das vielleicht ein Verbrechen? Nicht mal Herrchen trinkt dieses chlorstinkende Leitungswasser, das man mir vorsetzt! Also was soll's!› Beim Spazierengehen, wenn Toni ihr beibringen will, wie man eng neben ihm herzulaufen hat, dann stöhnt sie: ‹Ach, diese paramilitärischen Einfälle, die Herrchen hat! Muß denn das

sein? Bei Fuß soll ich laufen auf Kommando, und dazu immer auf der linken Seite! Haben Sie schon mal so was Stupides gehört?› Oder gar wenn die Kleine draußen auf freiem Feld von der Leine gelassen wird und sie nicht wegrennen soll und auch vor allem keine aufstehenden Hasen gehetzt werden dürfen, da kann ich mir ihre enttäuschten Gedanken gut denken. Wo doch Hasen, diese langohrigen Mitbürger die geborenen Sportsnaturen sind. Denen kann man doch unmöglich einen Wettlauf ausschlagen, zumal man ja selbst den allergrößten Spaß daran hat. Es ist da aufs äußerste unverständlich, wenn gewisse mißbilligende Pfiffe von Frauchens und Herrchens Seite dieses harmlose Spielchen zu unterbinden trachten. Außerdem sollten sie als Gebildete doch wissen, daß schon Vergil den so wahren Satz sagte: ‹Fort reißt die eigene Leidenschaft jeden!›»

«Hoi, hoi Fränzchen, jetzt hat der kleine Racker ja schon ein philosophisches Halsbändchen um!»

«Ihr könnt mich ruhig auslachen, macht nichts! Übrigens hat Sonny gestern zum erstenmale apportiert. Toni hatte einen Eichelhäher geschossen, so einen von den bei uns so zahlreichen und schädlichen großen Waldvögeln, und Sonny hat ihn im Gebüsch gefunden und ihn Toni vor die Füße gelegt.»

«Was, der Toni hat getroffen? Da muß er aber tüchtig ‹Zielwasser› zu sich genommen haben!» necke ich, aber Silke freut sich:

«Spitze!» lobt sie, «ihr werdet noch eine ganz berühmte Jägersfamilie, wie mir scheint. Aber sag mal, Eichelhäher, sind das nicht diese Vögel mit den kleinen blauweißen Federchen, welche oft an den Jagdhüten getragen werden?»

«Richtig, Silke, aber die Eichelhäher haben noch mehr Farben. Sie sind so bunt, daß man sie auch die ‹Papageien des deutschen Waldes› nennt. Abgesehen davon: aus ihnen kann man eine ausgezeichnete Suppe kochen!»

«Brrr!» entsetzt sich Silke, «also damit verschone mich

bitte! Dann beiße ich noch lieber mal beim Hasenbraten auf ein Schrotkorn, obwohl ich da auch jedesmal das Gefühl habe, als ob mir eine Plombe rausgegangen sei.»

Nun ist es schon viel später im Jahr; die Stoppelfelder sind untergepflügt und langsam wintert es ein. Toni und Fränzchen werden ab und zu auf eine Treibjagd eingeladen, und ich, der alte Pfeffer, der langsam aber sicher wieder rundlich wird, mache in ihrer Abwesenheit die Praxis. Neulich nun bat mich mein Freund Berny, ich solle ihn doch auch mal mitnehmen, raus in die Ställe. Er, seit zwanzig Jahren als Zahnarzt in der Stadt wohnend, habe gar kein richtiges Verhältnis mehr zum Landleben und er wisse bald nicht mehr, wie ein Kalb aussehe! So was höre ich gerne, denn heutzutage, wer kümmert sich da noch um Ländliches!
Heute nun, am Samstag, da hat der Berny keine Sprechstunde, und da starten wir miteinander. Schon zum Frühstück ist er da. Hefekranz gibt's mit viel Rosinen drin und Kakao dazu. Wie früher in der Kinderzeit, zum Eintunken! Gut gestärkt ziehen wir los. Beim Gräfe fangen wir an, in Enderlingen, denn er soll scheints eine kranke Kuh stehen haben.
«Schorsch, der Doktor kommt!» ruft sein Paile, wie wir kommen, aber der Angesprochene arbeitet unbeeindruckt weiter.
«Ich gebe gerade vollends das Futter rein!» meldet er nur.
Mittlerweile treten wir ein, der Berny in einem von mir ausgeliehenen etwas zu knappen Arbeitskittel über dem Straßenanzug und ich im gummierten Arbeitsmantel und Stiefeln.
«Aha, ein Speiseträger im Hotel Muh», bemerkt mein Berny wie er den Bauern bei der Arbeit sieht, eingedenk des Rätsels, das ich an meinem Fünfzigsten vorgelesen habe.
Der Gräfe aber blickt verärgert auf: «Wollen sie mich hochlassen, odder?»
Ich habe mir im Vorbeigehen eine handvoll Heu gegriffen,

es betrachtet und daran gerochen und meine: «Ziemlich verregnet!» Worauf das Unikum von Gräfe achselzuckend antwortet:
«Ich muß es ja nicht selber fressen! Und für's Wetter kann ich auch nichts. Wir Bauern haben unsere Werkstatt im Freien, vergessen Sie das nicht!»
Und dann stellt er sich hin, lehnt sich auf seine Gabel und schaut unverwandt und kritisch auf Berny:
«Was haben Sie denn da für einen mitgebracht? Soll das ein neuer Assistent sein?»
«Der Herr ist Zahnarzt in der Stadt und will heute nur mal ein bißchen Landluft schnuppern!» erkläre ich beruhigend.
Darauf der Gräfe erleichtert: «So, das kann er von mir aus. Daran soll's nicht fehlen. Ich habe schon gedacht, um Gottes willen, was bringt er denn heute für einen komischen Menschen mit, odder! Drum, einen Anlernling tät' ich auch nicht an meine wertvollen Kühe hinlassen!»

Nun ist er aber fertig mit dem Füttern und holt einen Eimer warmes Wasser aus der Melkküche sowie Handtuch und Seife.
«Da geht's aber recht herzhaft zu bei deinen Bauern!» meint der Berny mit unterdrückter Stimme.
«Ja, ja! Solche wie der Gräfe, die sagen was sie denken, die nehmen kein Blatt vor's Maul! – Achtung!!!» Aber mein Schrei kommt zu spät. Eine der Kühe, hinter denen wir standen, hatte ihren Schwanz gehoben, begann im gleichen Moment schon zu defäkieren und hustete auch noch dazu. Und blitzschnell hatte die Ladung den Berny erreicht, mitten im Sprung, denn geistesgegenwärtig wie er ist, wollte er gerade noch ausweichen. Nun steht er leicht verdattert da und haspelt hervor: «Verflixte Sauerei, verflixte Sauerei!»
Ich selbst muß natürlich aus vollem Halse lachen, wie ich da zuschaue und rufe vergnügt: «Souvenirs vom Lande, Berny! Jetzt bist du mittendrin, Klasse!» Und ich setze tröstend hinzu, wie er so ganz und gar hilflos an seinem gründeko-

rierten Kittel und seinen darunter hervorschauenden Stadthosen hinunterschaut:
«Komm her, wir machen gleich das Gröbste weg!» Vom Fenstersims nehme ich ein altes Messer und streife damit den Mist von Mantel und Hose.
«So zünftig hätte ich mir's nicht vorgestellt, Veith!» spricht mein Zahnarzt leicht erschüttert mit sauersüßer Miene.
«Na, ich muß dir doch auch etwas bieten, wenn du mitgehst. Der Duft der großen weiten Schwipfinger Tierarztwelt wird dich nun begleiten. Jetzt bist du ‹in›?»
Nun taucht der Gräfe wieder auf und wir gehen hinter ihm drein die Stallgasse hinunter.
«Dorthinten die ‹Gretel› ist's, die nicht mehr frißt. Wissen Sie, das ist die, bei der Sie damals den Kaiserschnitt gemacht haben!»
«Ah, du hast hier einen Kaiserschnitt gemacht, hier in diesem schmutzigen Stall, das ist ja unglaublich!» staunt Berny, der das aus seiner humanmedizinischen Sicht betrachtet.
«Was? Schmutziger Stall? Was höre ich da? Wie kommen denn Sie mir vor? Das möchte ich mir aber verbitten!» entrüstet sich der gute Gräfe.
«Das war nicht so gemeint, Herr Gräfe», beruhige ich den Bauern, «der Herr stellte nur Vergleiche an zwischen den Operationssälen in den Krankenhäusern und denen der Tierärzte.»
Inzwischen stehen wir hinter der schwarzgefleckten ‹Gretel› und ich frage: «Was mißt sie?»
«Heute früh hatte sie 41,5 Fieber und kein Maul voll hat sie zu sich genommen!»
«Bei der Temperatur würde es ihnen auch nicht mehr schmecken, mein Lieber! Selbst wenn man ihnen den knusprigsten Schweinebraten vorsetzen würde. Das ist bei Mensch und Tier dasselbe!»
«Ja aber die ‹Gretel› rotzelt dazuhin noch aus Nase und Augen, das gefällt mir gar nicht!»

«Sieht aus wie eine starke Grippe beim Menschen, Veith, meinst du nicht?» meint Berny interessiert.
«Grippe gib's zwar seit neuestem auch bei unseren Rindern, aber die fängt meist bei den Jungtieren an und dazuhin erkranken dann immer gleich mehrere auf einmal. Ich denke an was ganz anderes.» Und zum Bauern gewandt fahre ich fort:
«Sagen sie mal, hatten sie nicht immer dort hinten im Eck in der letzten Kälberbox einen Haushuber drin?»
«Was soll denn das sein, ein Haushuber?» monierte Berny diesen landläufigen Ausdruck.
«Ein Schaf, Sie Stadtmensch! Das weiß doch jedes Kind», entsetzt sich der Gräfe und wendet sich im gleichen Atemzug an mich: «Aber warum fragen Sie das? Was hat das mit meiner ‹Gretel› zu tun? Abgesehen davon, der Haushuber ist ja schon lange geschlachtet!»
«Das spielt keine Rolle; von der Ansteckung bis zum Ausbruch einer Krankheit vergeht oft viel Zeit. Aber Schafe können Überträger eines Virus sein, das bei Rindern sogenanntes Katarrhalfieber hervorruft. Und nach dem sieht mir die ganze Geschichte aus.»
«Aber dem Haushuber hat seiner Lebtag nie etwas gefehlt!» bezweifelt der Bauer meinen Verdacht.
«Schon möglich. Schafen tut das Virus nichts. Sie beherbergen es nur und geben es weiter!»
«Vorsicht!» schreie ich auf. «Heilandsack!» flucht der Gräfe, und der Berny, hopp, hopp, macht zum zweiten Male einen Satz, rutscht dabei aus und liegt, pflatsch, in der Jaucherinne. Der Gräfe hebt seine Hose und schaut sein Schienbein an, blutunterlaufen! Ich selbst bin ungeschoren davongekommen. Was ist passiert? Diese matte, schwarzbunte Kuh, um die wir herumstanden und diskutierten, fing von einer Sekunde auf die andere an, sich wie verrückt zu gebärden. Sie stieß mit den Hörnern, schlug mit den Füßen, stürzte nieder, sprang im selben Moment wieder auf, schrie und taumelte und blieb erschöpft liegen. «Da haben wir's! Ein-

wandfrei! Dieser Tobsuchtsanfall paßt vollkommen ins Krankheitsbild! Da hat das Virus bereits das Gehirn geschädigt.»
«Ja dann behandeln sie's doch, bevor sie kaputtgeht. Bis jetzt haben sie nur geredet!»
«Für keinen Pfennig spritzen wir da ein, Herr Gräfe! Das wäre rausgeschmissenes Geld! Geschlachtet wird sie und zwar sofort. Die lebt nicht mehr lange!»
«Meine beste Kuh soll ich hergeben, meine beste!» jammert er und er setzt mir zu: «Probieren sie's doch, ich bin dafür, probieren sie's!»
«Aussichtsloser Fall, Herr Gräfe! Jetzt gehen wir rein in die Stube und rufen zusammen den Metzger an, alles andere ist sinnlos, glauben sie mir!»
Widerstrebend läßt er sich überreden. Da schaue ich Berny näher an. Oh, der sieht aus! Und er macht ein Gesicht!
«Was ist, alter Knabe? Alles klar?» versuche ich ihn bei der Stange zu halten. «Gleich gehen wir über zum gemütlicheren Teil!» Der Bauer hinkt voran zur Melkküche. Wir brauchen lange, bis mein Gast halbwegs wieder gesäubert ist! Mehr naß als trocken und leicht gestört dazu folgt uns der Herr Zahnarzt wie wir durch den langen Gang hinübergehen in den Wohntrakt. Ich suche selbst die Nummer vom Metzger heraus, der die Notschlachtungen macht und stelle mich auch nebenhin, wie der Bauer anruft. Nicht daß es mir auch mal so geht wie dem Toni mit der Herzbeutelkuh vom Zuckerleshof.
«In Ordnung!» sage ich nach zwei Minuten, wie er den Hörer wieder ablegt, und will mich verabschieden. Aber da kommt Gräfes Oma zur Türe herein, hat eine Portion Rauchfleisch auf dem Teller und eine Schnitte Bauernbrot.
«Der Herr Doktor ist da!» freut sie sich, «da will ich nur gleich ein Vesper bringen, hab' ich gedacht. Bei ihrem schweren Beruf muß man auch richtig essen!»
«Ja, Oma Gräfe, das ist aber nett! Nur, wir haben erst vorher gefrühstückt!»

«Das macht doch nichts! So ein würziges Rauchfleisch, das zwingt man jederzeit. Und nachher bring ich noch von unserem guten Bratbirnenmost dazu! Wer ist denn der Herr da, mit den nassen Hosen?»

«Schwätz nicht so viel!» fährt da der Bauer dazwischen, «hol halt nochmals einen Teller, odder?»

Ja und so sitzen wir schon um acht Uhr zum zweitenmal am Tisch und nach dem dritten Zwetschgenwasser wird auch mein Berny wieder ansprechbar und er sagt, das sei doch ein anderes Leben als den ganzen Tag sich nur über defekte Zähne zu beugen und sich dabei Plattfüße und Kreuzschmerzen zu holen.

«Na ja, Berny, überall hat's Licht und Schatten; es ist überall dasselbe, glaube ich!»

Dennoch, als wir das Rauchfleisch verdrückt hatten, meinte er, jetzt hätte er eigentlich genügend gesehen und seine Hosen pappten so und der Geruch störe ihn, der an ihm hafte und ich solle es ihm nicht übelnehmen, er möchte jetzt doch lieber die Tour abbrechen.

«Schade», antworte ich, «nachher hättest du helfen können beim Operieren oder zuschauen beim Besamen. Auch ein lahmgehendes Pferd, zwei Kühe mit Euterentzündung und ein Rind mit Tollwutverdacht stehen noch auf dem Programm! Ich gebe dir eine Hose von mir, ja?» versuche ich ihn zu halten.

«Nett von dir und interessant, riesig interessant! Vielleicht ein andermal!» Das sind seine letzten Worte und dann entwischt er aufatmend.

Schon ab und zu mal habe ich Bekannte mitgenommen auf Praxis, aber so schnell wie Berny hat noch keiner kehrtgemacht. Daher bin ich froh, daß Sie mich wenigstens noch begleiten, lieber Leser, denn ich hab' es gern, wenn andere sich für meinen schönen Beruf interessieren und wenn sie eine Liebe haben zum Landleben.

Am ersten Advent, nachdem wir den Nachmittagskaffee getrunken hatten und Silke das erste Kerzchen am Kranze noch ein bißchen brennen ließ, saß ich in meinem Sessel und freute mich still. Wer könnte es schöner haben als ich, mußte ich denken. Ich lebe friedlich dahin, liebe meine Familie, mache eine ordentliche Praxis, betreibe mein Programm zur Förderung meiner Persönlichkeit. Zufrieden lehnte ich mich zurück und schaute in das Dämmerlicht des Zimmers. Aber nur zwei Tage später geschah es. Mitten in dieser unbeschwerten Zeit traf mich ein Schuß aus dem Hinterhalt. Umgeworfen wurde ich urplötzlich, unerwartet: Krankheit hatte von meinem Leben Besitz ergriffen und Schmerz zerschnitt mein Dasein! Etwas nie Gekanntes bestimmte über mich! Was war geschehen? Eigentlich nichts, nichts Besonderes. Ich wollte mich bücken, um die Sehnenscheide vom Gänslesbauern seinem Braunen abzutasten und, ich kam nur halb hinunter und unter größten Schmerzen kaum mehr herauf! Am Abend schon mußte ich langsam auf allen Vieren die Treppe hochkrabbeln, um ins Schlafzimmer zu gelangen, und nach einer schlaflos verbrachten Nacht benötigte ich nicht weniger als eine halbe Stunde, um von der Waagerechten in die Senkrechte zu kommen. So eine Kalamität! Die Schmerzen waren enorm. Franz, mein Freund, der Mediziner, schickte mich gleich weiter zum Spezialisten. «Das wundert mich nicht», sagte der, nachdem er seine ganzen Untersuchungen abgeschlossen hatte. «In ihrem linken Hüftgelenk ist ja der ganze Knorpel abgeschliffen. Da reibt der Knochen auf dem Knochen. Das ist wie beim Autoreifen, wenn man solange fährt bis das Profil weg ist! Und sie fahren schon auf der Leinwand!»
So erfuhr ich und sah es auch selbst auf den Röntgenaufnahmen, wie es stand und auch, daß dieser Zustand zeitlebens so bleiben würde. Schöne Aussichten! Schmerzkapseln, Fangopackungen, Streckungen und was alles noch angewendet wurde. Ins Auto rein und raus, das war am

schlimmsten! Und mit den Schmerzkapseln lief ich rum wie ein Betrunkener. Meine Bauern schauten mich ganz komisch von der Seite an, und ich gab meine Anweisungen wie im Schlaf. So konnte es nicht weitergehen! Schon nach einer Woche ließ ich sie deshalb wieder weg und nahm die volle Schmerzbelastung erneut auf mich. Rückwärtsgehen, mit kurzen kleinen Schritten, das ging am leichtesten. Jedermann schaute zwar dumm, wenn ich so daherkam, aber das war mir gleich. Hauptsache ich blieb aktiv und mußte mich nicht ins Bett legen. Denn dort war alles noch schlimmer. Nachts ließ ich mir oft in die Badewanne warmes Wasser laufen, legte mich mühsam auf den Rücken hinein und hängte mich dann mit den Fersen an den oberen Sprossen einer Bockleiter ein, die ich unten in die Wanne gestellt hatte. In dieser Streckstellung und gleichzeitig im warmen Wasser waren die Schmerzen am ehesten auszuhalten. Während ich dann so drinlag und Silke mir einen Tee brachte, kreisten die Gedanken des Schwipfinger Tierarztes natürlich unablässig um die Möglichkeiten, wie er dieses Schicksal bezwingen könnte. Denn wenn man in so einer aussichtslosen und schneidend schmerzhaften Situation drinsteckt, dann wird alle Lebenskraft, die man besitzt, mobilisiert und man bäumt sich auf, wild und unablässig bäumt man sich auf gegen dieses Unausweichliche, gegen diesen Untergang. Und nach und nach, im Verlaufe von mehreren Wochen, hatte der Veith Pfeffer einen Plan zur Heilung und ein Programm für die Zukunft entworfen. Dabei hatte mir Silke ganz große Hilfe geleistet. Denn Ihre Idee war es gewesen, daß ich mich von diesen rasenden Schmerzen am besten und am schnellsten durch Autosuggestion befreien könne. Diese Selbstbeeinflussung – bei der man jeden Tag zwei- oder dreimal etwa fünfzehn Minuten lang in sein Unterbewußtsein hinabtaucht und in stiller Versenkung einen selbstgemachten Satz wie: ‹Schmerzen sind ganz gleichgültig!› ständig wiederholt – könne am nachhaltigsten mit dem von ihr beherrschten Autogenen Training erreicht

werden. So ähnlich, nur nicht so intensiv, hatte ich ja bereits im Karate Körperbeherrschung geübt, aber den massiven Dauerschmerzen gegenüber war diese Methode unzureichend.
Ich nahm also, wenn ich mich nicht gerade in der Praxis herumquälte, bei meiner Silke Unterricht und lernte intensiv und schnell, denn nichts Wichtigeres gab es gegenwärtig.
Eine zweite Selbstbeeinflussung, die mir nicht minder bedeutungsvoll erschien, stellte ich selbst auf die Beine. Ich stufte nämlich das Urteil ‹lebenslänglich› der Ärzte nur als Herausforderung für mich ein und meine Antwort hieß deshalb: «Ich werde wieder laufen können wie jeder andere! Ich werde wieder wandern auf meiner geliebten Schwäbischen Alb und meine Schmerzen werde ich so verachten, daß sie mir nichts mehr anhaben können!»

Und diese meine Antwort auf das Schicksal machte ich zu meiner festen Überzeugung, zur Selbstverständlichkeit, zur absoluten Realität. Wenn ich dachte, dachte ich nur dies, wenn ich angesprochen wurde, sagte ich nur dies.
«Hilf dir selbst, dann hilft dir Gott! Veith, du bist bestimmt auf dem richtigen Weg!» unterstützte mich auch der Toni, der jeden Tag rüberkam und fest zu mir hielt.
Zusätzlich galt es natürlich mein Gewicht zu reduzieren, denn je geringer der Druck auf das Gelenk, umso weniger wurde es strapaziert. Aus war es also mit ‹da sollte Rücken auch Bauch sein› und dementsprechend sagte ich zu meinem Magen: ‹Du hast schon lange mal Urlaub verdient und deshalb gebe ich dir jetzt drei Wochen frei. Als Gegenleistung meldest du mir keine Hungergefühle, o. k.?› Er war einverstanden und ich nahm in mein tägliches Suggestionsprogramm noch den Satz auf: ‹Essen ist ganz gleichgültig!› Auf diese Weise verschwanden in drei Wochen zehn Kilo vom Leibe des Beleibten.

Und jetzt ging es weiter mit einem Langzeitplan zur Umstellung der Ernährung. Alles, was mir seither wieder so gut schmeckte, wurde gestrichen: Würste, Alkohol, Kaffee, Kuchen, Butter, Schweinebraten! Dafür gab es Haferkörner und Grünfutter, Wasser und Vollkornbrot. Aber ich sage Ihnen, es machte mir rein gar nichts aus. Denn wenn man so drinhängt wie ich, dann tut man alles, um sich wieder herauszuarbeiten. Die Bauern allerdings, die schlagen die Hände über dem Kopf zusammen und jammern:
«Unser Doktor, dem kann man die beste Büchsenwurst hinstellen, der versucht sie nicht mal, und vor der Schnapsflasche, da läuft er direkt davon. Was ist auch mit dem!»
Silke, mein Prachtsfrauchen, hat sofort ihre ganze Küche umgestellt auf meine Diät und sie selbst ißt sie auch. Einmal täte ihr das bestimmt auch gut, meint sie, und zum anderen fiele es dann mir nicht so schwer. So also sieht es aus, was ich vorhabe, und zuversichtlich nehme ich alles in Angriff und bin hart zu mir und mache langsame, sehr langsame Fortschritte. Ich habe natürlich nicht im Geringsten eine Aussicht, daß da anatomisch sich was ändern würde. Ein neuer Knorpelbelag im Gelenk wird sich da nicht bilden – und sei es durch noch so viele Anstrengungen. Aber die Schmerzen, die werden aufhören. Wie bei den alten Menschen. Und dafür bekomme ich heute einen Beweis. Da bin ich gerade draußen in Enderlingen beim Fridolin Burger, der Bullenmast betreibt und bei dem etliche seiner Zöglinge, die er als Kälber aufkauft und sie dann möglichst schnell auf zehn Zentner bringen will, mit krummen Vorderbeinen dastehen und dahinkümmern ohne richtig mehr zu wachsen. Das hat er schon ein paarmal gehabt.
«Herr Burger, das ist doch immer auf der gleichen Stelle, wenn ich mich nicht irre. Immer dort drüben in dem Eck stehen Ihre kranken Bullen!»
«Jawohl, ganz genau! Alles, was ich dort hinstelle, verkümmert. Und auch ihre Behandlung letztesmal hat nicht richtig geholfen. Die sind nichts Richtiges mehr geworden!»

«Dann wird es diesmal nicht besser ausfallen. Da besteht hochgradiger Verdacht, daß dort hinten eine Störzone vorliegt, eine Stelle, an der, bedingt durch den Untergrund, lebenshemmende Verhältnisse vorliegen.»
«Was heißt da Untergrund, was meinen sie damit?»
«Beispielsweise könnte in der Tiefe eine Wasserführung sein oder eine Gesteinsverwerfung oder sonstige geologische Besonderheiten.»

«Wasser? Ha, als wir damals diesen neuen Stall bauten, da stießen wir beim Fundamentgraben auf die Reste eines alten Brunnenschachtes. Das war in dieser Gegend!»
«Das wäre schon ein Anhaltspunkt. Nehmen Sie einen Rutengänger und lassen Sie nachforschen. Sagen Sie aber nichts von ihrem Verdacht. Und nach der Untersuchung soll er den Befund aufzeichnen, damit wir sehen, ob unsere Vermutung stimmt. Und für heute stellen Sie jetzt mal gleich die drei Kranken um an andere Plätze und dann versuchen wir doch nochmals eine Behandlung!»

Wie ich das geklärt habe und langsam und rückwärts wieder zu meinem Wagen gehe, steht da der Opa von Burgers vor dem Haus, krumm und buckelig und zusammengeschafft. Ganz vornübergeneigt muß er sich auf einen Stock stützen. Aber seine Augen blitzen noch und trotzdem sein Leib ein Wrack ist, funktioniert sein Geist noch ganz erstaunlich. Ich spreche ein bißchen mit ihm. Schmerzen, nein, das habe er keine, nur, mitarbeiten könne er halt nicht mehr. Das gibt doch zu denken. Dem Opa Burger, der jetzt 83 wurde, seine Gelenke sind sicherlich auch nicht besser dran als mein abgewetztes Hüftgelenk und trotzdem, er spürt nichts. O.k. sagt da der Schwipfinger Tierarzt, das ist der Beweis, daß meine Rechnung aufgehen muß!
Übrigens, die Wasserader unter dem Bullenmaststall wurde gefunden. Sie lief genau über dieses ominöse Eck, wo immer die Bullen kümmerten. Der Burger lagert seither in

dieser Ecke sein Streumaterial und stellt keine Tiere mehr dorthin und hat seine Ruhe.

Wenn es die Schmerzen zulassen und ich freie Zeit habe, dann tue ich auch schon ein bißchen wieder was für mein ‹Fortbildungsprogramm ab Fünfzig›. Mit anstrengendem Lernen ist es natürlich noch nichts, aber das Lesen, das geht. ‹In blinder Überschätzung der irdischen Vorgänge›, steht da, ‹sehen selbst die Intellektuellen unter den Menschen nicht die großen Zusammenhänge des Daseins. Wer auch schon, wäre sich des Folgenden bewußt? Nach dem heutigen Stand der Kenntnis beträgt das Lebensalter unseres Universums zwölf Milliarden Jahre. Wenn wir nun, da wir uns zwölf Milliarden Jahre nicht vostellen können, dieses Alter der Welt gleich einem Jahre setzen, dann leben fünf Minuten vor dem Ende dieses Jahres die Neandertaler, fünf Sekunden vor zwölf Uhr wird Christus geboren und eine Sekunde vor Jahresende beginnen die Christen gerade mit der Ausrottung der amerikanischen Kulturen.›
Für mich, das muß ich sagen, ist die Vorstellung dieses Sekundenaufenthaltes der Menschheit im Kosmos ungeheuer beeindruckend. Ich kann sie nicht abtun, weil, wie viele sagen werden, sie keinen praktischen Wert hat. Ich will mir derlei Dinge unter die Haut gehen lassen, denn der Schwipfinger Tierarzt ist der Ansicht, daß solcherlei Betrachtungen Meilensteine sind auf dem Wege zur Weisheit. Letzterer aber will er zustreben. Langsam aber deutlich hat sich dies von Jahr zu Jahr immer mehr herauskristallisiert. Weisheit, ich sage aber sonst zu niemanden etwas davon, ist das Traumziel, das ich mir gesteckt habe.
Übrigens, ich bin nicht der einzige, der einiges auszubaden hat, was körperliches anlangt. Auch auf den Axel, den Kollegen Wannenmayer, wurde aus dem Hinterhalt geschossen. Nierenkoliken hat der seit neuestem. Mit uns alten Burschen haben sie's zur Zeit wie mir scheint. Aber der Axel sagte mir am Telefon:

«Wenn's bei mir losgeht und ich bin gerade auf der Strecke, dann halte ich an, wälze mich im Straßengraben und danach fahre ich weiter.»
Und das tut gut zu hören, er ist einer wie ich.

8. Kapitel

Frequenz alpha

Heute ist Ostern und schon vor Tagesanbruch sangen bei uns ums Haus die Amseln in den Hecken und auf den Bäumen. Es geht eine herrliche Frühjahrsluft, die Kirschen blühen und die Birnen, und in Silkes Garten steht der Schnittlauch bereits hoch. Wir verstecken die Eier und die Osterhasen, damit Simone und Kai, immer noch wie einst, ihre Freude haben beim Suchen. Ich humple zwar noch stark, aber ich brauche jetzt nicht mehr rückwärts zu gehen. Auch bei Nacht kann ich wieder schlafen, wenn auch nur stückchenweise. Damit ich schneller wieder o.k. werde, habe ich, und dies speziell auf Silkes Betreiben, mit Toni ausgemacht, daß ich bis Weihnachten mal den Schongang einlege und bis dahin nur Kleintiere mache und die Lebensmittelkontrollen. Denn seither war es schon ein paarmal passiert, daß mich Schwergeburten oder ähnliche andere harte Einsätze wieder um Wochen zurückgeworfen hatten. Daher stehe ich jetzt wieder öfter im weißen Mantel im Behandlungszimmer, mache Schutzimpfungen, Zahnbehandlungen, Ohrbehandlungen, Operationen, was eben gerade kommt.

Gestern war ausnahmsweise ein Schäfer mit seinem Hund bei mir. Und dies muß man rot anstreichen im Kalender, denn die Schäfer denken meist, daß sie selbst halbe Tierärzte sind, und daß sie denen vielleicht sogar noch etwas vormachen können. Also, so kalkuliere ich, muß es sich wohl um etwas Ernsteres handeln, wo der Herr Schafhalter selbst nicht durchblickt. Der schwarze, große Schäferhundmischling, den er auf meinen Behandlungstisch heraufhebt, ist

mager und hat struppiges Fell. Der Besitzer selbst macht auch nicht den besten Eindruck: er sieht leidend aus, und wenn ich mich nicht ganz täusche, ist er auch etwas gelb im Gesicht. «Ja welchen von euch beiden nehmen wir denn zuerst dran?» beginne ich, «den Herrn oder den Hund?»
«Uns sieht man es scheints an. 's stimmt einfach nimmer mit uns. Mein ‹Theo› ist seit einem Jahr schon nicht mehr richtig auf dem Damm. Und seither hat er auch so alle paar Wochen eine Unzahl ganz kleiner Dinger im Kot, sehen ein wenig aus wie Reiskörner. Wenn sie größer wären, würde ich sagen, es sind Bandwurmglieder. Hier!» und er reicht mir ein in Zeitungspapier eingeschlagenes Päckchen, «hier sind welche drin von heute morgen! Ich habe ihm dagegen schon Kürbiskerne gegeben und Knoblauchzinken und sogar mal von den Bandwurmtabletten für die Lämmer, aber aufgehört hat diese Sauerei nicht und der Theo wurde dabei immer weniger.»
«Was, Reiskörner? Das höre ich aber gar nicht gerne! Und Sie selbst haben's wohl an der Leber, Ihrer Gesichtsfarbe nach?»
«Ja», seufzt er, «da drückt's mich immer. Und wenn man da hingreift», und er zieht bei diesen Worten sein Hemd aus der Hose, «da, tasten Sie einmal selbst, spüren Sie's? Das ist doch wie ein Ball, ein schwerer, harter Ball unter den Rippen.»
«Leider haben Sie recht», befinde ich. «Jetzt werden wir zuerst mal ihre ‹Reiskörner› unter's Mikroskop legen!»
Ja und da war es dann schnell kein Geheimnis mehr, was ich ohnehin schon vermutet hatte.
«Diese Reiskörner sind doch Bandwurmglieder! Und zwar stammen sie vom Echinokokkus, diesem winzigen, kaum sichtbaren Würmchen, das für den Menschen so kolossal gefährlich ist!»
«Gefährlich für den Menschen? Meinen Sie vielleicht da diesen Ball an meiner Leber?» Ängstlich schaut mich der sonst so Gescheite an.

«Ich an Ihrer Stelle würde auf alle Fälle sofort einen Arzt aufsuchen! Die Sache duldet keinen Aufschub!»
«Ja sagen Sie, wie kommt denn mein Theo an so was? Wer hat denn den angesteckt, wer?»
«Wahrscheinlich haben Sie das selbst bewerkstelligt! Wenn man nämlich, wie ihr Schäfer das öfters macht, bei Schlachtungen keinen Tierarzt zur Fleischbeschau zuzieht und dann, wenn man glaubt, diese Lunge oder diese Leber wäre unappetitlich, da wären so komische Blasen dran, die wolle man lieber nicht essen, diese dem Hund hinwirft, dann bekommt der auf diese Weise die lebensgefährlichen Dinger in seinen Darm rein. Von den abgehenden reifen Bandwurmgliedern, ihren Reiskörnern, erwischen wiederum Sie etwas, meist über die Hundezunge, und dann gibt es bei Ihnen in der Leber auch so eine Blase oder mehrere sogar, selbst im Gehirn sind schon welche gelandet.»

Mit solchen Erklärungen erzeugt man Angst und Schrekken, ich weiß das. Aber das ist im Augenblick das wichtigste, daß ihm klarer Wein eingeschenkt wird, dem Schäfer, sonst wird seine Chance immer kleiner, wenn er nicht danach schauen läßt.
Nachdem der Theo sein Mittel gegen den Echinokokkus drin hat, ziehen die beiden ab, der Schäfer mit gesenktem Kopfe und mit verbissener Miene.
Wie ich aber einiges danach mal in der Kreisstadt zu tun habe, da sehe ich ihn im Sonntagsanzug über die Straße gehen mit forschen Schritten und er sieht mich auch und winkt und kommt auf mich zu.
«Herr Doktor, Sie haben recht gehabt! Das war der Hundebandwurm in meiner Leber. In Tübingen hat's mir ein Professor rausoperiert und er hat zu mir gesagt, viel später hätte ich nicht kommen dürfen, sonst wäre es wohl aus gewesen mit mir. – So was kommt mir aber in Zukunft nicht mehr vor, jetzt lasse ich meinen Hund regelmäßig entwurmen!»

«Wollen wir's hoffen! Aber wichtiger wäre noch, daß Sie ihm keine ansteckenden Schlachtabfälle mehr geben würden!»
So erstaunlich gut und schnell geht es bei meiner eigenen Heilung nicht voran. Bei mir ist das ein Langzeitproblem, aber eines, bei dem man sich immer wieder an kleinen Fortschritten freuen kann, wie zum Beispiel an diesem. Da ich es dank Tonis Einsatz so schön ruhig habe, komme ich auch mal unter der Woche dazu, mit Silke ein bißchen wegzufahren. Meist zieht es uns rauf auf die Alb und dort am Rande, wo man so schön hinausschauen kann in unser Land, da gehen wir auf einem ebenen Stück ein paar hundert Meter und setzen uns dann irgendwo auf ein Bänkchen. Das ist doch ein echter Fortschritt! Eine Wanderung! Wenn sie auch nur eine Viertelstunde währt, aber es ist eine! Wenn es auch wehtut, aber ich wandere! Und es ist so schön hier oben. Aus den Gebüschen und Feldgehölzen duftet es süß, unter den noch kahlen Buchen stehen im braunen Laube vom letzten Jahr die weißen Anemonen, die roten und blauen Leberblümchen und die gelben Schlüsselblumen. Auch einen rotleuchtenden Aaronstab sehe ich. An ihm lesen heute noch manchmal die Bauern die Ernteerfolge ab, die zu erwarten sind, vom Heu bis zu den Kartoffeln. Wohlig genießen wir die ersten warmen Sonnenstrahlen, die in den Körper hineindringen. Sie wecken Kräfte und Hoffnungen und locken uns vorauseilenden Erwartungen nach, tiefer hinein ins Jahr. Immer wieder bleiben wir stehen, empfinden dies und schließen genießend die Augen. Wir lauschen den stillen Dingen, hören die Sprache des Windes, verstehen das Schweigen der Bäume. Es ist herrlich bei uns auf der Alb, und das halbe Stündchen da oben ist für Silke und mich verklärt durch die sanfte Poesie der Natur.

Mit einem anderen Aspekte der Natur, der mich ebenfalls tief beeindruckt, habe ich es im Sommer zu tun. Da kommt ein Mann zu mir in die Sprechstunde mit einem kleinen vierzehnjährigen Hundchen, um nach dessen Augen sehen zu lassen. Und es ist blind, dieses kleine Tierchen, sieht so gut wie nichts mehr. Es hat den grauen Star, seine Linsen sind grau und trüb und kein Licht geht mehr durch. Und der Besitzer ist stumm, er kann nicht mehr sprechen, weil man ihm den Kehlkopf entfernen mußte. Ein Blinder und ein Stummer, hilflos der eine, hilflos der andere. Voller Mitleid nehme ich Anteil an ihrem Schicksal und nachdem wir mit der Behandlung fertig sind, der Kleine hatte eine Entzündung der Lider, unterhalte ich mich noch eine Zeitlang mit dem Manne. Er formt mit dem Munde die Worte, ganz angestrengt und ausgeprägt und dort vom Munde muß man es ablesen. So sehr ich mir dabei Mühe gebe, vieles kann ich nicht entziffern; ich gebe ihm Papier und er schreibt mir auf, was ich nicht verstehe. Auf diese mühsame Art der Konversation erfahre ich aber, daß ‹Blümchen›, diese kleine Mischlingshündin, vor fünf Jahren, als Herrchen so lange im Krankenhaus liegen mußte wegen seines Kehlkopfkrebses, zu Verwandten ins Rheinland gegeben wurde, in die Gegend von Köln. Aber das kleine Tierchen, damals schon im Alter von neun Jahren und nur noch schwach sehend, hatte solches Heimweh, daß es noch am Tage seiner Ankunft dort, gleich beim ersten Gassilassen am Abend, zum Gartentörchen hinausentwischte und in der Nacht verschwand. Alles Suchen nach ‹Blümchen› war erfolglos, denn mit seinen kleinen, kurzen Füßchen hatte es begonnen, den weiten Weg nach Schwipfingen zurückzutrippeln.

Wochenlang blieb das kleine, halbblinde Tierchen verschollen, aber dem Operierten sagte man nichts davon. Mittlerweile war er wieder aus dem Krankenhaus entlassen worden, und als er eines Morgens die Zeitung aus dem Briefkasten holen wollte, da lag auf der Treppe sein ‹Blümchen›. Es war so schwach und entkräftet, daß es kaum mehr auf den Beinchen stehen konnte. Es blickte auf und sein Schwänzchen begann sich schwach zu bewegen, es war am Ende seiner Kraft, ein Skelettchen nur mehr. Weinend trug der Stumme das Tier in sein Haus.

Wie ich diese Geschichte am Abend meiner Silke erzähle, ist sie ganz gerührt und fast wären auch ihr ein paar Tränen gekommen. Aber mich bewegte ‹Blümchens› Heimkehr nicht allein gefühlsmäßig: vor allem diese Fähigkeit des kleinen Tieres, viele hundert Kilometer durch Städte und Dörfer, durch Wald und Feld, bei Tag und Nacht ohne Kompaß, ohne Karte, ohne Wegschilder lesen zu können, ohne jegliches Begreifen der zu durchziehenden Landstriche einem bestimmten Punkt und nur ihm zuwandern zu können, die beschäftigte meine Gedanken unablässig.
«Silke, du hast dich doch schon viel mit derartigen Dingen befaßt. Wie funktioniert denn dieses Heimfindevermögen der Tiere, ich kann mir da einfach keinen richtigen Vers draus machen», spreche ich mein Frauchen an.
«Nun, Veith, es funktioniert genau auf die gleiche Art, wie bei dem Fall mit Frau Schindler und ihrem ‹Philon› und dem von Tonis Schwester und ihrem Mann. Der kleine, fast blinde Hund, wurde geführt durch einen Vorgang außersinnlicher Wahrnehmung. Er besitzt also, wie sehr viele andere Lebewesen auch, ein Organ, das zu Wahrnehmungen befähigt ist, die seine Sinnesorgane nicht zu leisten vermögen. Er hat irgendwo in seinem Gehirn eine Stelle, die als Empfänger arbeitet und ihm untrügliche Informationen lieferte, über die einzuschlagende Richtung.»
«Mensch, Silke, also das ist schon unheimlich interessant! Ich glaube, da steige ich auch noch ein auf diesem deinem Gebiete. Lege mir doch bitte einmal ein paar von deinen Büchern auf den Nachttisch!»
«Fein Veith! Weißt du, auf diese Weise, über die Gebiete der ASW, wie man abkürzt, kann man auch in sehr tiefe philosophische Betrachtungen eindringen, und das ist es ja, was dich im Augenblick am meisten zu beschäftigen scheint!»

Aber, um wieder zur Kleintierpraxis zurückzukehren, es gibt leider auch das Gegenteil von Tierliebe. Und diese Unerfreulichkeiten werden von Jahr zu Jahr immer häufiger den Tierärzten vor die Praxistüre geschwemmt. So wie bei uns hier auf dem Freßberg heute vormittag zum Beispiel. Da will Silke zum Einkaufen gehen, runter in die Stadt, öffnet die Haustüre und ... erschrickt. Denn wie sie die Türe ein bißchen offen hat, ertönt ein Schrei und sie sieht, wie blitzschnell eine Hundepfote zurückgezogen wird. Da schaut sie vorsichtig raus, und was erblickt sie? Einen schmutzigen, aufgefaserten Strick, der an unserer Türklinke angebunden ist und daran ein Tier, ein Hund, dem eben dieser Strick um den Hals geschnürt ist. Vom Besitzer war natürlich weit und breit keine Spur mehr zu sehen.
Neulich schon passierte Ähnliches. Meine Simone war gerade dabei, das Wartezimmer zu richten und stand oben auf der Leiter zum Fensterputzen. Da öffnete sich die Türe, die auf die Straße geht, sie öffnete sich, aber nur einen Spalt breit, gleich darauf erschien eine Hand, eine Hand, die eine Katze hielt. Und dann folgte ein Schubs, die Katze flog ins Zimmer, die Hand verschwand, und die Türe klappte zu. Alles ging so schnell, daß Simone nur perplex zuschauen konnte. Natürlich stieg sie hastig herunter und eilte zur Türe, aber sie sah nur noch einen Mercedes von hinten, der auch schon mit quietschenden Reifen um die nächste Ecke fuhr.
Als Fränzchen kurz danach rüberkam und wir ihr das brühwarm und entrüstet erzählten, wunderte sie sich gar nicht sondern meinte, was ihr diesbezüglich schon untergekommen sei, wäre sicher auch nicht von besseren Eltern gewesen. Es hätte geläutet, sie wäre rausgegangen und hätte die dort wartende Frau nach ihrem Wunsche gefragt. Statt irgend einer Antwort habe die ihr dann einen Junghund auf den Arm gelegt, habe kehrtgemacht und sei zum Tor hinaus auf- und davongesprungen.
Wir sind uns einig, daß wir künftig in solchen Fällen mehr

auf Zack sein müssen und reden auch noch eine ganze Zeitlang über Tonis Plan zur Errichtung eines Tierasyls in Schwipfingen, der zweifellos nützlich wäre, wenn man das Vorgefallene in Betracht zieht. Als Fränzchen wieder gehen will, weil der Toni in die Garage gefahren ist, fällt mir etwas auf:

«Sag mal Fränzchen, dir schmeckt's wohl in letzter Zeit!» bemerke ich, und wenig kavaliersmäßig füge ich hinzu: «Langsam wirst du mollig!»

«Aber Veith», ruft da Silke belustigt, «bist du nun wirklich so einfältig oder tust du nur so? Fränzchen wird doch ein Baby haben ...»

«Nein!» rufe ich aufspringend und Silke unterbrechend, «ist das eine Freude, Mensch, Fränzchen, komm laß dich umarmen! Das ist eine Nachricht, einfach wunderbar!» Und da bekommt sie noch einen Schmatz auf die Wange und wir alle sind glücklich und vor dem Einschlafen halte ich Silkes Hand und sage:

«Jetzt sind die beiden überm Berg, jetzt wird ihnen nichts mehr zustoßen!»

Frohgemut gehe ich am anderen Tage meiner Arbeit nach und die Schmerzen in der Hüfte spüre ich heute kaum. Lebensmittelkontrollen stehen auf dem Programm. Wie ich einige Betriebe ohne jegliche Beanstandungen geprüft habe, komme ich in eine Pizzeria, wo vor einem halben Jahr ein neuer Pächter eingezogen ist. Auch hier macht alles im großen und ganzen einen ordentlichen Eindruck. Ich will eben wieder gehen, da sehe ich in einem Karton Büchsen stehen mit dem Hundefutter ‹Schappi›. Daher warne ich den Wirt mit den Worten: «Ihren Hund dürfen Sie aber nicht in die Küche nehmen und auch nicht in die Gasträume lassen, das ist Ihnen bekannt, ja?»

«Selbstverständlich, Herr Doktor, hier kommt nie ein Hund rein!» antwortete eifrig in gebrochenem Deutsch der Angeredete. Und wie sich später dann herausstellte, stimm-

te das auch hundertprozentig. Er besaß gar keinen! Da erstattete nämlich ein Gast dieses Lokales Anzeige bei der Polizei und behauptete, er hätte auf seiner Pizza Hundefutter gehabt. Hundefutter? Schappi? Abends um neun gehe ich mit einem Beamten des Wirtschaftskontrolldienstes der Polizei hin und wir kommen gerade recht. Das Lokal ist voll, eine Schappidose leer und der Chef fährt soeben mit seinem kleinen Schieber in seinen Ofen und holt zwei solcher Spezialfabrikate heraus. Es riecht nicht mal schlecht das Zeug! Trotzdem, es waren die letzten ‹Schappi-Pizzas›, die in meinem Bezirk gebacken wurden, das dürfen Sie mir glauben. Auf was sie alles kommen heutzutage, da muß man nur staunen!
‹Igel gefüllt nach Zigeunerart›, das war auch so ein Schlager, welchen unlängst mal einer, der vom Balkan stammt, anbot. Aber nicht lange! Denn abgesehen davon, daß die Igel unter Naturschutz stehen und daher gar nicht geschlachtet werden dürfen, auch vom hygienischen Standpunkt aus, war die Sache rein unmöglich. Meine Bauern, die sprechen ja noch echt schwäbisch und sie denken auch noch echt schwäbisch und die sagen, wenn ich ihnen von solchen Zuständen erzähle:
«D'Leut wissat ja nemme, was se frässa sollat. Des send doch koine Zuaschtänd meh!»

Nun, zu denen muß sich der Schwipfinger Tierarzt nicht rechnen, denn er weiß ganz genau, was gesund für ihn ist und was nicht. Er bleibt nach wie vor bei seinem Hafer, bei Salaten und Gemüse und bei Obst. Und langsam aber sicher bewährt sich dieses Programm und es geht wieder aufwärts. Parallel dazu läuft ja, wie Sie wissen, mein Autogenes Training mit dem täglichen Hinuntersteigen ins Unterbewußtsein, um von dort aus direkten Einfluß auf die Krankheit zu nehmen. Da Ihnen dies letztere sicher ‹spanisch› vorkommt, will ich es Ihnen kurz erläutern. Sie wissen ja bereits, ich setze mich da ganz bequem an einem ruhigen

Ort in meiner Wohnung hin, entspanne mich, werde locker am ganzen Körper, indem ich mir im stillen vorsage: «Ich bin ganz ruhig und entspannt. Nichts stört mich. Ich sinke immer tiefer in diesen wunderbaren Zustand der Ruhe und Entspannung.»

Diesen Zustand erreiche ich, da ich jetzt schon monatelang trainiere, in wenigen Minuten, und dabei sinkt die elektrische Frequenz in meinem Gehirn von vorher etwa 20 Hertz, und Hertz sind Schwingungen pro Sekunde, herunter auf sieben bis vierzehn Hertz. Diese Herabtransformierung der Gehirnströme in diesen sogenannten ‹Alpha-Bereich› durch das Autogene Training ist wissenschaftlich nachgewiesen. Wenn ich beim Frühstück sitze und meine Zeitung lese, dann geschieht das im Wachbewußtsein bei zirka zwanzig Hertz, sitze ich aber und entspanne mich, dann komme ich ins Unterbewußtsein mit zirka zehn Hertz. Und wenn ich nun in dieser sogenannten ‹Alpha-Frequenz› meinen Wunsch sage, lautlos natürlich, und so ungefähr zwanzig Mal hintereinander und das dreimal eine Viertelstunde täglich, dann bewirkt dies mit der Zeit, daß dieser mein Wunsch tatsächlich in Erfüllung geht. Denn mein Wunsch ist mein Gedanke und Gedanken hinterlassen Spuren, können sich imprägnieren, das heißt in unserem Falle, sie beeinflussen das Unterbewußtsein derart, daß dieses meinen Körper in der entsprechenden Weise programmiert und dadurch den gewünschten Zustand herbeiführt. In meinem Falle lautete der dem Unterbewußtsein suggerierte Satz:

«Mein Hüftgelenk funktioniert gut und schmerzfrei!»

Andersrum dargestellt wird diese Möglichkeit, durch Gedankenbeeinflussung des Unterbewußtseins körperliche Veränderungen zu erzielen noch deutlicher: Wenn man zu einer gesunden aber empfindsamen Person immer wieder sagt, wie schlecht sie aussehe, dann wird diese Person auch bald in Wirklichkeit schlecht aussehen und sich krank fühlen. Im Extremfall geht das soweit, daß man einer Person sagt, daß das Markstück, das man ihr jetzt in die Hand gibt, glühend heiß sei, und daß als Folge an dieser Hautstelle eine Brandblase entsteht.

Es ist also auf eine ganz einfache und wissenschaftlich erforschte Art möglich, via Gehirn den Körper und damit die Gesundheit zu beeinflussen. Aber nicht nur den Körper, sondern auch den Charakter und das Gedächtnis. Beim Letzteren merke ich das selbst am allerbesten. Da gab es bei mir echte Fortschritte, vor allem, nachdem ich mit Silke mal ein diesbezügliches Seminar besucht hatte. Man kann ja mit dem Unterbewußtsein eine solche Menge anfangen, daß Fachleute heutzutage behaupten, die Kapazität des menschlichen Gehirnes werde nur zu zwanzig Prozent genützt, während achtzig Prozent brach lägen, über das Unterbewußtsein aber aktiviert werden könnten. Für den Veith Pfeffer heißt das, daß er auf diesem Gebiete weitermachen wird, denn da steckt, wie er sicher glaubt, noch sehr viel für ihn drin.

Drückend schwül ist es dieses Jahr im Sommer und Gewitter rollen öfter als sonst das Wiesenbachtal herauf. Unter dem Vordach an unserem Haus auf dem Freßberg duften Estragonsträuße und die Rosen blühen im Garten. Hinter dem Haus haben wir seit einigen Jahren ein kleines Freibad, aber seit ich diese verflixte Hüfte habe, kann ich nicht mehr rein, weil ich von dem kalten Wasser Krämpfe bekomme und weil das Schwimmen schmerzhaft ist. So begnüge ich mich damit, an der Sonne zu liegen, denn Wärme tut mir immer gut. Die Spaziergänge auf der Alb aber dehne ich laufend etwas aus; und wenn Silke mal keine Zeit hat mitzugehen, benütze ich immer die Gelegenheit, ohne den Einspruch des fürsorglich, vorsichtigen Frauchens mal auszuprobieren, ob ich nicht die doppelte Strecke schaffe wie letztesmal. So bin ich auch heute wieder unterwegs und habe eine Stunde Zeit. Ich fahre deshalb nur geschwind rüber zum Hahnenberg, der ja gleich überm Tal beginnt, stelle dort das Auto auf halber Höhe ab und wandere los auf einem Feldweg, der ziemlich eben sich an einem Waldrand dahinzieht. Rechterhand erstrecken sich Wiesen bis hinunter an ein Bächlein, dessen Ufer steil abfallen und hie und da mit Büschen und Bäumen bestanden sind. Ich stelle fest, daß meine Schritte schon nicht ganz mehr so kurz sind und meine Beine mich nicht mehr nur noch ausgesprochen langsam fortbewegen können. Die Sonne strahlt vom Himmel und ich habe die Ärmel hochgeschlagen und freue mich, heute mein Fahrwerk wieder mal einem Härtetest unterziehen zu können. Am Wegrand stehen die schönen hellblauen Wegwarten, auch gelber Hornklee wächst hier und weiße Schafgarben. Schade, daß ich mich noch nicht bücken kann, sonst würde ich jetzt für Silke einen Feldstrauß pflücken, an dem sie bestimmt eine große Freude hätte. Ich summe ein Liedchen vor mich hin und Meter um Meter bringe ich hinter mich. Jetzt habe ich die Strecke, die zur Zeit möglich ist, aber heute geht es ja noch weiter! Bis dort vorne am Bergknick, bis dort, wo die Rinderherde weidet, bis dahin muß es zu schaffen sein! Jedoch es schlaucht mich, dieses Stück, und ich werde langsam und muß wiederholt stehen bleiben. Silke hätte schon lange geschimpft und zur Umkehr gemahnt, und ich höre sie sagen: «Also nein! So was von Unvernunft, Veith! Du mußt immer übertreiben! Denk doch, bis zum Auto hast du nochmals dieselbe Strecke vor dir!» Ich aber kalkuliere, Hauptsache ist, ich habe die doppelte Strecke zurückgelegt. Heimkommen, das schaffe ich allemal.

So also erreiche ich mit Mühe die Stelle, wo die Herde weidet und setze mich am Wiesenrain in den Schatten einer alten Buche, um ein wenig auszuruhen. Setzen, das heißt bei mir zur Zeit allerdings nur, auf der gesunden Seite sitzen, die andere tut noch zu sehr weh. Auch zu Hause auf den Stühlen ist das so, und wer nichts weiß von meiner Hüfte, der denkt, dieser Doktor Pfeffer, der hat auch so einen Spleen weg, wie der komisch auf seinem Stuhl sitzt, die

Hälfte des Gesäßes hängt in der Luft. So was sieht man selten!

Fünf Minuten werde ich mir genehmigen, dann packe ich's wieder. Ich schaue ins Wiesental hinunter, zur Herde, zum Bachlauf, zum Wald, der jenseits sich hochzieht. Ein Bild der Ruhe und des Friedens. Da fällt mir auf, daß am Bachufer ein Rind schreit, jetzt sogar fast ununterbrochen schreit. Sie wird rindern, denke ich. Rindern, das ist hier bei uns die landläufige Bezeichnung für den Zustand der Brunst. Diese findet alle drei Wochen statt, und dabei brüllen die weiblichen Tiere oft einen ganzen Tag lang, damit auch der schwerhörigste Bulle nicht einfach sagen kann, er hätte es nicht gewußt. Selbst den Bauern wird das manchmal zu viel und sie sagen dann empört: «Die macht einen schier verrückt mit ihrer Plärrerei den ganzen Tag!» Wie sich dieses Rind aber ein bißchen dreht und ich genauer hinschaue, komme ich zu einer ganz anderen Auffassung von der Sache: Da hängt nämlich ein Stück Nachgeburt aus ihrem Geburtsweg heraus. Aber wo ist das Kalb? Noch drinnen oder schon draußen? Sehen kann ich es nicht. Und sie schreit weiter und stellt den Schwanz und macht einen Buckel. Hm, da stimmt doch was nicht! Und immer wieder einmal dreht sie den Kopf zum Bachgrund hin, wenn sie anfängt zu plärren. Da muß ich nachsehen. Da hilft alles nichts! Hüfte hin, Hüfte her. Also zunächst mal auf dic Beine wieder. O je, das geht langsam, jeden einzelnen Teil von meinem Fahrgestell glaube ich zu spüren. Und erst das Anlaufen! Mir geht es wie den alten Gäulen! Wenn man die aus dem Stalle herausführte, um sie einzuspannen, dann waren sie stocksteif und kamen kaum vom Fleck. Erst wenn sie sich warmgelaufen hatten, ging das so halbwegs. Aber es ist weit da runter! Zuerst über den Weidezaun die Beine heben, lächerlich niedrig, aber es schlaucht. Dann hundert Meter schräg abwärts über unebenen Boden, das ist wirklich nicht das Wahre. Aber das Rind brüllt immer noch. Wo ist das Kalb? Es schreit nach seinem Kalb! Das Gras steht hoch. Jetzt habe ich's geschafft, Schritt für Schritt, bin unten. Nichts zu sehen von einem Kalb. Ich gehe alles ab: nichts! Ich schaue in's Gebüsch, drücke die Äste auseinander: wiederum nichts! Sollte es, sollte das Kalb ...? Natürlich! Es bleibt ja keine andere Möglichkeit mehr, es muß in den Bach hinuntergerutscht sein. Vielleicht hat sich das Rind direkt am Rande der Wiese niedergelassen zur Geburt. Dann wäre das Kuhkind direkt aus dem Mutterleib die steile Böschung hinab in den Bach gefallen. Obwohl ich mir weder abschüssiges Gelände noch kaltes Wasser leisten kann, bin ich schon unterwegs, quäle mich durch das Unterholz, halte mich an Ästen, steige, rutsche und falle und bin drunten am Bache. Nichts zu sehen, suchen! Im Wasser waten, es geht bis an die Knie. Große Steine liegen im Weg. Kein Kalb. Weiter! Ausrutschen, plötzlich bis zum Bauche drin. Alles zu sehen nur kein Kalb: Fische, Molche, Kröten, Vögel, die wegflattern. Jetzt eine Bachbiegung mit einem Stau, einem großen, tiefen Gumpen. Da! Da ist es! Dort drüben fünf Meter hinterm tiefen Wasser! Ohren und der Oberteil des Kopfes wackeln über dem Wasserspiegel hin und her. Bei Aufstehversuchen erscheint geschwind das halbe Körperchen, dann wieder versinkt alles samt Kopf und Ohren. Hechtsprung, alles was den Veith Pfeffer peinigt, vergißt er. Hechtsprung und schwimmen, schnell. Und jetzt drüben Fuß fassen, Kalb schnappen, hochdrükken, noch ein Stück, nachfassen, noch höher, noch ein Stück! Jetzt ist das rotbunte Ding an Land, hängt hinter einem Baumstumpf und lebt! Ausschnaufen, die Luft wird knapp. Dann weiter, gleich weiter, denn der kleine Blitz strabelt mit den Beinen, will aufstehen. Das aber hieße hier am Steilhang gleich ein zweites Mal baden gehen. Ich packe jetzt einen Hinterfuß und ziehe. Ich habe einen schlechten Stand, ziehe weiter. Zehn Zentimeter, nochmals anstrengen, nochmals zehn Zentimeter. Mühsam! Ziehen, rutschen, nachfassen, endlich! Das Kalb liegt oben auf der

Wiese und ich daneben! Denn jetzt, da es geschafft ist, zieht mir ein fürchterlicher Krampf den Körper zusammen und die Zähne zusammenbeißend fühle ich scharfe, lange Messer in meiner Hüfte rotieren. Lange brauche ich, bis mein Autogenes Training wirkt. Inzwischen hat nebenan das Kalb geblökt und seine Mutter ist gekommen und hat es abgeschleckt. Ich liege immer noch, nachdem die Kuh und ihr Kind schon lange weggegangen sind, fort zur Herde. Langsam löst sich der Krampfzustand und ich kann versuchen, aufzustehen. «Los Pfeffer!» sage ich zu mir, «willst du laufen!» Und mit Zähnezusammenbeißen und langsamsten kleinen Schrittchen und mit Stehenbleiben, alle zehn Meter stehenbleiben, so gehe ich die Wiese hoch zum Weg. Dort aber packt mich ein ganz herrliches Gefühl: «Mensch, Veith, wenn du schon so was wieder fertigbringst, dann hast du's gewonnen, dann liegst du goldrichtig!» Und derartig beflügelt bin ich durch diese Feststellung, daß ich, wie ich mir einbilde, verhältnismäßig lockeren Ganges zum Auto zurückkomme. Trotzdem beschließe ich vorsichtshalber, Silke vom Kalb im Bache lieber nichts zu sagen. Sie regt sich sonst nur unnütz auf. Meine Kleider sind schon fast trocken, denn heute hat es über dreißig Grad. Aber wie ich heimkomme, gleich meinen Arbeitsmantel überziehe und die Vorbereitungen für die Sprechstunde treffe, so als wie wenn gar nichts besonderes gewesen wäre, da kommt Silke hinzu: «Sag mal, Veith, wo warst denn du so lange? Und warum humpelst du denn wieder so stark, bist wieder zu weit gegangen? Man kann dich eben keine fünf Minuten alleine lassen!»

Wie ich daraufhin gerade in mich hineinlache, weil sie, der sonst nichts entgeht, diesmal doch nicht ganz hinter meine Schliche gekommen ist, fährt sie unerwartet fort: «Ja was ist denn mit deinen Hosen geschehen, die baumeln ja wie Waschlappen da unten rum, die habe ich doch erst gestern gebügelt!»

Na, was sage ich, jetzt heißt es wohl doch noch beichten.

9. Kapitel

Der Traum

Wieder einmal ist der Sommer vorbei. Über den Stoppelfeldern bei den Dörfern steigen da und dort Drachen, und mit ihnen steigt auch der erste Rauch der Kartoffelfeuer zum blaßblauen Himmel. Rot leuchten in der tieferstehenden Sonne die Hagenbutten an den Sträuchern der Heckenrosen und schwarz die letzten Brombeeren in den Gebüschen der Waldränder. Stille liegt über dem Land. Im Frühherbst hält die Natur manchmal den Atem an, wie zur Besinnung, und die Tage sind gleichmäßig und weich wie hingebreitet in seltsamem Nachdenken.
Ich, der Schwipfinger Tierarzt, spüre dieses Weben. Und, indem ich es empfinde gleich meinem eigenen Zustande, dem Lebensabschied vom Sommer, stehe ich am Acker meines Lebens und schaue auf meine Werke. Was habe ich gepflügt, wo bin ich tief gekommen, wo nur an der Oberfläche geblieben? Und wo mahnt mich noch brachliegendes Stoppelfeld? Mit anderen Worten, ich halte in diesem Jahre wiederum Rückschau auf das durchzogene Land, versuche eine Standortbestimmung und halte Ausschau, wohin der Weg in Zukunft führen soll.

An meinem Fünfzigsten habe ich ja Pläne geschmiedet. Was ist aus ihnen geworden? Den Körper in Ordnung bringen, das war damals die Nummer eins gewesen. Abnehmen, Gewicht halten und Sport treiben. Mit dem Resultat des Letzteren kann ich zufrieden sein, mit dem Gewicht bin ich rückfällig geworden und habe es gebüßt! Der zweite Hauptpunkt in meinem für mich selbst geschneiderten Fortbildungsprogramm betraf die geistige Profilierung. Es begann mit Lernen und dabei entdeckte ich die Lernbremse Gedächtnis. Viel Zeit wurde darauf verwendet, diesen Störfaktor außer Funktion zu setzen. Dann wurde das Autogene Training wichtig und die Arbeit mit dem Unterbewußtsein. Von hier aus, wie auch von den Grundsätzen des Karate aus, geschahen dann Bemühungen um eine Vervollkommnung des Charakters. Endlich dann wurde der Wunsch bestimmend, die ganzen Zusammenhänge unserer Welt zu sehen und zu begreifen mit dem Traumziel ‹Weisheit› unter Berücksichtigung des sechsten Sinnes mit seinen heute noch kaum faßbaren Möglichkeiten.

Dies also sind die mehr oder weniger tiefgepflügten Böden meines Ackers. Und hier, bei diesen letzten Dingen, will ich weiter die Furchen vertiefen, will eggen und säen und hoffen, daß einst Früchte aus dieser Erde kommen.

Ein guter Bekannter, den ich in seinem Büro aufsuchte, um seinen Nymphensittich zu untersuchen, den er sich dort hielt, sagte zu mir, als die Sprache auf die obigen Dinge gekommen war:

«Was du da anfängst, das praktiziere ich schon seit Jahren. Sieh, dort drüben an der Türe den roten Punkt und hier», und er hob den Telefonhörer, unter dem auch so ein hellleuchtender, roter Papierpunkt aufgeklebt war, «hier dasselbe, das sind Meditationspunkte. Immer, wenn da einer vor mir sitzt und saudumm an mich hinredet oder dackelhaft in den Apparat reinschwätzt, dann brauche ich nur auf einen der zwei Punkte schauen und sofort bin ich ruhig und gelassen und alles, was die Deppen an Frechheiten und Unverschämtheiten daherreden, läßt mich kalt.»

«Toll!» sage ich, «hätte ich gar nicht hinter dir vermutet. Nach welcher Meditationsform arbeitest du denn?»

«Nach der vom Götz von Berlichingen! Wenn ich auf einen meiner Meditationspunkte schaue, dann läuft in meinem Gehirn automatisch solange die Platte mit dem Götzzitat, bis der andere sein Maul hält. Ich sage dir, seit ich dies

angefangen habe mit der Meditation im Büro, bin ich ein ganz anderer Mensch geworden.»
Na ja, Hauptsache es hilft!
Aber auch dieses Jahr neigt sich schnell seinem Ende zu und wie ich den Christbaum hole, so kurz vor Weihnachten, da hinke ich zwar noch ein bißchen, aber es ist kaum mehr der Rede wert. «Gewonnen!» sage ich zu Silke, «gewonnen! Ein Jahr lang Hafer gefressen wie die Pferde, ein Jahr lang intensiv mit dem Autogenen Training gearbeitet – und gewonnen!»
«Alles schön und recht, Veith, aber bilde dir ja nicht ein, du könntest jetzt weitermachen wie vorher!» warnt mein Frauchen besorgt.
«Da kann ich dich beruhigen, Schatz! Im nächsten Jahr steige ich zwar wieder ein in die Großtierpraxis, das muß schon gehen, aber ich werde auch, wie ich mir bereits vorgenommen habe, in jeder Woche dieses Jahres einen vollen Tag fasten und einen Tag wandern. Damit wird erreicht werden, daß mein Gewicht nicht wieder hochschnellt und auf der anderen Seite wird sich die Muskulatur rings um das havarierte Gelenk weiter kräftigen.»

Und wie zwischen den Feiertagen Fränzchen und Toni herüberkommen und wir einen netten Abend miteinander verbringen, da teile ich ihnen diese meine Pläne mit. Sie freuen sich mit uns und Toni sagt, daß er dann im Sommer vielleicht mit seiner schon lange geplanten Reitausbildung beginnen kann. Mit Reitpferden kriegen wir's immer mehr zu tun und man steht ganz blöde da, wenn einem zum Beispiel gesagt wird: «Ja, bei Galoppwechsel, da merkt man's ihm an», und man weiß nicht mal, wie der genau funktioniert, der Galoppwechsel. Bauernpferde kriegen dagegen immer mehr Seltenheitswert, obwohl es sie ganz vereinzelt auch noch gibt. Das können Sie selbst feststellen, denn mein Toni erzählt da gerade davon.
«Mensch, Veith!» so beginnt er. «Vorgestern, das kann ich

dir sagen, da hatte ich ein Theater! Mit dem Honold vom oberen Berghof, der hat mich vielleicht genervt! Im Gegensatz zu allen anderen Bauern dort im Tal ist doch mit dem kaum auszukommen.»

«Wem sagst du das! Der kommt mit keinem Menschen aus, da kannst du nur seine Nachbarn fragen. Ich selbst habe ihn schon zur Genüge genossen. Am Anfang meiner Praxis mußte ich am Heiligen Abend mal rauf zu einem Koliker. Damals bin ich gleich hinter Schiefertal in dem Hohlweg in einer Schneewehe steckengeblieben. Es dauerte natürlich eine ganze Weile bis ich zum unteren Berghofbauern gestapft bin, der dann seine Pferde genommen hat und mich im Schritt raufschleppte. Als ich dann endlich mit großer Verspätung und stocksteifgefroren oben eintraf, war alles nacht und der Honold schrie vom Schlafzimmerfenster herunter: ‹Wo stecken Sie denn so lange? Wenn's da ernst gewesen wäre, da wäre mein Gaul schon zweimal verreckt, bis Sie endlich herkommen!›»

«Ja das ist typisch für den Burschen. Obwohl, vorgestern bei mir ist es anders gelaufen. Die Schneeverhältnisse allerdings waren ähnlich. Obwohl sie den Hohlweg seither ja ausgebaut und auch geteert haben, weht es ihn an Tagen wie dem letzten Dienstag, wo ich raufmußte, trotzdem zu. Deshalb sagte ich auch gleich am Telefon: ‹Nicht ich komme, Herr Honold, sondern sie! Warten sie unten in Schiefertal auf mich mit ihrem Schlepper, dann kann ich da den Wagen stehen lassen und mit ihnen rauffahren.› Und so klappte es denn auch. Was ich dann aber sah, als wir oben ankamen, auf einem schrägen Acker am Waldrand, war furchtbar. Mitten auf der großen weißen Fläche lag mutterseelenallein ein großes, massiges Pferd auf der Seite und als wir näherkamen, hob es kurz seinen schwarzen Kopf und wieherte, wie wenn es um Hilfe rufen wollte. Im Rauffahren schon, ich saß oben auf dem Schutzblech des Traktors und klammerte mich krampfhaft fest, weil der Honold fuhr wie ein Räuber und wir mal nach rechts und mal nach links zu kippen drohten, hatte ich erfahren, wie es zugegangen war. Der Berghofbauer hatte die Schneelage ausnützen wollen, um Langholz zu schleppen. Stämme, die er umgemacht hatte, wollte er mit seinem Pferd aus der Tiefe des Waldes hervor an den nächsten Fahrweg ziehen, so wie es alle Waldbauern um diese Zeit machen. Aber, so der Bericht vom Honold, schon nach einer halben Stunde habe der Wallach angefangen zu schwanken, und die Unsicherheit auf der Hinterhand sei immer größer geworden. Daraufhin habe er das Pferd ausgespannt, um es heim in den Stall zu führen. Unterwegs aber sei der Rappe dann umgefallen und mit aller Gewalt sei er nicht mehr auf die Beine zu bringen gewesen.

Und jetzt lag er vor mir, allein auf dem großen Acker, krank und arm und elend, ein mächtiges und schönes Tier, niedergestreckt, hilflos. Das hat mich richtig seelisch berührt, Veith. Der Honold aber schreckte mich auf: ‹Das ist doch ein Schwindel, einem so einen Gaul zu verkaufen! Der hat doch diese Krankehit garantiert schon mitgebracht. Noch keine acht Tage steht der Bock in meinem Stall. Diesem Händler werde ich aber heimleuchten, so wahr ich Honold heiße!›

Am liebsten hätte ich den Bauern gleich am Kragen gepackt, mit seinem gefühllosen Geschrei. Aber ich beherrschte mich gerade noch, schwieg und untersuchte. Danach aber gab ich's ihm.

‹Da ist nichts zurückzugeben! Ihr Pferd hat die ‹Schwarze Harnwinde›, die ‹Feiertagskrankheit›, wie man sie auch nennt. Und an der tragen ganz allein Sie die Schuld und sonst niemand. Das Tier ist jetzt über die Feiertage im Stall gestanden und in dieser Zeit haben Sie es dummerweise stark gefüttert und dazuhin nicht bewegt. Heute aber sind Sie raus mit ihm und haben es Schwerstarbeit leisten lassen. Und davon kommt es und von nichts anderem! Das sollten Sie aber als Pferdehalter wissen! Da haben sie einen unverzeihlichen Fehler gemacht! Beim Pferd lösen sich, wenn man es so behandelt wie Sie, ganze Muskelpartien auf.

Schauen Sie doch her, wie hart und geschwollen die Gegend über dem Knie ist und auf der Kruppe! Und noch was. Da drüben, an dem kleinen Abhang, sehen Sie da was? Da ist im Schnee ein schwarzroter Fleck, da hat Ihr Pferd Harn abgesetzt, fast schwarzen Urin. Das ist Muskelfarbstoff, aufgelöst in Harn. An dieser Diagnose gibt's nicht den geringsten Zweifel. Haben Sie das kapiert?›
Aber der Honold ließ sich nicht überzeugen.
‹Das lasse ich nicht auf mir sitzen!› schrie er, ‹die Behandlungskosten sind das Mindeste, was der Huber, der Händler, der Allerweltslump, berappen muß!›
‹Herr Honold,› sagte ich, mit dem Ton auf *Herr* und indem ich mich vor ihn hinstellte und ihn ins Auge zu fassen versuchte: ‹Dieses Pferd hat wenig Chancen, daß es am Leben bleibt. Ich werde nichts unversucht lassen, aber die Aussichten sind gering. Ein Erfolg wird in erster Linie davon abhängen, ob es Ihnen gelingt, das Tier aufzuladen und in den Stall zu fahren. Dort werden wir es dann in Gurte hängen müssen und laufend zu behandeln haben. Jetzt gleich werden wir einen Aderlaß vornehmen und ich gebe die ersten Injektionen.›
Aber der rabiate Mensch gab noch immer keine Ruhe.
‹Sakrament und ich sage Ihnen, daß ich mir das nicht bieten lasse. In meinem Kaufvertrage steht, daß ich das Pferd *mit jeder Garantie* gekauft habe!›
‹Aufsteigen!› sagte ich nur, denn bei dem war es schade um jedes Wort, da war Hopfen und Malz verloren!
So blieb das Tier wieder allein zurück im Schnee dort oben auf dem Acker und der Honold karrte mich nach unten, aber wie! Er fuhr in seiner Wut wie eine gesengte Sau, daß ich Mühe hatte, mich festzuhalten. Ich kann dir sagen, Veith, so was mache ich nimmer mit, zu so einem Rindvieh im Winter auf den Bulldog steigen! Nach dem Mittagessen aber schon schellte das Telefon und der Honold war dran und er erklärte, daß das mit dem Verladen des Wallachs auf dem schrägen Acker und in dem tiefen Schnee nicht ge-

klappt habe, und daß er bereits den Pferdemetzger bestellt habe. Und dann lamentierte er weiter, daß man mit ihm, dem oberen Berghofbauern, nicht umspringen könne, wie es einem gerade passe. Weder von einem Tierarzt lasse er sich da was sagen noch viel weniger von einem Viehhändler. Und daher habe den Schaden ganz allein der Verkäufer zu tragen, basta!»

«Gott sei Dank sind Leute wie der Honold bei uns im Schwipfinger Ländle eine Seltenheit», meinte Fränzchen, die jetzt im neunten Monat ist. «Aber der Toni kann auch von Erfolgserlebnissen berichten», fährt sie fort und dabei zwinkert sie uns verstohlen zu, «gelt Toni!» Der aber zuckt mit den Schultern: «Was meinst du denn da, Fränzchen?»
«Na zum Beispiel dein patentreifes Verfahren, mit dem du unserer Sonny beigebracht hast, eine Fährte auszuarbeiten. Ihr müßt nämlich wissen», und jetzt wendete sie sich wieder an Silke und mich, «daß unser Jagdhundchen von so was Unzumutbarem überhaupt nichts hielt. Sollte sie ein angeschossenes und geflüchtetes Reh suchen, dann legte sie sich einfach auf den Boden, schaute an uns vorbei und eindeutig war, was sie uns sagen wollte: ‹Was geht mich das an!› Aber Toni war schlau. Zuerst ließ er Sonny zwei Tage hungern. Danach schmierte er zwischen die Profile seiner Gummistiefel feinduftende Kalbsleberwurst, dann ging er fort und legte eine Spur. Was glaubt ihr, wie Sonny losstürzte und diese Fährte annahm! Sie marschierte drauflos wie eine Weltmeisterin und Toni hatte Mühe, Schritt zu halten! Damit war der Groschen ein für alle mal bei Sonny gefallen. Nie mehr sagte sie seitdem ‹Spur dumme, was gehst du mich an!›»
«Aber auch beim Herrchen», so fuhr Fränzchen schmunzelnd fort, «fiel neulich der Groschen erst recht spät. Da saßen sie nämlich nach der letzten Treibjagd droben in Hochdorf schon wohl über eine Stunde im ‹Ringelschwänzle› drin, becherten und aßen Sauerkraut mit Ripple. Da

mittendrin, als sie feste dabei waren, ihre Sprüche aneinander hinzulassen, da plötzlich fiel es ‹meinem› siedendheiß ein, daß er sein Gewehr draußen im Wald hatte stehen lassen. Beim letzten Treiben hatte es ihn so gefroren, daß er seinen Drilling an den Baum lehnte, hinter dem er stand und seine Hände in die Hosentaschen schob, um sie aufzuwärmen. Als abgeblasen wurde war es schon dämmerig, wahrscheinlich auch im Kopfe vom Toni, denn nun setzte er sich, der kein Wild die ganze Stunde hinter seinem Baum gesehen hatte, in Richtung seines Autos in Bewegung, wobei er sicherlich an alles dachte nur nicht an sein Schießeisen.»

«Da hast du aber nicht wenige Runden spendieren müssen, wie das rauskam!» feixte ich.

«Nein, nein! Was glaubst du? Ich konnte mein Maul halten!» wehrte sich der Toni, «aber du glaubst gar nicht, wie lange ich im stockdunklen Wald herumgelaufen bin, bis ich meinen Baum wieder gefunden hatte!»

«Jedesmal gibt's was zum Lachen, wenn ihr von eurer Jägerei erzählt», freut sich Silke. Jedoch abgesehen von solchen Unterhaltungen, wir freuen uns alle zusammen, denn wir hätten es uns nie so harmonisch vorgestellt, das Zusammenleben und das Zusammenarbeiten mit einer anderen Tierarztfamilie. Wenn jetzt vollends die Mühlbergers ihr Kindchen haben, was dann könnten wir uns noch wünschen!»

Aber das Leben ist immer wieder für eine Überraschung gut. Unversehens und über Nacht zieht es aus seinem Sack eine neue, ungeahnte Möglichkeit hervor.

Da bekomme ich eines Tages wieder einmal, wie alle paar Jahre, eine Einladung zu einer Klassenzusammenkunft in einer Waldschenke und ich gehe hin. Wir sind ja nur noch wenige, viele sind im Kriege geblieben, andere weit weg gezogen und einige hat auch schon Krankheit hinweggerafft. Diesmal nun ist, wider alle Regel, eine Frau mit dabei, denn mein Nebensitzer Rolf hat seine Elisabeth mitgebracht, seine hübsche Schwester, die, ach wie lange ist nun das schon her, einmal meine Schulfreundin war. Sie hat nach dem Krieg einen Amerikaner geheiratet und jetzt, nachdem sie Witwe geworden ist, kam sie zum ersten Male wieder nach Deutschland, um ihre alte Heimat zu besuchen. Wie ich sie sah, die Elisabeth, befiel mich ein sonderbarer Zustand. Mit einem Male war ich benommen und gleichzeitig gefühlsmäßig so gepackt, daß ich mir vorkam wie ein schüchterner Pennäler, wenn seine heimliche Liebe an ihm vorübergeht. Ich brachte kaum die Begrüßung raus. Elisabeth, die gerade im Mittelpunkt des allgemeinen Interesses stand und lebhaft mit meinen Klassenkameraden sich unterhielt, als ich eintraf, der schien es fast genauso zu gehen. Sie verstummte, gab mir die Hand, blickte zu Boden. Nur langsam löste sich unsere Befangenheit. Einzelne unserer Blicke trafen sich und immer länger ruhten sie ineinander. Später, als die anderen lautstark beim Zechen waren, gingen wir beiden, eng nebeneinander auf Waldwegen durch die Nacht. Unsere Gedanken wanderten zurück in die sorglose, sonnige Schulzeit. Vor siebenunddreißig Jahren, als halbe Kinder noch, gingen wir zwei auch schon miteinander in den Wald. Heimlich schlichen wir uns immer von zu Hause weg. Das Mädchen Elisabeth und ich. Schön war sie und für mich blühte sie wie eine Blume, zauberhaft und lieblich. Zum ersten Male in meinem jungen Leben war ich etwas so verehrungswürdigem, etwas so heiligschönem begegnet wie der Zuneigung. Das Wort Liebe gab es damals für uns noch nicht, es wäre auch für unser zartes Verhältnis, das mehr die Augen betraf als unsere Lippen, zu groß, zu umfassend gewesen. Aber wir freuten uns aneinander und hüteten das Geheimnis, das uns verband, in unserer Brust. So schritten wir dahin in der Mondnacht und es schien mir, daß ein weit aus der Vergangenheit kommendes Märchen uns beide an der Hand führte und uns wieder zu Kindern machte, auf daß wir das Geheimnis dieser Stunden verstehen könnten. Wen wundert es da, daß wir mitunter wie

gebannt stehen blieben, wen, daß wir zärtlich zueinander waren?
Und der Verzauberung Netz umgab uns auch an den folgenden Tagen. Ich selbst war nicht mehr der gesetzte Tierarzt mit Praxis und Familie, nein, ich war jung und verliebt und das Leben schien gerade wieder neu für mich zu beginnen.
Aber nach einer Woche, da kam ich mit einem Male wieder zu mir und ich erschrak. Ich erschrak so sehr über mich, daß ich auf der Stelle kehrt machte und der schluchzenden Elisabeth erklärte, daß wir uns nie mehr wiedersehen dürften. Ihre Erschütterung war aber so groß, daß ich schließlich noch meine Einwilligung gab zu einem letzten, zu einem allerletzten Stelldichein am anderen Tag.
Elisabeth kam in tiefer, echter Traurigkeit. Aus der aber erwuchs nach und nach eine Seligkeit, eine so große Seligkeit, daß ihre Empfindungen auf mich übergingen und ich trotz meines inneren Widerstandes glaubte, in einem goldenen Schiffe mitten durch's Paradies gefahren zu werden. Ich wollte jedoch wieder Land sehen, wollte, denn es war nicht zu verschweigen, daß Elisabeth immer noch dieselben langen, schönen Beine hatte wie einst, und daß ihre lachenden, großen Augen meine Sinne entführen konnten. Ich mußte eine Menge Kraft aufwenden, um ihr lebewohl zu sagen. Nur fiel es ihr jetzt natürlich noch viel schwerer. In der Verzweiflung unserer letzten Minute flehte sie: «Komm doch mit mir! Lieber, wie würden wir glücklich sein! Ich habe Geld in Hülle und Fülle, du bräuchtest nie mehr zu arbeiten! Wir zwei verstehen uns doch so einmalig, komm, geh mit mir!» Aber da lief ich ihr weg.
Und wie mir danach ist? Fragen Sie nicht! Machen Sie das erst mal selbst mit, bitte. In den letzten Jahren hatte ich immer gedacht, daß wohl kaum einer so fest im Sattel sitzt wie ich, was die Ehe anlangt. Aber wenn man von einem solchen Beben heimgesucht wird, wenn eine so wundersame, fremde Glückseligkeit nach einem greift, wenn man

plötzlich mitten in das ‹Märchen Liebe› hineinversetzt wird, dann zweifelt man nicht mehr daran, daß mehr dazugehört als eine ruhige Zügelhand, mehr als nur ein guter Knieschuß, wenn man sein Pferd durch den Parcours des Lebens ohne Fehler reiten will.

Silke hielt sich in diesen Tagen ganz hervorragend. Es gab kein Lamento und nicht mal eine abfällige Bemerkung über Elisabeth. Nur zum Schluß, als ich ihr auch das Letzte vollends erzählt hatte, meinte sie etwas abschätzig:

«Hoffentlich kriegen wir jetzt nun auch wirklich wieder unsere Ruhe, wie du meinst. Du weißt ja, wie die Bauern hier im Schwipfinger Ländle sagen, wenn so etwas passiert wie mit dieser Elisabeth: ‹Wenn so eine alte Scheuer brennt, dann kann man lange löschen!›»

Gleich nach diesem unerwarteten Intermezzo kam Mühlbergers Kindchen zur Welt. Zwar mit Kaiserschnitt, aber egal, die Freude war jedenfalls riesengroß. ‹Andreas› heißt der junge Tierarzt und bestimmt dauert es nur wenige Jahre, bis er bei seinem Papi nebendransitzt und mitfährt aufs Land. Und das ist ja der große Wunsch vom Toni: Sein Sohn soll auch mal Tierarzt werden und er soll mal seine Praxis weiterführen. Beinahe jedoch hätte da der winzige ‹Florian› gleich antreten müssen, beinahe!

Da war eine Nacht im März. Es mag gegen ein Uhr gewesen sein, da schrillte bei mir das Telefon auf dem Nachttisch. Ich erwachte schlagartig, wurde aber dabei aus einem Traum gerissen, der eben in dieser Sekunde seinen schrecklichen Höhepunkt erklommen hatte. Vorher hätte ich zu jedem gesagt, daß ich überhaupt nicht träume, hatte ich doch solchen Vorgängen des Schlafes noch nie die geringste Bedeutung beigemessen und war mir ihrer auch nie bewußt geworden. Jetzt aber mußte ich schweißgebadet nach dem Telefonhörer tasten, denn eben noch war ich dabei, wie mich und mein Auto – in stockdunkler Nacht – ein heranbrausender Schnellzug erfaßte: Ohrenbetäubender

Krach, ein Wirbel rotierender Metallteile, mein Atem stockte, mein ganzer Körper war wie elektrisiert, mein Denken setzte aus. Ich war wie zerschmettert, als mich die Stimme aus der Hörmuschel in die Wirklichkeit zurückrief.
«Eine Geburt!» hieß es. «Auf dem Schnittlauchhof!»
Der liegt weit ab, hinten auf dem Grasberg.
«Schnell kommen!» eine aufgeregte Stimme signalisiert ‹los, bist du noch nicht im Wagen, wir zählen die Minuten, bis du da bist, wir haben Angst um unser Tier!›
Wenn ich so was höre, schlüpfe ich in der nächsten Sekunde in meine Hosen; das hat es noch nie in all den Jahren anders gegeben, selbst wenn ich noch so müde oder noch so schlaftrunken war. Aber heute! Ich war nicht in der Lage. Der Traum? Das gibts doch nicht! Aber schwer liegt etwas auf mir, hält mich nieder. Werde ich bequem? Ist es das Jahr Pause wegen der Hüfte? Was ist? Ich wälze mich und stehe auf. Der Toni soll für mich fahren kommt mir in den Sinn, und das ist einmalig! So was habe ich noch nie gemacht: in einer Nacht, in der ich dran bin, den Toni wecken! Aber der Toni ist gutmütig und ohne Zögern springt er für mich ein. Wie ich mich auf die Seite drehe, höre ich ihn schon aus der Garage fahren. Wenn was pressiert, dann ist er nicht zu schlagen. Ich bin gewiß auch kein Langsamer, aber der Toni, der rennt schon aus dem Haus, wenn er gerade erst die Hosenträger hochzieht. Wie ich die Geräusche seines Wagens in der Ferne entschwinden höre, bin ich beruhigt. Aber ich kann nicht mehr einschlafen. Ich hole mir ein frisches Nachthemd aus dem Schrank, ziehe mein faltiges Leintuch wieder glatt und probiere es noch einmal. Aber wenn man schlafen will, immer daran denkt, jetzt mußt du einschlafen, dann wird ja bestimmt nichts draus. Dafür kommt man an alles Mögliche ran, nur an nichts Rechtes. Ist es Ihnen nicht auch schon so ergangen? Da fällt mir die Steuererklärung ein, da werde ich wohl wieder eine Menge nachzahlen müssen, und die Kuh vom Stäbler kommt mir in den Sinn, die, wenn ich Pech habe, morgen früh verendet

im Stall liegen wird. Auch einige Bemerkungen von Kollegen, gemacht beim letzten Samenempfang, beschäftigen mich, und meine nächtliche Vorstellungswelt gaukelt mir vor, daß wieder schlechte Zeiten heraufziehen werden, was Kollegialität und Zusammenarbeit anbetrifft. Alles in dieser dösigen Stimmung zwischen Wachen und Schlafen ist negativ eingefärbt. Und dabei bin ich, Sie kennen mich ja, beileibe kein Schwarzseher, im Gegenteil, jeder noch so dummen Situation versuche ich noch etwas Gutes abzugewinnen. Aber heute nacht schaffe ich dies nicht. Hin und her drehe ich mich und schließlich beginne ich, wie mich meine Mutter als Kind gelehrt hat, Schäfchen zu zählen. Wie lange ich so gelegen habe, weiß ich nicht. Auf einmal aber schrillt wieder das Telefon. Ruckartig reiße ich den Hörer an mich, lausche gespannt.
«Schnittlauchhof nochmals. Warum kommt denn niemand? Die Kuh ...» Mit einem Blick streife ich den Wecker.
«Ja ist denn Doktor Mühlberger noch nicht eingetroffen? Was? Sie haben schon vor einer Stunde bei mir angerufen! Und da ist er sofort losgefahren! Keine fünf Minuten nach Ihrem Anruf! Ja, ich komme selbst, sofort!»
Jetzt fahre ich aber raus wie ein Blitz. Silke richtet sich im Bette auf: «Was ist denn, Veith?»
«Ich muß auf den Schnittlauchhof!» Mehr sage ich nicht, es ist besser!
Ich brause durch die Nacht, erregt. Wo steckt der Toni? Selbst einen Reifenwechsel müßte er schon zweimal in der Zeit erledigt haben. Ich sause am Wiesenbach entlang. Kein Mensch, kein Fahrzeug. Ein Unfall? Immer dümmere Gedanken befallen mich. Was ist mit dem Toni? Jetzt fahre ich in ein Waldstück, hohe Tannen, ein beschrankter Bahnübergang, offen. Ich gebe Gas, da! Im Scheinwerferlicht ein Mann, hinter der Bahn. Schwankend geht er auf der Straße, hält sich den Kopf. Es fährt mir durch Mark und Bein. Ist das nicht der Toni? Natürlich ist er's! Bremsen rein, Scheibe runter: «Mensch, was ist denn?»

«Der Schnellzug!» murmelt er, «Schnellzug!»
«Mann!» stammle ich, «Mann!» und sinke auf meinen Sitz zurück. «Mann, der Traum!» Der Toni schaut teilnahmslos und wie ich dessen gewahr werde, schnelle ich augenblicklich raus und kümmere mich um ihn.
«Bist du verletzt?»
«Dusel gehabt», sagt er langsam, «Dusel!»
«Was ist mit dem Kopf?»
«Nichts, nur durcheinander, brummt halt.»
«Und wo ist dein Auto?»
«Da drin im Wald; Schrott!»
Gleichgültig läßt sich der Toni von mir auf den Beifahrersitz bugsieren. Ich glaube, er hat einen Schock abbekommen und ich drehe die Scheibe bei ihm runter, damit ihm frische Nachtluft ins Gesicht weht.
«Jetzt fahren wir zuerst zur Geburt und auf dem Heimweg schauen wir nach deinem Wagen.»
Ich fahre langsam, beobachte die Straße und den Toni. Nach einer Weile sagt er: «Schranken offen!» und allmählich scheint er wieder zu sich zu kommen.
«Knall, Wirbel, Karussell!» fährt er fort. Dann aber sitzt er wieder für Minuten nur still mit geschlossenen Augen und hält seinen Kopf in den Händen. Eine Gehirnerschütterung hat er wohl auch, denke ich und jetzt sind wir da. Alles steht unter der Stalltüre und vorwurfsvolle Blicke treffen uns.
«Unfall!» sage ich nur, «die Polizei anrufen!» Und dann nehme ich den Toni untern Arm und führe ihn in die Stube und bestehe darauf, daß er sich hinlegt. Dann geht es aber hopphopp rüber in den Stall zur Kuh. Zwei Füße schauen raus aus dem Geburtsweg, gar nicht mal kleine. Und der Schnittlauchbauer schildert, während ich mich umziehe, den ganzen Hergang und was er selbst beim Reingreifen gemerkt hat.
«Der Kopf ist nicht da! Sie drückt und drückt, aber es geht nicht. So weit ich reingekommen bin, und ich habe ja lange Arme, habe ich nirgends einen Kopf gespürt!»

«Und auch keinen Schwanz?» frage ich den Verblüfften. «Könnte doch auch sein, daß es rückwärts kommt, oder nicht?» Aber nun bin ich soweit und kann mir selbst ein Bild machen.

Ich knie auf Papiersäcken am Boden hinter der Kuh; der Schneckle, der Bauer, hält den Schwanz weg, die Kuh fängt an zu drücken, ihr Körper zieht sich zusammen, ihr Bauch wölbt sich hoch, sie atmet schneller. Mein eindringender Arm hat diese Wehe ausgelöst.

«Vorderbeine!» treffe ich meine erste Feststellung, denn das kann der Fachmann im Augenblick sagen. Jetzt muß sie zuerst auf die Beine, im Liegen ist da nichts zu machen. Der Bauer treibt das Tier auf und jetzt wieder, beim Eindringen neue starke Wehen, so stark, daß die Kuh umkippt und ich schnell meinen Arm rausziehen muß, nicht daß er ab ist wie damals bei der Pferdegeburt auf dem Sternleshof. Nochmals auftreiben. «Aha! Jawohl!» Jetzt sehe ich klar. Zwar ist mir ein Schwapp Fruchtwasser eben ins Gesicht gespritzt bei der Untersuchung, aber des Rätsels Lösung ist gefunden.

«Der Kopf liegt verschlagen samt dem ganzen Hals, zurückgebogen am Hinterleib. Da muß ich erst mal raus an den Wagen und meine Augenhaken holen!»

Aber ich brauche eine geschlagene Viertelstunde, bis ich in unzähligen Versuchen den muskulösen Hals so weit heranziehen kann, daß es meinen auf das Äußerste ausgestreckten Fingern gelingt, einen von diesen stumpfen Metallhaken am inneren Augenwinkel unter den Knochen zu setzen. Mittels eines an diesem befestigten Strick gelingt es dann schnell, den Kopf in der rechten Lage heranzuziehen. Danach gibt es kein Problem mehr und nach weiteren zehn Minuten ist die Geburt abgeschlossen. Voller Mitleid untersucht nun die Bäuerin die Augen des kleinen Tieres, denn sie dachte, der Metallhaken, an dessen Strick sie hatte so schwer ziehen müssen, hätte schlimme Folgen verursacht. Ungläubig dreht sie den Kopf des Kalbes hin und her, denn nicht die geringste Verletzung ist zu sehen.

«Zufrieden, Frau Schneckle?» frage ich, der ich mich gerade nebenan in einem Eimer heißen Wassers wasche. «Was macht denn mein Kollege, Sie waren doch vorher drüben?»
«Ich glaube es geht ihm besser. Er hat sich schon danach erkundigt, wie es bei der Geburt stehe!»
«Prima! Dann ist er überm Berg!» befinde ich.
«Und die Polizei?»
«War auch schon da.»
«Ausgezeichnet.»
Und nachher in der Stube, wie die Bäuerin schön knusprige Spiegeleier hereinbringt, da taut der Toni immer weiter auf und sein Kopf ist anscheinend nimmer so schlimm, und er kann sogar schon wieder essen.
«Gott sei Dank! Bin ich froh!» Denken Sie doch, ich habe ihn losgeschickt, ich war der, welcher nicht aufgestanden ist, ich; ich habe ihn meinem für mich vorgesehenen Schicksal ausgeliefert!
Die Leute vom Schnittlauchhof, nachdem sie ja nun den Grund unseres verspäteten Eintreffens wissen, sind voller Bedauern und wie wir aufbrechen, da bringt die Bäuerin einen kleinen Eimer selbst geschleuderten Honigs daher für den Toni, den soll er essen, der gehe direkt ins Blut, das gebe Kraft.
Auf der Rückfahrt zum Bahnübergang erzähle ich dann dem Toni von meinem Traum. Ungläubig hört er zu.
«Ja Veith, du glaubst doch nicht im Ernst, daß du in deinem Traume das Unglück vorausgesehen hast! Solche Traumdeuterei gab es ja bereits im Altertum. Aber schon damals war das, wie jedermann weiß, nichts als aufgelegter Schwindel. Auf solche Dinge darf man nichts geben!»
«Toni», wende ich ein, «da kannst du mir sagen was du willst; was ich erlebt habe, das war echt. Und deswegen werde ich dieser Sache mit den Träumen auf den Grund gehen, das kannst du mir glauben. Einen so starken und realitätsbezogenen seelischen Eindruck kann ich nicht einfach abtun!»

Nun sind wir da, im Wald, an der Bahnlinie. Wie wir rausgehen aus dem Wagen deutet der Toni auf Bäume hinterm Gebüsch: «Dort drüben!»
Ich leuchte mit der Taschenlampe: «Mensch, das sind gut zehn Meter, die du da fortgewirbelt wurdest!» staune ich. Das ganze Heck ist zerrissen, der Vorderwagen von einem Baume eingedrückt. Überall liegt Blech und Glas herum und einzelne Teile von Tonis Instrumentarium und Kofferapotheke.
«Da hast du ja mehr Glück gehabt als Verstand!» sage ich kopfschüttelnd. Und gleichzeitig weiß ich, daß ich dies ja zu mir selber sagen müßte. Wie, wenn doch ich gefahren wäre? Ich, der ich nur eine Spur langsamer bin als Toni! Vielleicht hätte ich die Bahngeleise ein Sekundchen später erreicht ... oh! Spontan drücke ich meinen Toni an mich: «Komm», sage ich mit rauher Stimme, «was wir noch brauchen können, holen wir morgen früh!»
So gehen wir zwei Tierärzte, beide nur die Hosenträger über den Nachthemden, zurück zu meinem Wagen, der an der dunklen Straße auf uns gewartet hat.

Wie unsere Frauen am Morgen von dem nächtlichen Vorfall hören, sind sie natürlich total aus dem Häuschen. Selbstverständlich nimmt die Diskussion um die Traumwarnung den breitesten Raum ein. Fränzchen meinte: «Ich gebe zu, das ist sonderbar. Aber Warnung, Veith, wer sollte dich gewarnt haben, wer? Und wenn das Telefon nicht geläutet hätte in diesem Moment deines Traumes als das Unglück geschah, dann hättest du dein Lebtag nichts von dieser Sache erfahren, weil bis heute hast du ja behauptet, daß du überhaupt nicht träumst!»
Und Toni fügte seine bekannte Meinung an! «Träume sind doch nichts weiter als Phantasiegespinste. So was kann doch ein moderner Mensch nicht ernstnehmen!»
Aber meine Silke war anderer Meinung. «Ich habe da erst neulich viel darüber gelesen», sagt sie. «Über Träume gibt es

bereits jede Menge wissenschaftlichen Schrifttums. Wer heute noch behaupten will, daß das Traumgeschehen bedeutungslos sei oder gar Humbug, der ist ganz einfach nicht auf dem Laufenden. Jeder Mensch träumt jede Nacht mindestens eine Stunde. Meist vergißt er aber seine Träume vor dem Aufwachen schon wieder und sagt dann wie der Veith: ‹Ich träume nie!› Dabei könnte man sehr schnell lernen, alle Träume zu behalten, denn dies wäre sehr nützlich. Träume, so weiß man heute, sind wie Briefe an einen selbst, durch die man Nachrichten bekommt aus seinem Unterbewußtsein. Träume liefern uns also Material zur Selbsterkenntnis und zur Arbeit am eigenen Charakter. Außerdem lassen sich mit ihrer Hilfe seelische Konflikte auflösen und, nicht zuletzt, auch seelisch bedingte Krankheiten heilen.»
«Das ist mir alles neu und klingt recht unglaubwürdig», opponierte Fränzchen. «Und außerdem, was hat dies alles mit Veiths Warntraum zu tun?»
«Viel, Fränzchen! Im Traum herrscht nämlich oft genau das Hirnstrombild, die Ärzte nennen das EEG, vor, bei dem optimale Verhältnisse für die außersinnliche Wahrnehmung vorliegen. Deshalb funktioniert die ASW oft in Träumen ganz besonders gut. Veith hat sicher vollständig echt den Unfall vorausgesehen. Denn für diese Wahrnehmung besteht ja, wie man weiß, keine Zeitschranke. Das war einwandfrei Hellsehen!»
«Also da komme ich nicht mit!» protestierte Fränzchen.
«Ja dann lese halt nach und lerne und hole deinen Rückstand auf!»
Hm, denke ich da, der Silke merkt man heute noch an, daß sie einmal Schulmeisterin war. Aber, meinen Sie nicht auch, auf dem Kasten hat sie was. Die tut bald mehr für ihre geistige Fortbildung als ich.
... Ich Lerner ab Fünfzig!

10. Kapitel

Nach Hawaii

An einem Samstagnachmittage im April, an dem die Sonne scheint und weißrosa Apfelblüten in das frischgrüne Gras fallen, gehe ich voller Wohlgefallen durch unseren Garten. Die Vögel singen in der Hecke und der Lenz-Duft erregt mein Herz. Ich bin glücklich. Frieden ist um mich und Frieden ist auch in mir. Meine Gedanken kreisen um meine Familie, um mein Heim und meine Praxis. Und da sie hier alles so schön, so harmonisch und so gut finden, ziehen sie weiter in die Welt hinaus, den Wolken nach, in die Ferne. Blauen Horizonten zu eilen sie und die großen Sehnsüchte, die jeden Frühling meine Begleiter sind, tragen mich fort. Heute abend, wenn ich mit Silke am Kamin sitzen werde, muß ich sicher den Atlas hervorholen und meine Augen werden wie einst unter der Schulbank blaue Meere und fremde Länder sehen und mein Sinnen wird gefangengenommen sein vom Zauber der Fremde und vom Reisen, vom Wandern und vom Ziehen über diese unsere Erde.

Wie ich von solch angenehmen Gedanken begleitet um unser Haus schlendere, höre ich, wie jemand zum Törchen hereinhastet. Ich trete herzu und sehe, es ist die Oma Zindel aus der Nachbarschaft. Sie wohnt keine hundert Meter weg von uns am Ortsrand. Mit ihrem Mann zusammen, der vor einigen Jahren gestorben ist, hatte sie eine kleine Landwirtschaft, ein kleines Höfchen bewirtschaftet; jetzt aber hält sie nur noch ein paar Hühner, die im Hofe hinter ihrem Hause ihren Auslauf haben. Wie sie mich sieht, kommt sie mit Tränen in den Augen auf mich zu, packt mich am Arm und schluchzt: «Meine Hennen, meine guten Hennen, alle sind sie tot! Solche guten Legerinnen, alle tot, alle!»

Das ist nun aber auch wirklich schlimm. Deshalb gehe ich auf der Stelle mit, obwohl ich ja im Geiste gerade ganz woanders war und gerne meinen Samstagnachmittagsempfindungen noch ein wenig Zeit und Raum gegönnt hätte.
«Langsam, Oma Zindel», mahne ich, denn die gute Frau läuft, daß ich kaum mitkomme. «Ihnen geht ja sonst der Schnaufer aus!» Wie wir bei dem rebenumwachsenen alten Bauernhaus angekommen sind und durch den Hausgang zum rückwärtigen Ausgange und damit auf den Hühnerhof hinaustreten, da muß ich zweimal hinsehen, bevor ich es glauben kann. Liegen da nicht fünfzehn rostrote, große Hühner einschließlich einem Gockel im ganzen Hof verstreut umher – und keine ist dabei, die auch nur noch einen Mucks machen würde. Kaputt, tot, mausetot! Die alte Bäuerin bricht erneut in Tränen aus und zeigt auf die Verendeten:
«Und alle waren vor einer Stunde noch gesund und munter!»
«Was? Das gibt's ja nicht!»
«Doch, ganz bestimmt, Herr Doktor! Ich bin nur geschwind zum Einkaufen , zum Bäcker an die Ecke, und wie ich zurückkomme, sehe ich die Bescherung.» Die Oma hält mit beiden Händen meinen Arm und sieht mich flehentlich an.
«Hm? Also Oma Zindel, etwas fällt mir auf», sage ich überlegend, «die liegen ja alle auf dem Rücken. Wo gibt's denn so was! Ich habe noch nie Hühner gesehen, die sich zum Sterben auf den Rücken legen!»
«Vielleicht ist das bei dieser Rasse so, das sind doch ‹Rote Rhodeländer›», jammert die Oma betrübt.
«Woher denn, Oma! Huhn ist Huhn, wenn's ums Sterben geht. Da stimmt doch was nicht!»
In mir keimt ein Verdacht, denn außerdem, daß diese Delinquenten alle auf dem Rücken liegen, ist mir noch etwas aufgefallen: Vier Augen! Vier Augen, die gut getarnt aus einer angrenzenden Gartenlaube des Nebengrundstük-

kes aufmerksam das Geschehen im Hofe beobachten. Eine kleine Bewegung dort hatte mich aufmerksam gemacht. Aber jetzt will ich zuerst mal wissen auf welche schnelle Art und Weise diesen Tieren der Garaus gemacht worden ist. Die erste liegt, die Beine zum Himmel gestreckt, keine fünf Schritte weg. Ich gehe hin und greife nach ihr und erschrekke, erschrecke wie selten einmal. Denn dieses tote Huhn – war gar nicht tot. Wie wenn ich es zum Leben erweckt hätte, war es bei meiner ersten Berührung quicklebendig und flatterte mir Verdutztem, der ich ja nur leicht zugefaßt hatte, auf und davon. Meine Oma Zindel wird blaß und aus der Laube glaubte ich unterdrücktes Lachen zu vernehmen. Jetzt ist mir alles klar. Ich gehe daher von Tier zu Tier, gebe jedem einen kleinen Schubs mit dem Fuße und versetze so alle in der nämlichen Sekunde in die Welt der Lebenden zurück.

Die Oma aber steht starr und reißt Maul und Augen auf. «Herr Doktor», stammelt sie. «Tote zum Leben erwecken! Jesus Maria und Josef! Halten Sie mich, ich werd' ohnmächtig!»

Mit einem großen Satze reicht es mir gerade noch, sie aufzufangen. Ich lasse sie auf die Steintreppe nieder, bei der wir stehen und lehne sie gegen die Haustüre. Dann öffne ich den Wasserhahn, der in Reichweite liegt. Mit dem kalten Wasser kommt die alte Bäuerin schnell wieder zu sich, aber immer noch muß sie auf mich starren und auf ihre aus dem Jenseits wieder Zurückgekommenen, die allesamt mittlerweile wieder auf dem Hofe herumpicken. Da ertönt von jenseits des Zaunes aus Richtung Laube lautes Bubengeschrei:

«Oomaa Zindel,
deine Hühner hatten Schwindel!
Ooma Zindel,
deine Hühner hatten Schwindel!»

«Oh!» ruft die Oma und steht mit einem Rucke auf, «diese

Lausbuben, diese elenden!» Wild gestikulierend läuft sie zum Zaune und schimpft hinüber: «Wartet nur ihr Saububen, das sage ich euren Eltern!»
Ganz erschöpft steht sie danach wieder bei mir. «Herr Doktor, was haben denn diese miserablen Spitzbuben mit meinen Hühnern angestellt? Die müssen doch Giftweizen reingeworfen haben oder DDT oder so was!»
«Nein, nein, Frau Zindel», befinde ich, denn ich weiß nun, wie das zugegangen ist, «die haben kein Gift verwendet, überhaupt kein chemisches Mittel. Diese Bürschlein haben sich mit Ihnen nur einen Spaß erlaubt, einen schlimmen allerdings.»
«Ja aber wie um Gottes willen konnte das geschehen? Auf gut Zureden legen sich die doch nicht so hin!»
«Stimmt! Aber wenn man sich ein Huhn fängt und es danach sacht auf den Rücken legt, es dann noch einige Sekunden hält, bis es sich beruhigt hat, dann die Hände genauso sacht wieder wegnimmt, dann wird es bewegungslos so liegenbleiben, wie es hingelegt wurde.»
«Was sagen Sie da? Das glaubt ja der stärkste Mann nicht! Jetzt gehe ich doch schon bald siebzig Jahre in den Hühnerstall, aber so was habe ich noch nie gehört!»

Wie ich heimkomme, erzähle ich natürlich gleich brühwarm meiner Silke von der Sache. Denn, wissen Sie, wie vorher, in dem Hühnerhof der Oma Zindel bei mir die Erleuchtung kam, da nur deshalb, weil nämlich mein Frauchen im Zusammenhang mit ihren Studien im Autogenen Training und in Selbsthypnose einmal etwas Ähnliches erwähnt hatte.
«Klar, Veith», meint Silke, «das war ein hypnoseähnlicher Vorgang bei diesen Hühnern. Im Grunde ist es eine Schreckstarre, die der Instinkt bei Gefahr auslöst. Rehe wie auch andere Tiere können im Scheinwerferlicht erstarren, kleine Tiere, die vor größeren nicht mehr flüchten können, stellen sich tot. Das liegt alles auf der gleichen Ebene.»

«Interessant! Aber du glaubst nicht, ich selbst habe das mit meinem Körper auch schon mal erlebt, allerdings war da der Auslöser ein Gedanke. Der Gedanke nämlich, nicht in Gefangenschaft zu geraten. Als unsere Stellung vom Feind überrannt worden war und es keine Chance mehr gab zu entkommen, da schlich ich mich zu zwei Gefallenen, die an einem Gebüsch lagen, und ich blieb in ihrer Nähe regungslos den ganzen Tag liegen. In der Nacht gelangte ich dann zurück zu den eigenen Linien.»

Ganz anders war eine Situation geartet, bei der es zwar auch einen Toten gab, jedoch unter ‹verhältnismäßig fast normalen Umständen›, wie Sie gleich sehen werden. Zuerst gab's bei Tonis ein großes Hallo, denn ein uns gut bekannter Jagdpächter hatte Fränzchen einen Rehbock zum Abschuß freigegeben, ihren ersten. Wie wir ob dieses Freudenausbruches etwas ungläubig dreinschauten, meinten die Mühlbergers, daß dies ein Nichtjäger gar nicht ermessen könne, was dabei für ein Gefühl in einem Jungjäger aufsteige. Nun schön, wir glaubten's halt, obwohl unsereinen eine solche jagdliche Euphorie ziemlich kalt läßt. Ich kümmerte mich also weiter nicht mehr um die Sache, bis dann der Toni eines Abends bei uns auf der Bank vor dem Hause saß und erzählte, wie dieses Abenteuer im Walde ausgegangen war. Da also fuhr scheints Fränzchen raus in die Gegend vom Hahnenberg, wo ihr ein bestimmter Hochsitz am Waldrand angewiesen worden war, in dessen Nähe um die Abendzeit immer ein ziemlich zurückgebliebener Bock, den man in der kommenden Brunstzeit nicht mehr dabeihaben wollte, heraustrat aus den Gebüschen, um sich an den feinen Gräsern gütlich zu tun. Selbstverständlich hatte Hausfrau Fränzchen auch ihren ‹Floh› mitgenommen, wie sie ihr kleines Söhnchen liebevoll titulierte. Ohne den Kleinen ging Fränzchen nirgends hin. Beim Frisör stand sein Wägelchen daneben, beim Einkauf hing er auf Fränzchens Rücken im Tragegestell und jetzt eben – beim Jagdausflug – schleppte ihn sein Mamachen, die Büchse umgehängt, in einer Tragtasche über Stock und Stein, bis sie endlich unter dem Hochsitz an der Wiese angelangt waren.

Florian schlief brav und still und so stellte ihn seine Mutter ganz beruhigt unten am Boden ab und kletterte die Sprossen hoch. Von oben konnte sie dann sowohl die Tasche mit dem schlafenden Kinde beobachten als auch gleichzeitig weit hinausblicken auf die Wiese, auf welcher der Bock erscheinen sollte. Und der kam auch. Wie ein Gespenst, lautlos herbeigezaubert, stand er plötzlich da. Fränzchen erschrak. Dann aber brachte sie schnell ihre ‹Mauser› in Stellung und schaute durchs Zielfernrohr, ob es auch der Richtige sei. Und er war's, ganz ohne Zweifel. Jedoch unfreundlicherweise zeigte er der fiebernden Jägerin nur seinen Spiegel, das heißt, sein Hinterteil. Und darauf zu schießen, das hatte Fränzchen gelernt, wäre mehr als unanständig. Also: im Auge behalten und warten! Jetzt, jetzt! Er drehte sich, stand nun breit und Fränzchens Finger schob die Sicherung auf ‹Feuer›. Genau in dieser Sekunde erscholl unterm Hochsitz ‹Äh, äh, erröh, äh, ähhh!› Lautstark drang das Stimmchen des allen Jagdgepflogenheiten unkundigen Männchens in die Stille. Der Bock warf auf und in der nächsten Sekunde war er im Walde verschwunden. Wie soll ein Reh auch Babygeschrei taxieren können! Achselzuckend schob Fränzchen den Sicherungsflügel wieder zurück, blickte hinab zu ihrem Bübchen und sprach: «O Söhnchen, ein paar Sekunden hättest es doch noch verheben können!» Dann stieg sie hinab zu dem kleinen Schreihals, nahm ihn heraus, zog die Bluse hoch, legte das Bürschlein an und stillte es ausgiebig, zuerst links, dann rechts. Als des Kleinen Mäglein gefüllt war, schlief er selig weiter und daraufhin kletterte seine Mami ein zweites Mal auf den Hochsitz. Anscheinend war bei dem Bock – wie beim Baby – der Magen bestimmender Körperteil, denn leichtsinnig trabte er schon nach einer kurzen Viertelstunde wieder hinaus ins duftende Maigras, ins Schlaraffenland für Rehmäuler. Es war im letzten Büchsenlichte, als Fränzchen endlich den Finger krümmte und, wie sie versicherte, einwandfrei ‹Blatt› abgekommen war, was heißen soll, daß der Schuß durch das Herz gegangen sein müsste. Trotzdem, der Bock fiel nicht. Im Gegenteil, mit langen, schnellen Sätzen erreichte er den Waldrand und war verschwunden. Nachladen, sichern und runter. Fränzchen war ihrer Sache sicher, nahm die Tragtasche mit dem Kinde in die eine, das Gewehr in die andere Hand und drang dort ins Gebüsch, wo der Bock ihren Blicken entschwunden war. Selbst mit Blattschuß kann ein Reh noch viele Meter flüchten, wußte Fränzchen. Also mußte der Bock hier irgendwo liegen. Doch ihn zu finden, schaffte sie nicht mehr. Im Walde selbst war es schon dunkel, außerdem war mit dem Baby in den Dornengestrüppen kein Fortkommen. So schleppte sie, glücklich und unglücklich, Florian und die Büchse runter ins Tal zum Wagen. Heute war da nichts mehr zu machen mit der Nachsuche. Morgen früh, ja da mußte der Toni raus mit der Sonny. Und die zwei schafften dies dann auch auf Anhieb, was Wunder, wo doch der Jagdhund so einmalig gut mit Kalbsleberwurst eintrainiert worden war. Übrigens, es ist noch ein Hinweis anzubringen: Florian machte die Schießerei seiner Mami, dieser peitschende Knall, nicht die Bohne. Er pennte ruhig weiter. Das sind Kinder, der tierärztliche Nachwuchs! Stimmt doch! So also war Mutti Mühlbergers erste Bockjagd ein Erfolgserlebnis für die ganze Familie.

Der Reitkurs jedoch, den der Toni begonnen hat, der schlaucht ihn beträchtlich und einmal hat er den Fuß verstaucht und einmal den Arm. Bald keine Woche vergeht nämlich, wo er nicht mitten im Trab oder im Galopp mal ‹absteigt›. Ich weiß nicht, wie man sich so blöde anstellen kann. Trotzdem eröffnet er uns, daß er am nächsten Sonntage ausreiten werde. Allein, versteht sich. Unternehmungslustig wie er ist, leiht er sich vom Kirchbauern dessen ‹Carla›, eine Schimmelstute, von der man weiß, daß sie bei

jedem Zeitungspapier, das der Wind vielleicht daherweht, abzischt wie eine Rakete und man sie mit allem ‹Sägen›, aller wechselseitigen Anspannung der Zügel, nicht mehr zum Stehen bringt. Na ja, er ist ja erwachsen. Geländeritt rund um den Freßberg heißt sein Programm. Stolz reitet er zuerst am Hause vorbei am Sonntagvormittag. Wir bewundern ihn gebührend, reichen ihm auch einen Satteltrunk, aber dann entschwindet er unseren Blicken und erst wie der Kirchenbauer so etwa nach zwei Stunden herauftelefoniert und sagt, seine ‹Carla› stehe vor dem Stall, aber ohne Reiter! den Herrn Doktor sehe er nirgends weit und breit, denken wir wieder an unsern Sonntagsreiter und schrecken hoch. Dem wird doch nichts passiert sein! Angst schaut aus Fränzchens Augen, das schauerliche Unglück an der Bahnüberführung kommt ihr in Erinnerung. Im Gelände fällt man nicht so weich wie in der Reitbahn mit ihrer tiefen Loheschicht. Da gibt's geteerte Straßen, Baumstämme, Steine, Stacheldraht! Und der Toni probiert doch alles! Sicher hat er versucht, über Gräben zu setzen und hinten am Freßberg, da gibt's auch eine ausgezeichnete Gelegenheit zum Galoppieren, die hat er bestimmt auch nicht ausgelassen! Geschwind fahren einem da alle negativen Möglichkeiten durch den Kopf. Erst vor einem Jahr hat man einen Reiter aufgefunden, über den sich nach einem Sturz das Pferd drübergewälzt hatte. Also los! Suchen! Fränzchen fährt rechts herum um den Freßberg und ich links. Auch Kai und Simone, die heute zufällig auch im Hause sind, werden alarmiert. Mit ihren Mofas sollen sie die Feldwege abfahren.
Bei diesem herrlichen Wetter heute sind viele Leute unterwegs und überall frage ich; aber niemand will einen Reiter gesehen haben. Ich fahre langsam, schaue links und rechts zum Fenster raus. Bei so einer Suche nach einem lieben Menschen wird man zunehmend unruhiger. Die Sorge wächst mit jeder Minute. Jetzt bin ich schon auf der Rückseite vom Freßberg. Dort ist ein Aussiedlungshof, welcher der Luise Spindler gehört, deren Mann im letzten Jahr

gestorben ist. Fast zu gleicher Zeit wie ich kommt dort auch Fränzchen angefahren – von der anderen Seite her.
«Hast du ihn auch nicht gesehen?» ruft sie mir aufgeregt entgegen.
«Keine Spur», bedaure ich, «aber Kai und Simone sind ja auch noch unterwegs», versuche ich sie zu beruhigen. «Jetzt gehen wir zuerst mal rein zur Bäuerin und fragen, ob er hier durchgekommen ist!»
«Ja wie?» mit dieser überraschenden Anrede empfängt uns Frau Spindler in ihrer Küche, wo es herrlich nach Sonntagsbraten riecht. Aber dann fährt sie freudig fort: «Das ist aber schön, heute bekomme ich auch mal Besuch, bitte!» Und sie geht durch die Türe voran ins Wohnzimmer.
«Frau Spindler!» erkläre ich, indem wir ihr folgen, «wir sind nur hier weil wir ...» aber da verschlägt es mir die Sprache. Da sitzt er! Da sitzt er und vespert in aller Ruhe und hat einen Krug Most vor sich stehen und ein Rauchfleisch und er kaut auf beiden Backen! Ja ist denn das die Möglichkeit! Und wir schwitzten fast vor Angst und gaben Großalarm und ... nein so was!
Er aber spricht mit halbvollem Mund vor lauter Erstaunen: «Ja was tut denn ihr hier?» und macht ganz den Eindruck wie einer, der sich überhaupt nicht mehr auskennt. Da nimmt sein Fränzchen, die Florian auf dem Arm hält, das Wort: «Tu bitte nicht so unschuldig! Wir machen uns Sorgen und suchen die ganze Gegend ab nach dir und derweil sitzt du hier rum und vesperst in aller Gemütsruhe. Da ruft man doch an, wenn so etwas passiert, daß man vom Pferde fällt und einem das Pferd davonläuft!»
«Ja jetzt verstehe ich gar nichts mehr!» schüttelt der Toni den Kopf, «bist du denn von allen guten Geistern verlassen? Ich soll vom Pferd gefallen sein, ich, ein ausgebildeter Reitersmann?»
«Komm, tu nicht so! Da sieh, jetzt fahren auch Kai und Simone auf den Hof. Auch sie haben auf ihren Mofas nach dir gesucht!»

«Ja ums Himmels willen, Veith, seid ihr denn alle verrückt? Ich bin bestens hierhergeritten. Zugegeben, nicht gerade in Dressurhaltung, aber was soll's! Einmal habe ich sogar beide Bügel verloren beim Galoppieren und ‹sägen› habe ich natürlich auch müssen, denn die Carla hat ein hartes Maul. Aber sonst war sie prima. Ich kann mich nicht über sie beklagen!»
«Wie kannst du dich nur so blamieren, Toni! Wir wissen doch, daß deine Aussagen nicht stimmen können!»
«Sagt mal», der Toni läßt jetzt sein Rauchfleisch und kommt hinter dem Tisch hervor. Kritisch, so etwa wie wenn er an unserem Verstand zweifle, schaut er uns an: «Ihr habt wohl nicht mehr alle im Schrank?»
Da greift die Luise ein, die Bäuerin.
«Als der Herr Doktor in den Hof ritt, da rief ich meiner Tochter zu: ‹Ingrid, das ist wie ein Wunder!› Denn sie und ich, wir beide wollten gerade nach getaner Morgenarbeit aus dem Stall gehen, da sahen wir, wie es unsere Milchkühe aufblähte. Je, dachte ich, sicher ist unser Futter, das wir vorher noch verlegten, innen warm gewesen. Denn wir hatten's schon gestern geholt und aufgehäuft liegen lassen. Ja und als Frau kennt man sich doch im Behandeln nicht aus. Das hat immer mein Mann gemacht, der hatte ein Schlundrohr und auch ein Mittel von ihnen zum Einschütten. Aber was hätten wir zwei schwache Frauen damit anfangen können! Und da eben, in diesem gefährlichen Augenblick, da kam der Herr Doktor zum Hof hereingeritten.»
«Ja bei Gott, wie kommt's dann aber, daß die Carla, mit der du fortgeritten bist, ohne dich heimkam?» nahm Fränzchen jetzt wieder ihren Toni vor. «Ihr wollt mich wohl auf den Arm nehmen!» rief da der Toni belustigt, «wartet, ich werde euch die Carla zeigen!» Da erklärt uns die Bäuerin: «Das Pferd vom Herrn Doktor war ganz naß geschwitzt, aber es blieb keine Zeit, um es trocken zu reiben, weil es im Stall so pressierte. Deshalb hat es Doktor Mühlberger in eine Ecke hintern Stall gebunden, wo es nicht zieht.»

«Fort!» der Toni sagt das ganz gelassen und tritt herein. «Der ist's wohl langweilig geworden!» setzte er grinsend hinzu.
«Vielleicht hat sie auch genug gehabt von dem anstrengenden Gehopse mit dir!» meinte Fränzchen anzüglich.
«Oder der Herr Rittmeister hat ganz einfach in der Eile das Anbinden vergessen, das richtige!» füge ich lachend an.
Aber die Luise springt ein für den Compagnon:
«Vom Pferd runter in den Stall ist er gesprungen, der Herr Doktor! Und danach hat er über eine halbe Stunde zu tun gehabt. Wer weiß wie's gegangen wäre, wenn er nicht gleich eingegriffen hätte!»

Während solcherlei Ereignisse den diesjährigen Sommer recht abwechslungsreich gestalten und ich zudem wieder voll drinstecke im Beruf, abgesehen von meinem Wandertage in jeder Woche, schmiede ich in den freien Stunden an ganz gewaltigen Urlaubsplänen. Da im letzten Jahre ja wegen meiner Hüfte überhaupt nichts draus wurde, soll es heuer was ganz Besonderes werden. Nach Hawaii soll's gehen! Drei Gesichtspunkte spielten bei der Auswahl dieses Reisezieles eine Rolle. Einmal waren wir schon lange einen Gegenbesuch schuldig bei meinem Schwager in Los Angeles, zum anderen wurde natürlich an die Erfüllung eines alten Jugendtraumes gedacht, eines Traumes von der Südsee, den vielleicht schon jeder einmal geträumt hat, und zum dritten wollte ich mit dieser halben Weltreise die Aspekte meiner Betrachtungen erweitern, wollte damit größere Zusammenhänge erkennen, um meinem Ziele, der Weisheit, wieder ein Stückchen näher zu rücken. Denn gerade dafür schien es auf den Inseln von Hawaii ideale Möglichkeiten zu geben. Der noch tätige Vulkan Kilauea und gleich daneben die riesigen Sternwarten der Nasa und der Universität von Hawaii würden mir bei meiner Suche nach dem ‹Was ist unter mir und was ist über mir?› weiterhelfen können. Denn horizontale Schritte, nur entlang der

Erdoberfläche, die konnten mich ja schon lange nicht mehr voll befriedigen. Die Hinwendung allein zu der bunten Vielfalt des Erdenlebens gab mir mit zunehmendem Verständnis immer weniger. Daher wollte ich nun aufbrechen ins vertikale Land, von dessen Gefilden ich mir Blicke auf die Substanzen der Wesentlichkeit versprach. Auf Hawaii würde mich ein geeigneter Kristallisationspunkt erwarten, der sowohl via Erdzentrum als auch via Kosmos neue Eindrücke vermitteln könnte.
So war ich motiviert und alle Reden meiner Bekannten von Hulamädchen und Umarmungen konnten daran nichts ändern. Natürlich konnte es keine Einwendungen geben gegen eine hübsche Umrahmung. Mich von der Welt abzuwenden, das hatte ich nicht im Sinn, dazu liebte ich dieses Leben viel zu sehr.
So ich aber in der Vorbereitungsphase nur den Namen Hawaii aussprach, da sagte jeder und jede ‹Nimm mich doch mit!› Sogar der sonst eher bruttlige Weinhofbauer fragte mich: «Brauchen Sie keinen Kofferträger?» Und die zwei hübschen Freundinnen von Fränzchen lockten: «Wir würden unsere gestrickten Bikinis mitnehmen, mit uns wären Sie gut versorgt!» Alle hatten sie ein Südseeparadies vor Augen mit Palmenstrand und süßer Liebe und Glückseligkeit.
Silke freute sich besonders auf das Wiedersehen mit ihrem Bruder Erich, der versprochen hatte, seinen Urlaub mit uns zu verbringen, und den wir zusammen mit seiner Frau in Honolulu treffen würden.
Schnell war der Tag der Abreise da, an dem Kai und Simone uns zum Flughafen nach Echterdingen brachten. Und dann flogen wir an einem einzigen langen Nachmittage auf die andere Seite der Erde. Man fliegt westwärts, immer vor der Sonne her und es bleibt deshalb Tag und immer noch Tag und nochmals. Drei Nachtessen werden serviert und erst beim dritten, schon über dem großen Ozean, wird es Nacht. Wir waren über die Schnee- und Eisberge Grön-

lands, über Neufundland, über den ‹Wilden Westen›, die Rocky Mountains bis hinab zum warmen Strand Kaliforniens geflogen. Erstmals trat mir hier die Kleinheit unserer Erde vor's Angesicht. Welch kosmisches Stäubchen ist das, welches sich in so erstaunlich wenig Stunden umrunden läßt! Als ich hinabschaute durch das Fenster hinter der Tragfläche und suchte die Menschen dort unten und ihre Werke, dann wurde mir sogleich eine zweite Kleinheit bewußt, die mir nicht weniger bedeutend vorkam: Die Menschen und ihre Werke sind entschwunden. Schon aus dieser unbedeutenden Entfernung von zwölf Kilometern sind sie so unsichtbar wie die Bakterienwelt auf meiner Haut!

Um elf Uhr dreißig Ortszeit treten wir dann in Honolulus warme Nacht hinaus und sind am Ziel, am Ziel so vieler Träume und Überlegungen. Glücklich und erregt sitzen wir noch Stunden auf dem kleinen Balkon unseres Zimmers und schauen fasziniert zu den fremden Sternen auf und über Moana, den großen stillen Ozean, weg. Mitten in ihm, auf den Inseln der Träume, spüren wir jetzt seinen nächtlichen Atem. Südsee, das Zauberwort für die Inseln zwischen den Wendekreisen, ist um uns, in uns, und unsere Herzen beben in dieser Stunde der Ankunft.

Am nächsten Tage treffen wir unsere Verwandten, Erika und Erich und tummeln uns am Badestrand Honolulus, dem berühmten Waikiki, dem meistbesungenen Platz der Südsee. Sein Fluidum, seine Szenerie und seine Farben, seine Düfte und seine Klänge bedeuten das Bunteste und Malerischste, das Verheißungsvollste und Sanfteste, das Freundlichste und das Betäubendste zugleich. Dieser Garten Eden übertrifft alle Erwartungen. Allein das Weiß des Sandes, das wechselvolle Blau des Ozeans und des Himmels. Der Kranz schöner weißgrauer Wolken draußen am Horizont und davor die Schaumkronen des Riffs sind bezaubernd. Graziöse Palmen neigen sich den Ufern zu und Boote mit bunten Segeln kreuzen die Wellen. Vielfarbige

Menschen sind um uns in bunten Strandkostümen. Es ist, wenn man den ganzen Strand entlanggeht wie vier Kilometer Revue und Carneval. Kein Bikinistrand der Welt hat so viel zu bieten wie der Waikikis. Alle Frauentypen der Südsee, Asiens, Europas und zum Teil auch Afrikas sind vertreten. Ein unübersehbarer Reichtum an Formen und Schönheiten passiert Revue. Uns Kleinstadtbewohnern von drüben aus der alten Welt, Silke und mir – na, uns gefällt's, kann ich Ihnen sagen, prächtig! Erich war mit seiner Frau schon ein paarmal hier gewesen, denn wenn man in Los Angeles wohnt, liegt einem ja Hawaii sozusagen vor der Haustüre. Und dann die betörenden Gerüche von Blüten und Parfums! Der ganze Strand duftet nach Pikake, nach hawaiianischem Jasmin, nach Plumeria und vielen anderen süßen Genüssen für die Nase. Die Nüstern schwelgen.
Selbstverständlich tragen wir, wie die meisten hier, die luftige und lustige Aloha-Kleidung, die Mode Hawaiis. Sie besteht aus dünnen Stoffen, die mit buntfarbigen Blumen, mit Blüten und Blättern bedruckt sind. Die Damen tragen ihre Kleider bodenlang, die Herren über weißen Hosen das bunte Aloha-Hemd.
Erika meint: «Diese Kleidung ist so etwas wie ein Symbol für die entspannte und freundliche Ferienstimmung, die über diesen schönen Inseln liegt!»
Und gut essen kann man auch hierzulande! Zwar keine Tellersulz und keine Kutteln wie daheim im Schwipfinger Ländle, dafür aber Mahimahi, ein zartes Fischfilet, oder eine chinesische Reistafel, oder ein saftiges Steak.
Silke gefallen besonders die Leis. Das sind duftende Blumenketten, die Kommenden und Gehenden um den Hals gelegt werden. Blüten an Blüten. «Das ist wohl einer der ergreifendsten Bräuche der Menschen auf Hawaii», sagt Erich. «Es ist wie eine Sprache des Herzens! Darum ist der Gast auch so glücklich auf diesen Inseln.»
Und seine Erika fügt an: «‹Aloha-spirit› heißt man das hier, und man meint damit diese sanfte und freundliche, diese

liebevolle Art, mit der man jedem, vor allem aber auch dem Fremden, begegnet.»

Und eines Abends gehen wir am Meer entlang und erleben dort noch etwas von dem Malachit des seichten Ufers und dahinter die weißen Schaumlinien vor dem nachtblauen Moana. Lau fächelt der Wind, Sand und Palmen liegen in gleißendem Mondschein und weiß schimmern die Decks der aufs Land gezogenen Katamarane. Die gefiederten Palmblätter wiegen sich im Silberlicht, eine Frühlingsluft umkost die Haut, und im Süden, fern über dem nächtlichen Ozean, stehen riesenhafte, fremde Sterne.

«Vollmond an Waikikis Strand, deshalb allein lohnt sich die weiteste Reise!» sagt Silke tief beeindruckt. Und uns anderen geht es genauso und ich führe an: «Hier findet die Verzauberung statt, welche sich unsere Sehnsucht so unablässig herbeiwünscht!»

Aber schon nach einer Woche können mich alle verführerischen Reize unter Waikikis Palmen nicht mehr halten, denn zu sehr drängen die tieferen Motive der Reise und entziehen mir die genießerische Ruhe. So verlasse ich mit Erich, der sich mir unbedingt anschließen will, die Insel Oahu, auf der Honolulu mit seinem Waikiki liegt an einem Vormittag, während sich Silke und Erika auf eine Woche gemeinsamen und geruhsamen Strandlebens freuen. «Geht nur, wir halten es auch mal ganz gut ohne euch aus!» lachen sie uns nach.

Und wir fliegen über die Inselgruppe nach Südosten zum Vulkan Kilauea, der noch immer fast jährlich ausbricht, und zu seinem Nachbarn, dem Mauna Kea, der, von der Erdrinde, das heißt in diesem Falle vom Meeresgrund aus gemessen, mit seinen 9800 Metern der höchste Berg der Erde ist. ‹Himalaya des Pazifik› nennt man deshalb auch die vielen riesigen Vulkankrater Hawaiis. Wie wir darüber hinwegfliegen meint Erich zu mir:

«Hier kannst du sehen, an dieser Inselkette, die sich von Nordwest nach Südost erstreckt, wie sich Leben und Sterben auch in der, wie wir dummerweise sagen, ‹leblosen› Natur abspielt: Die ältesten unter diesen Vulkaninseln im Nordwesten droben, die sind bereits wieder am untergehen, Meer und Wind haben sie wieder abgebaut, die Wellen überspülen sie. Neue dagegen wachsen durch Ausströmen von glühender Lava aus dem Meeresgrunde im Südosten empor. So kommen sie und gehen», schließt Erich, der Schullehrer, «diese wunderbaren Inseln der Südsee, diese Diamanten auf dunkelblauem Samte. Und so lebt der Himalaya des Pazifik, weiterziehend, und seine Toten im Nordwesten zurücklassend!» Mich beeindruckt das unheimlich, denn es trifft mit dem zusammen, was ich selbst schon empfunden hatte, als ich mal am Albrand saß zu Hause am Randecker Maar.

«Erich», sage ich deshalb, wie wir gerade über den Haleakala, den Riesenvulkan der Insel Maui hinwegfliegen, «diesen Anbeginn des Lebens schon in der Existenz jeglicher Materie, habe ich einmal an der Gewöhnlichkeit eines Steines Ausdruck zu verleihen gesucht. Darf ich's dir mal zitieren?»

«Warum nicht! Der Oberflächlichkeit Dinge gibt es genug. Mich freut es immer, wenn einer auch versucht, im Hintergründigen kein Narr zu sein.»

«Na dann hör zu! Es heißt: O Bruder Stein.

O Bruder Stein,
hinter deines harten Leibes Rippen
schlägt ein Herz.
Von weit kommst du her
und deine Augen sahen
der schnell welkenden Menschen lange Geschichte.

Bruder Stein,
vielwissend schweigt dein Mund,
doch du hörst mich,
wie immer alles gehört deine Ohren
seit deiner Geburt.
Dein Blut fließt Jahrmillionen,

das meine
im Engkreis der Zeit
nur wenige Stunden.

Bruder Stein, ich kenne dein Land, das aller Heimat ist.
Dorthin komme ich zurück.
Jetzt noch ist mir Handeln und Lieben geschenkt,
doch bald schon wandle ich nimmer in der Menschen Gestalt.

Bruder Stein,
o Bruder Stein,
zum Weinen ist mir dein stummes Lied.
Achtlos, ich weiß,
gehn sie an dir vorüber.

Einige Stunden nach der Landung auf der Insel, nach der die ganze Inselgruppe benannt ist, sind der Schwipfinger Tierarzt und sein Schwager bereits mit Rucksäcken auf dem Rücken unterwegs zum Kilauea, dem Vulkan in 1247 Meter Höhe. Unterwegs kommen wir neben vielem anderen auch auf das Strandleben zu sprechen, das wir jetzt eben in Waikiki genossen hatten.
«Erich», beginne ich, «mir ist da, als wir mit den vielen anderen im Sande in der Sonne schmurgelten, folgender Gedanke gekommen: Oft wird der tiefen Bräunung der Haut, die gegenwärtig in den Augen von vielen ein so erstrebenswertes Exterieur darstellt, die Bewunderung zugemessen, die allein einer tiefen Verschönerung des Inneren zustünde.»
«Ja und um diese innere Schönheit könnte man doch im Urlaub sich auch ein bißchen kümmern! Recht begriffen sind das doch eigentlich die beinahe einzigen Tage im Leben, in denen der Durchschnittsmensch genügend Zeit und Muße besitzt, ernsthaft etwas für sein Inneres zu tun.»
«Ganz richtig! Üblicherweise arbeitet ja jeder jahraus, jahrein an tausend nebensächlichen Dingen, anstatt um die Aufbesserung seiner geistigen und seelischen Qualitäten besorgt zu sein.»

«Und, lieber Veith, so kurz ist doch unsere Erdenzeit bemessen, so schnell unser Menschsein vertan!»
«Es ist halt leider immer schon Üblichkeit gewesen, im Jetzt und Hier sein Genügen zu finden und es bei landläufiger Bürgerlichkeit bewenden zu lassen. Für uns aber, mein Lieber, ist das Leben in seiner Gesamtheit eine große geheimnisvolle Herausforderung, der sich zu stellen uns ein Urlaub eine ausgezeichnete Möglichkeit verschafft.»

Gegen Abend kommen wir oben an und bleiben staunend stehen, denn unser Blick erfaßt plötzlich den riesigen Krater.
«Das ist das Nördlinger Rieß, das muß es sein!» entfährt es mir.
Aber tot ist diese blühende Landschaft, ausgebrannt und schwarz. Nur noch die Überreste ihrer Dörfer rauchen und qualmen. Es ist, wie wenn am Tage vorher eine Feuersbrunst alles zu schwarzer Asche gemacht hätte. Einhundertzwanzig Meter schauen wir die fast senkrechten Wände hinab auf den Boden des Kraters und in der Ferne, in vier Kilometer Abstand können wir den jenseitigen Rand erkennen. Nach dem ersten Erschrecken über diese Dimensionen werde ich aber schon wieder frech:
«Wo ist denn da die glühende Lava, die da hervorgeschleudert werden soll?» will ich wissen, «ich bin doch nicht umsonst angereist um die halbe Welt!»
«Abwarten mein Lieber! Morgen früh steigen wir runter! Aber selbst wenn keine Eruption stattfindet, Eindrücke wirst du noch genügend erhalten!»

Und er sollte recht behalten. Aber auf einmal ziehen dicke Wolken von Schwefeldämpfen heran über den Kraterrand und wir machen, daß wir weiterkommen. Nach etwa einer Stunde erreichen wir ein komfortables Rasthaus, in dem für die Gäste ein Farbtonfilm von den letzten Ausbrüchen des Kilauea gezeigt wird. Was hier im Kilauea geschah, ersteht

brandneu vor meinen Augen. Was unter mir ist, hier quillt es hervor. Tanzende Flammenmeere von schauerlicher Pracht erfüllen den Krater. Kaskaden von rotglühendem Magma bäumen sich auf und stürzen herab. Gigantische Springbrunnen, rot wie Blut, treibt es aus der Erde, so, wie wenn das Blut hervorschießt aus der Ader eines verletzten Tieres. Wie eine brutal geschächtete Kreatur zuckt das Erdreich und windet und verkrümmt sich. Tödliche Feuersbrünste rasen mit donnerndem Höllenkrach auf Auge und Ohr zu. Das ist kein Kino, das ist die Aufzeichnung eines gen Himmel geschleuderten, unheimlichen Geschehens. In der Tiefe geschmolzene Felsen fliegen durch die Luft, werden zu Flüssen und Seen und erstarren wieder.
Wenig später, wie wir noch ganz benommen vor das Haus treten, sehen wir hinab in den nächtlichen Krater, sehen den Wundschorf auf dem Leibe unseres Planeten, sehen der gräßlichen Zerstörung Narben, der Feuerseen Grab und hören die Stille nach den Schreien der Erde.
Vor dem Einschlafen noch schreibe ich auf einen Zettel:
«Lava, du Blut meines Planeten! Du hast mir den Weg gebahnt zu diesem Dasein. Du bist Vorfahre, bist wie die Tiere und Pflanzen, die vor mir waren.» Und weiter: «Erde du lebst! Wie das Meer lebt und seine Wellen ans Ufer schlagen, so pulst dein Magma in der Tiefe, schiebt Kontinente über sich und ist allgegenwärtig unter meinen Füßen.»
Schwer pflügen Erkenntnis und Empfindung in meinem Inneren. Ich erfahre den biologischen Status der Erde, merke, daß auch sie lebt, begreife, daß sie und ich verwandt sind. Ich bin nur eine Folge von ihr, ein ferner Enkel. So, wie ihr Urahne der Wasserstoff war, genau so ist mein Verhältnis zu ihr. Was unter mir ist? Mutter Erde ist es. Im Grunde hat sie mich geboren. Das ist Gewißheit. Noch kein Platz unter all den vielen, die ich besuchte, hat einen so nachhaltigen Eindruck auf mich gemacht und Erich geht es, glaube ich, genauso.

In der Morgenfrühe des nächsten Tages schwingen wir die Rucksäcke auf unsere Rücken und steigen hinab in die Leere einer Unterwelt. Durch einen Sandelholzwald geht es hinunter. Hüpfend, springend und singend gelangen wir auf einem kleinen Pfade nach unten und stehen plötzlich am Ufer einer schwarzen, wildkochenden, von senkrechten Wänden abgeschlossenen See. Wir treten hinaus auf das wogende Meer und es trägt uns. Knirschend zwar, denn erkaltete Lava ist wie gefrorener Schnee und wie dessen Kristalle funkelt sie in der Morgensonne in tausenderlei Farben. Quer durch wollen wir, also los! Erdbeben haber die schwarzen, dicken Schichten zerrissen und übereinandergeschoben und sie türmen sich bis in Höhen von acht, neun, zehn Meter, und wir haben ganz schön zu kraxeln. Dazwischen klaffen Risse und tiefe, dampfende Löcher. Erich und ich wandern Stunden in diesem immer heißer werdenden Vorzimmer der Unterwelt. Dann machen wir einen kleinen Halt und setzen uns. Aber gleich springen wir wieder hoch, denn wir haben beide das Gefühl, uns auf eine Herdplatte gesetzt zu haben, die einer vergessen hatte, auszuschalten. Unsere Hemden sind bereits im Rucksack, das Wasser läuft uns runter und wir fühlen uns wie in einem Backofen. Nun erreichen wir den Feuersee, Halemaumau geheißen, einen Krater im Krater. Noch einmal stürzen senkrechte Wände nach unten, dem Erdinneren zu. Enttäuscht will ich mich gerade an Erich wenden mit der Feststellung, daß der Kilauea scheints doch für uns zwei keine Extravorstellung gibt mit Lavaeruption und so, da kommen diesige, schnelle Regenwolken in den Krater geschossen mit Schwefeldünsten vermischt. Düster ist es mit einem Male und eine unheimliche Atmosphäre herrscht. Einsam suchen wir uns einen Weg, aber mit der Orientierung hapert's jetzt gewaltig. Da sind wir froh, wie die Sicht sich vorübergehend bessert und wir einen Ausstieg aus dem Kessel finden. So endet dieses Erlebnis ‹auf dem Kraterboden eines noch tätigen Vulkans› etwas abrupt und wir setzen uns gleich in

Bewegung unserem zweiten Ziele zu, dem Viertausender Mauna Kea. Wir steigen, marschieren bergan, ein Stück Wegs nimmt uns ein Landrover mit. Gegen Abend sind wir schon ganz schön hoch, schätzungsweise auf 2500 Meter. Die Luft duftet würzig hier oben und satte Weiden mit Alpenflora prägen das Bild. Wir treffen Wildhüter, Männer à la Sheriff mit Colts und breitrandigen Hüten. Wie es Nacht wird, suchen wir uns eine geschützte Stelle mit weichem Grasboden in einer leeren Weidekoppel, ziehen unsere Parkakaputzen über den Kopf und sind auch schon eingeschlafen. Es muß mitten in der Nacht sein, da erwache ich ruckartig, weil mich der Erich am Arm packt und schüttelt.

«Was ist?» schreie ich schlaftrunken. Aber im gleichen Moment erkenne ich, daß der Erich neben mir liegt und schnarcht. Jetzt erst komme ich richtig zu mir und blicke um mich. Ringsum gegen den Sternenhimmel heben sich riesige, dunkle Schatten ab. Köpfe, Hörner, Leiber, rundum wohin ich blicke. Und Augen, aus dem Dunkel sehe ich in das Weiß von wohl einem Dutzend großer Tiere. Nach der ersten Überraschung gebe ich dem Erich einen Rippenstoß, daß er zusammenfährt, springe auf die Beine, reiße gleichzeitig einer Kuh, die an meinem Rucksack zerrt, diesen ihr aus dem Maul, während Erich sich um seinen Hut kümmert, den ein Jungbulle kauend hinwegträgt. Wie ich aber auf den Beinen bin, galoppiert die ganze Gesellschaft auf und davon und gleich darauf sind sie in der Nacht verschwunden wie ein Spuk. O je!

«Sag mal Erich», frage ich da meinen hawaiierfahrenen Schwager, «wo kommen denn die her?»

«Ja weißt denn du das nicht? Die gehören zu ‹Parkers Ranch›, das ist einer der größten Bauernhöfe der Welt. Die haben 45000 Rinder.»

«Ja, aber die Koppel war doch leer!»

«Was heißt hier leer. Die haben oft Größen von mehreren Quadratkilometern, diese Koppeln; wie willst du die überblicken? Komm, wir machen Stellungswechsel!»

Verwundert gehe ich hinter ihm her: «Hätt' nie gedacht, daß es auf Hawaii so viele und dazu noch so freche Rindviecher gibt!»
Gegen Morgen wird es kalt. Noch bei Nacht stehen wir auf und machen uns wieder auf die Socken. Um zehn sind wir oben. Es ist phantastisch! Viertausendzweihundert Meter über dem Meer, blendende Sonne, blauer Himmel, in den ringsum wie weiße Pilze die Kuppeln von großen und größten Sternwarten ragen. Dann schweift der Blick über Schneefelder, über steile, rotbraune Vulkane, die aus ihnen hervorragen, hinab dann auf die grünen Ränder der Insel Hawaii und hinaus in die Weite des großen Ozeans. Wind, eisiger Wind weht; die ultraviolette Strahlung und ihre Reflexion durch den Schnee ist so stark, daß wir kaum die Augen aufbringen. Nach einer knappen Viertelstunde sind wir halbe Eiszapfen und nicht mehr in der Lage, tiefsinnige Betrachtungen anzustellen oder gar zu meditieren, wie ich mir das vorgestellt hatte.
«Abmarsch! Los Veith!» Der Erich kommandiert's und er hat recht. Schnatternd vor Kälte geht's bergab. Erst drunten, wo wieder Gras wächst, tauen wir allmählich auf und kommen ins Gespräch.
«Das waren aber kurze Exkursionen, der Krater Kilauea und dieser Gipfel des Kea!» sage ich zu Erich.
«Gewiß, doch Denkanstöße brauchen ja nicht ewig zu dauern. Zum Verarbeiten muß man sich schon mehr Zeit nehmen. Aber wer macht sich schon diese Mühe!»
«Wenn das Dasein an Transparenz gewinnen soll, muß man das schon. Trotz des kurzen Aufenthaltes habe ich doch von hier eine ganze Menge roher Findlinge vertikaler Provenienz mitgenommen, die ihrer Verwertung sicher sein können.»
«Das ist gut so, Veith. Auf diese Art gelangt man eines Tages in das Haus der Wesentlichkeiten!»
«Dieser Aufbruch ins Vertikale ist nicht umsonst gewesen. Die Frage ‹Was ist unter mir?› ist Erfahrung geworden. Der

Boden unter mir ist eine Feuerkugel, die lebt. Lava, das Blut meines Planeten, ist mein Ahne, ist meine Mutter, ist die Erde, auf der ich stehe und die Luft, welche ich atme.»
«Und auf dieser erkalteten Erdrinde, auf diesem hauchdünnen Häutchen über der Feuerkugel, haben wir, du und ich, den Bruchteil einer kosmischen Sekunde lang ein Dasein!»
«Wohl weil wir so unbedeutend sind, so unbedeutend auch vom Geist her, blieb mir die zweite Dimension der Vertikalen die Antwort schuldig. Dies größte Rätsel der Welt fand aber hier auf Hawaii seine Einordnung und Wertung. ‹Was ist über mir?›, diese Frage wurde manifest als die philosophischste aller Fragen überhaupt.»
«Veith, was du vorhast, dieses Wandern zu den letzten Horizonten, das ist ein Weg, auf dem ich dich gerne begleiten würde. Erst neulich las ich Worte, die auch mich in diese Richtung führten: ‹Unleugbar muß man sich sein Lebtag an Nebensächlichkeiten verlieren, wenn man nicht aufsteht und fortgeht von der Erde!›»
Mit solch zusammenfassenden Gesprächen beschließen wir unseren Ausflug und fliegen dann zurück zu unseren Frauen und zum süßen Leben Waikikis, von dem viele sagen: ‹leicht erliegt man ihm, vergessend!›

Wieder daheim im geliebten Schwipfinger Ländle, geht's mir, wie es schon öfter vorgekommen: Gleich im ersten Moment, ohne jedweden Übergang, muß ich wieder reinknien, was heißt reinknien, reinwaten bis zum Bauch in eine der Situationen meines Berufes! Dabei sah es zuerst gar nicht so aus an diesem herrlichen Herbsttage. Nach einem dünnen Morgennebel schien schon bald die Sonne vom blauen Himmel. Das bunte Herbstkleid der Wälder am Freßberg leuchtete weithin und eine wunderbare Stille lag über der Landschaft. Überall war die Apfelernte im Gange. Der Geruch gepflügter Äcker erfüllte die Luft, im leichten Herbstwind drehten sich dürre Blätter am Boden und wirbelten im Kreise.

Die Bauern mähten das dritte Gras und die letzten Futterrüben wurden geköpft. An diesem ersten Tage nach dem Urlaub wollte ich es ganz sachte anlaufen lassen und führte deshalb nur einige Sterilitätsbehandlungen durch und behandelte ein paar Fälle von Mastitiden, die mir der Toni aufgeschrieben hatte. Um zwölf Uhr machte ich Schluß und fuhr heimwärts, dem Mittagessen zu.
Da erreichte mich ein Funkanruf von Silke: «Fahr doch noch schnell auf den Pulverhof, dort hat der Rappe wieder Kolik!»
Also wurde wieder kehrtgemacht, zurückgefahren nach Degersbach und von da aus ging es Richtung Rehgebirge. Ich pressierte nicht sonderlich, denn den Rappen, den ‹Boris›, den kannte ich. Seit Jahren schon bekam der in unregelmäßigen Abständen seine Koliken. Sein Darm ist so hochempfindlich, daß er wegen jeder Kleinigkeit gleich Probleme macht. Ob's da ein bißchen zieht, ob da das Gras ein wenig naß oder kalt ist, ganz gleich, was auch immer, der ‹Boris› steht jedesmal danach da, versagt das Futter, schwitzt am ganzen Leib und stampft mit den Beinen. Diesen Koliken war aber immer leicht abzuhelfen gewesen, und daher bringt mich der Fall im Augenblick keineswegs in Rage. Jetzt geht es ein gewundenes Sträßchen hoch, rechts und links sind Viehweiden mit Hütten, in der Ferne sehe ich schon den Hof, der zwischen braunen Äckern und gelben Pappeln hingelagert ist am Hang.
«Wie immer!» empfängt mich der Christof Pülverle, der Bauer, unter der Stalltüre. Ja, und wie immer ziehe ich gleich meine Injektionsspritze auf, gehe rein und steche meine lange Nadel dem großen, schwarzen Pferde in die Vene am Hals, um ein Spasmolyticum, ein krampflösendes Mittel, in seine Blutbahn zu bringen. «Heute sieht er aber nicht gut aus!» sage ich nach einem Blick in die Augen und beschließe, statt wie sonst, gleich weiterzufahren, eine Viertelstunde abzuwarten, ob meine Behandlung auch anspricht.

«Er hat es auch heute schon über zwei Stunden. Wir haben gedacht, es könnte auch mal ohne Behandlung wieder werden.»

«Ich bleibe auf alle Fälle noch eine Weile hier.»

«Ausgezeichnet!» freut sich der lebenslustige Pülverle, «meine Frau hat gerade das Essen fertig, da können Sie gleich mithalten!»

Und zu seinem Sohne gewandt fügt er hinzu: «Franz, du bleibst im Stall und beobachtest, was er macht!»

Gleich darauf sitzen wir am Tisch und es gibt Rotkraut mit Kartoffeln und Schweinebraten. Gar nicht schlecht, sage ich Ihnen. Und zuvor ein Schnäpschen und danach eines und zwischendurch einen anständigen Krug Bratbirnenmost. Der Pülverle, der Spaßvogel, erzählt so nebenher von Dingen, die man nur unter der Hand erfährt und er steuert noch eine ganze Menge von seinem eigenen Senf dazu bei, so daß seine Rosa einen ganz roten Kopf bekommt und sagt:

«Herr Doktor, gelt der macht heut' wieder Sprüch'! Dem dürfen Sie nicht alles glauben!»

Und wie ich gerade zum zweiten Male rausschöpfe, weil dieses Rotkraut echt Spitze ist und der Schweinebraten auch, und weil man ja auf Hawaii nichts derartig Gutes zu sehen bekommen hat, bringt der Pülverle die Sprache auf die heutige Jugend, von der er schwer enttäuscht ist, wie er sagt.

«Die jungen Leute heutzutage, die haben doch keinen Mumm mehr! Das sehe ich doch am deutlichsten an meinem eigenen Sohn, am Franz. Als der eine Bäuerin suchte, da brachte er einmal eine mit von der Alb runter. Ich sage Ihnen, ein sauberes Mensch, direkt zum Anbeißen. Und schaffen konnte die! Aber wissen Sie, was mich da mein Duppel gefragt hat, mein saudummer? ‹Was meinst' zu der, Vater›, hat er gesagt, ‹soll ich sie nehmen oder nicht, ich weiß nicht so recht!› ‹Kerl!› habe ich ihm da geantwortet, ‹du Rindviech! Hast du denn keine Augen im Kopf? Narr, wenn du sie nicht nimmst, dann nimm ich sie!› – Da hat er aber dumm geschaut! Und jetzt, da er endlich geheiratet hat, ist's wieder genau so, denn es kommen keine Kinder. Dem muß ich immer erst einen Schubs geben, bis was passiert. ‹Franz!› habe ich ihn mir neulich vorgenommen, ‹was sind denn das für Zustände? Wenn das so weitergeht, dann bin ich noch gezwungen, mich selber zum Großvater zu machen! Hahahaha!›»

«O dieser Mann!» seufzt die Bäuerin.

«Rosale, komm», grinst er, «hol nur noch einen Krug Most rauf, dem Herrn Doktor, dem schmeckt's heute!»

«Den Most hast du ja fast alleine ausgetrunken ... was ist?» Die Stubentüre, auf welche die Bäuerin gerade mit dem leeren Mostkrug zuging, wurde aufgestoßen.

«Rüberkommen, schnell!» schreit der Franz ganz aufgeregt ins Zimmer und ist schon wieder ab Richtung Stall. Und wir natürlich hinterdrein im Karacho.

Noch bevor wir reinkommen in den kleinen Raum, in dem gerade zwei Pferde nebeneinander Platz haben, hören wir lautes Schnaufen und Prusten und hören das Wälzen einer schweren Masse auf dem Strohlager. Und dann gleich darauf erfasse ich mit einem Blick eine totale Veränderung der Situation, eine heraufziehende, unausweichliche Tragik.

«Wie lange schon macht er das, Franz?»

«Eben erst hat er angefangen. Aber er war schon vorher unruhiger als sonst.»

«Los, jetzt zuerst nebenan den ‹Staros› raus, bevor der was abkriegt! Aber vorsichtig, der ‹Boris› ist jetzt unberechenbar!» Wie der Rappe hochgeht und für ein paar kurze Sekunden auf den Beinen steht, geht der Franz schnell rein, bindet den ‹Staros› los und bugsiert ihn rückwärts aus dem Stand. Gerade noch rechtzeitig bevor der Koliker sich erneut, von Schmerzen gepeinigt, wieder auf die Streu wirft. Nebenbei, der ‹Boris› und der ‹Staros›, die gehören nicht dem Pülverle, das sind Reitpferde, deren Besitzer ein Architekt aus Stuttgart ist, der immer übers Wochenende mit seinem Sohn kommt, um auszureiten. Denn vom Pulverhof

aus geht das herrlich, da hat man viele Möglichkeiten. Man kann hinter dem Hohenstaufen rüber reiten bis zum Wäscherschloß hin oder auch mal rein ins ‹Allgäu des Kreises Göppingen›, ins Ottenbacher Tal oder rauf zum Rehgebirge mit seinen Wäldern und Einzelhöfen. Früher, als es noch keine Traktoren gab, da hatte der Pulverbauer natürlich dadrin seine eigenen Pferde stehen. Heute bringen ihm solche Einstellpferde einen angenehmen Nebenverdienst, obgleich Fälle wie der augenblickliche einem die Freude daran erheblich vermiesen können. Denn wenn es um Leben oder Tod von anvertrauten Tieren geht, dann fühlt sich keiner wohl in seiner Haut. Deshalb ordne ich gleich als weiteres an: «Während der Franz jetzt den ‹Boris› beim nächsten Aufstehen sofort vorne hochbindet, daß er sich nicht mehr wälzen kann und ich eine nähere Untersuchung vornehmen kann, rufen Sie, Herr Pülverle, sofort den Besitzer an und teilen ihm mit, daß er auf der Stelle kommen soll, weil sein ‹Boris› in absoluter Lebensgefahr schwebe!»
Denn was sich hier jetzt abspielt, diese trotz meiner Injektion sich ausbreitenden starken Schmerzen des Tieres deuten auf eine Verschiebung der Darmschlingen hin. Und gegen eine solche habe ich nicht die geringste Chance. Trotzdem, denn auch noch einige andere mögliche Ursachen muß ich vor meiner endgültigen Diagnose noch ausschalten, untersuche ich nochmals gründlich und setze noch eine Reihe anderer Medikamente ein. Dabei geht es recht happig zu, denn der Rappe, obwohl er am Kopfe jetzt hochgebunden ist, stampft wie wild mit den Vorderhufen auf den Boden und tritt hin und her, gerade auch da, wo ich zu stehen habe bei meiner Injektion. Mit Mühe und Not gelingt meine Aktion und wie ich fertig bin, da tut's einen Knacks, das Anbindeseil knallt auseinander, weil's dem ‹Boris› vor Schmerzen die Beine unter dem Bauch wegriß.
«Strohballen holen und rechts und links an die Wände werfen, damit er sich nicht verletzen kann!»
Der Franz und sein Vater laufen zur Scheune und besorgen

das. Aber es ist schrecklich, was jetzt folgt und ich stehe machtlos in der Stallgasse und muß zuschauen. Irr vor Schmerz ist der Blick des Tieres. Ununterbrochen wirft es sich von einer Seite auf die andere. Es wälzt sich auf den Rücken, schlegelt mit den Beinen in der Luft, haut die Hufeisen in die Wand, atmet überlaut, überschnell und schnaubt zwischendurch, daß es grauenhaft ist. Wenn man so etwas miterleben muß, helfen will und nicht kann, ich sage Ihnen, das geht einem echt an die Nieren. Ich bin daher gottfroh, wie der Besitzer eintrifft. «Ihr ‹Boris› hat Darmverschlingung. Es tut mir leid, aber da ist nichts mehr zu machen! Das geht so rapide, daß er nicht mal mehr den Transport in eine Tierklinik überstehen würde. Abgesehen davon wären aber auch dort die Heilungsaussichten minimal.»

Für den Architekten ist es schwer. Er liebt sein Tier. Aber wir kennen uns schon lange und er vertraut meinen Worten. Zudem sieht er ja selbst, in welcher Hölle von Schmerzen sich sein Pferd befindet.

«Gut», sagt er mit gesenktem Haupt, «aber keinen Pferdemetzger! Bitte schläfern Sie meinen ‹Boris› ein!»

Den einschläfern!? An den in seiner jetzigen Kolik rangehen? Wo die Situation doch so ist, daß jeden Augenblick die Hufeisen durch die Luft sausen können. Das ist ein echtes Himmelfahrtskommando! Aber auch ich möchte das Tier natürlich möglichst schnell von seinen Schmerzen erlösen und weiß, daß der Pferdeschlächter sicher nicht vor Ablauf einiger Stunden da sein kann. Also gebe ich mir einen Ruck und probiere mein Glück.

Warten bis er hochkommt, schnell rein in den Stand, Ader stauen, und – schon fällt er wieder: zwei schnelle Sätze, um aus dem Bereich der Hufe zu kommen. Nach fünf Minuten: Wieder rein, Ader stauen, Nadel in die Vene stechen, da fällt er wieder, die Nadel bleibt stecken, mit Not entgehe ich den Hufen. Patschnaß ist mein Hemd. Jetzt keuchen zwei und zittern! Zwischen Mut und Angst, zwischen Helfenwollen und Sorge ums eigene Leben werde ich hin- und hergebeutelt. Sie können mir's glauben, bis ich da endlich die nötige Menge überdosierten Narkosemittels injiziert habe, muß ich durch die bitterste halbe Stunde meiner ganzen tierärztlichen Zeit hindurch. Danach aber bin ich, was mir überhaupt noch nie passiert ist, echt geschaßt. Wie hart kann doch dieser Beruf sein! Je älter man wird, desto mehr wird man sich dessen bewußt. Von Jahr zu Jahr auch tut man sich zunehmend schwerer, man ist nicht mehr so flink und alle die körperlichen Handicaps, die Macken, wie man im Schwipfinger Ländle sagt, die man sich da und dort in seinem Leben schon eingehandelt hat, die machen einem zu schaffen. Was glauben Sie, wie mir nach dieser Tour da meine Hüfte surrt und mein Kreuz schmerzt! Aber der Pülverle, der ein so weiches Gemüt hat und dem es immer so nahe geht, wenn etwas mit einem seiner Tiere nicht stimmt, und der aus diesem Grunde seinen zwei Liter Mostkrug in den Stall mitgenommen hatte, als dieser leicht betäubt-beschwipste Pülverle mich nach diesem schockenden Einsatz so krumm daherkommen sah, sprach er beruhigend zu mir:

«Herr Doktor, Ihnen geht's wie mir. Langsam aber sicher werden wir alte Knacker, alt und grau und bauchfatzig!»

Und wie ich mich dann verabschiede gibt er mir noch einen beachtenswerten beruflichen Tip:

«Wenn Sie wieder einmal eine Darmverschlingung haben, Herr Doktor, dann können Sie die in Zukunft viel schneller feststellen. Wissen Sie wie? Ich will es Ihnen verraten. Da brauchen Sie nur vorne in's Maul reinschauen und ich gehe her und halte hinten den Schwanz hoch. Wenn Sie mich dann nicht sehen, logisch, dann kann es nur eine Darmverschlingung sein!»

Im Dezember, man höre und staune, bekommen die Mühlbergers ihr zweites Kind, das zweite in diesem Jahr! Bei denen geht es jetzt scheints Schlag auf Schlag. Nach Tonis anfänglicher Ladehemmung ist der jetzt anscheinend nicht mehr zu bremsen, wie Fränzchen bei Silke verlauten läßt. Aber noch einen Monat vorher sah man diesmal bei Fränzchen fast gar nichts und ich sagte daher zu Silke: «Da kann ja höchstens ein Flug Staren kommen oder ein Reisigbüschele!»

Aber dann wurde es doch ein richtiges ‹Kaiserschnitzel›, das am 21. Dezember seine ersten Schreichen tat und das sie Miriam hießen. Jetzt haben sie uns schon eingeholt, die Mühlbergers, aber wie es sich anhört, werden sie demnächst lässig an uns vorbeispurten.

11. Kapitel

Kai flippt aus

An einem Montagvormittag im Februar muß ich zwischen zwei Fleischbeschauterminen geschwind rauf aufs Rehgebirge, das hinter dem Grasberg liegt und nach einem Schwein sehen, das seit heute früh auf einen Fuß nicht mehr auftritt.
«Da ist der Oberschenkel ab und schlachtreif ist sie ohnehin, also, avanti, gleich runter nach Degersbach zum Metzger!»
So was ist schnell entschieden, hier kommt die Wirtschaftlichkeit vor allem anderen, denn ein solches Schwein wird von Stunde zu Stunde weniger wert.

Auf dem Rückweg komme ich an einer hochgelegenen Wegstelle vorbei, von wo aus man immer so weit ins Land hinausschauen kann. Daher halte ich an und steige aus. Ein paar Minuten nur, aber zu soviel muß es selbst am heutigen Hauptschlachttag reichen. Das ganze Voralbland liegt vor mir, ich sehe bis hinüber zur Teck. An den Nordhängen liegt Reif und blasser Sonnenschein erwärmt spärlich die Wiesen und Felder im Tal. Unter einem blauen Himmel nahen von Westen lichtdurchdrungene Nebelschwaden. Raben krächzen, man hört einen Schlepper fahren. Irgendwo im Gebüsch singt ein Vogel, und weit weg pfeift einer vor sich hin, der seine Obstbäume schneidet. Die ganze Landschaft des Schwipfinger Ländles schlummert noch, doch des Sommers Träume liegen schon keimend unter den Fluren. Ich fühle, wie die Vorahnung des Frühlings sich schon von hier, vom Rehgebirge aus durchs Tal bis zum Fuchseck, zum Kornberg, zum Sielenwang und zum Bosler hin ausbreitet.

Schon kurz nach diesem Halt auf Bergeshöhe stehe ich wieder unten im Tal und zwar in der Metzgerei Krämer. Sechs Schweine hängen da, alle bereits sauber gebrüht und rasiert und ausgenommen. Ich mache mich an die Arbeit, betrachte und durchtaste all die einzelnen Organe der Tiere und führe mit einem langen Meztgermesser die vielen vorgeschriebenen Kontrollschnitte durch. Das Blut spritzt dabei ganz schön in der Gegend rum und Arbeitsmantel, Schurz und Stiefel bekommen ihr Teil ab.

«Zur Zeit schlachten Sie aber nicht viel!» sage ich zum Chef, «Da ist's gut, wenn bald Ostern kommt, daß es wieder etwas anzieht!»

«O je, da braucht man nicht drauf warten, Herr Doktor! Die Leute haben heutzutage doch das ganze Jahr über Ostern oder Weihnachten!»

Da tritt ein Landwirt zur Türe herein und will ein Kalb abliefern. Wie er's anbindet im Schlachthaus draußen, höre ich mit, daß sie sich über den Preis nicht einigen können. Resigniert kommt der Krämer hinterher wieder zu mir und klagt:

«Herr Doktor, seit die Bauern die Waage kennen und ihre Kinder selber machen, seither ist's nichts mehr!»

Und dann setzt er noch ganz sachlich hinzu: «Und seit die Hausfrauen den Spleen haben mit dem weißen Kalbfleisch, seither ist's zweimal nichts mehr. Da schauen Sie nur mal her! Dieses Kalb, das mein Freddy da abzieht, das hat eine exzellente, gesunde, rote Fleischfarbe. Aber das wollen die nicht. Rindfleisch sei das! Sie wollen nur weißes Fleisch haben! Und da kann man noch so oft sagen, daß ein weißes, ein blasses Fleisch, ein blutarmes Fleisch ist, das nützt alles nichts. Von einem bleichen Menschen sagt jeder ‹sieht der aber schlecht aus!› aber bei den Kälbern, da glauben sie, es sei umgekehrt! Da sind die Bauern ja regelrecht gezwungen, ihre Kälber in ungesunden, dunklen Ställen aufzuziehen!»

«Das ist ein trauriges Kapitel, Herr Krämer, da muß noch viel Aufklärung betrieben werden!»

«Traurig ist auch noch was anderes! Aber das kann ich Ihnen nur unter vier Augen sagen. Kommen Sie doch bitte mal mit rüber in die Ladenstube.»
Was kommt jetzt, denke ich, denn der Krämer schließt sorgfältig die Türe und spricht dann leise und hat Runzeln auf der Stirne.
«Herr Doktor, was kann denn das sein, ich bring nichts mehr fertig! Es klappt einfach nimmer. Und je mehr ich mich anstrenge, desto weniger wird's was!» Und dabei blickte mich der Mann an wie ein waidwund geschossenes Tier in Todesnot, mit einer Daseinsangst ohnegleichen.
«Eine Ursache könnte ich mir schon denken», antworte ich ihm. «Sie machen sich Sorgen um Ihr Geschäft, Sie haben den Gesellen entlassen, damit die Unkosten geringer werden, müssen aber selbst dafür arbeiten für zwei. Na, sagen Sie mal ehrlich, zu wieviel Stunden Schlaf reicht es pro Tag?»
«Ich schlafe nur ein paar Stunden und die wälze ich mich herum!»
«Aber dann brauchen Sie sich nicht wundern, wenn sexuell nichts mehr geht. Zumachen heißt da mein Rezept. Gleich nächste Woche den Laden dicht machen und mit der Frau zwei Wochen in Urlaub gehen, Lebensfreude auftanken und danach wieder mit frischen Kräften und guter Stimmung an die Arbeit!»
«Aber bei dem schlechten Geschäftsgange!»
«Egal, jetzt geht's um Wichtigeres! Ich habe schon einige Zeit gemerkt, daß Sie ‹Jägermeister› trinken, häufig sogar! Wenn einer anfängt zu trinken, dann ist's höchste Eisenbahn, Herr Krämer!»
Ich lege ihm meine Hand auf die Schulter und er nickt.
«Danke Herr Doktor!»

Und tatsächlich, nach einer Woche hängt ein Schild an der Ladentüre: ‹Wir machen Betriebsferien!› Sehen Sie, so wird man als Tierarzt vom Lande zur Anlaufstelle für Kümmernisse verschiedenster Art, erst recht, wenn man betagter ist und man mit den Leuten jahrelang schon umgeht. Und dieses Vertrauen, das einem da entgegengebracht wird, ist mehr wert, für mich, den Veith Pfeffer wenigstens, als die lobenden Worte, die einem von Berufs wegen da und dort zuteil werden.

Nun schimmert's an den Hängen des Wiesenbachtales schon grün und ums Haus blühen die Krokusse und die Schneeglöckchen und der kleine Jasmin mit seinen gelben Sternchen. Es ist Samstagnachmittag, der Toni hat Dienst und Silke und ich arbeiten im Freien. Ich schaue nach, wie unser Freibad den Winter überstanden hat und schneide Obstbäume und Hecken, während Silke Kompost auf ihre Gartenbeete bringt und unsere Erdbeeren durchhackt. Heute kommt's mir so warm vor, daß ich das Hemd ausziehe. Das bringt mir natürlich eine Mahnung ein von meinem besorgten Fraule:

«Also nein, Veith! Jetzt läufst du schon wieder halbnackt herum und nachher hast du's wieder im Kreuz!»

Aber ich fühle mich furchtbar wohl, wie ich mich immer wohlfühle, wenn die Lüfte des Frühlings über meine Haut streicheln, und ich bin gerade dabei, das viele Laub, das der Wind im Garteneck zusammengetragen hat, wegzuschaffen, mich an den darunter zum Vorschein kommenden Veilchen und Schlüsselblumen erfreuend, da ruft's: «Hallo Papi!» und wie ich aufblicke, stehen da Simone und Kai auf dem Wegchen nebenan.

«Papi, Kai will sich verabschieden!» Ich mache große Augen.

«Hast du geschwind Zeit?»

«Verabschieden? Wo willst du denn hin? Und warum so feierlich, so offiziell? Sonst witscht ihr doch auch meist nur fast unbemerkt zur Türe hinaus!»

«Ja das ist so, Papi», druckst da mein Kleiner, einen Meter achtzig mißt er, herum und platzt dann abrupt heraus: «Ich verlasse euch!»

«Jetzt mach's halblang!» fahre ich da zusammen, denn ich habe einen entschlossenen Unterton in seinen Worten vernommen.

«Komm, wir gehen rein. Ruf Mami, sie ist hinten im Garten!»

Das wurde ein Gespräch! Leidenschaftlich verkündete unser Sohn, daß er kein Abitur machen wolle und studieren wolle er auch nicht und gleich gar nicht wolle er einmal ein solches Leben wie wir führen, ein Leben in Luxus und Überfluß, wie er sich ausdrückte. Er steige aus. Und zwar jetzt und hier und ohne jeden Kompromiß! Er beziehe mit seinem Freund Matthias und mit Gerdi und Pamela, ihren Freundinnen, ein altes, leerstehendes Bauernhaus oben am Regen, in der Oberpfalz, das sie per Annonce gefunden und auch bereits gepachtet hätten. Sie wollten dort alternativ leben, sie wollten arm und glücklich sein. Das kleine Stück Land beim Haus wollten sie anpflanzen und von dem Ertrag leben. Man brauche im Grunde gar nicht viel zum Leben. Einfach und naturgemäß hieße ihr Programm. Außerdem, ich selbst hätte ihn gelehrt, daß man für die wirklich wertvollen Dinge im Leben kein Geld brauche, daß man die nicht kaufen könne. Dinge wie Zufriedenheit, wie Glück aber auch die Zeit, um in der Natur aufzugehen, die Sterne zu betrachten und sich tiefe Gedanken zu machen. Wir sollten nicht böse sein, weil alles jetzt so anders liefe, als wie wir es geplant hätten und für gut hielten.

Simone half ihrem Bruder, was mich nicht verwunderte, hatte sie doch selbst schon Ähnliches geäußert. Wir, die Eltern, waren, ich muß es zugeben, ob dieser urplötzlichen Konfrontation mit uns so Naheliegendem schwer angeschlagen. Und je länger wir uns mit Kai unterhielten, desto mehr sahen wir ein, daß unsere Argumente unseren Sohn nicht von seiner Bahn abbringen konnten. Dann hupte es draußen. Es war Matthias mit seiner ‹Ente›. Silke begann zu weinen. Ich nahm sie fest in den Arm und streichelte ihr übers Haar. Dann kam Simone dazu und umschloß uns

beide mit ihren Armen und weinte auch. Kai schleppte indessen schon die paar Habseligkeiten zum Hausflur hinaus, die er mitnehmen wollte: einen Stuhl, zwei Obstkisten voll mit Kleidern, Kleinigkeiten.
«Kai», sage ich zum Abschied, «wir waren nicht nur Vater und Sohn, wir waren immer auch Freunde. Und das bleiben wir auch. Ich freue mich, daß du nach Gutem strebst und daß du Mut und Entschlossenheit besitzt. Aber ich werde mich auch freuen, wenn dein Weg in unser Haus zurückführt, in dein Elternhaus hier auf dem Freßberg. Fahre mein Sohn, mein lieber Sohn!»
Jetzt erst, im letzten Moment, fiel es ihm auch schwer, ich sah es. Schnell nur und flüchtig gab er uns noch die Hand, dann ging er rasch zur Türe und wir blickten ihm nach durch den Garten und standen noch, als die Geräusche der ‹Ente› schon nicht mehr zu hören waren.

Für meine Frau sind die kommenden Wochen und Monate schlimm. Unablässig grübelt sie über das Schicksal ihres einzigen Sohnes. Obwohl, ich sage ihr immer wieder: «Mir gefällt es ja auch nicht, daß er da einfach so von der Schule wegläuft; aber ich weiß, daß alle Dinge, auch wenn man sie im Augenblick für noch so deprimierend und trostlos hält, eines Tages auch ihre guten Seiten zeigen. Sieh, er hat seither nur aus Büchern gelernt, jetzt, zum ersten Male, wird ihn das Leben selbst belehren und wird er am eigenen Leibe die Folgen seines Handelns verspüren. Das kann sehr nützlich sein. Wenn wir jetzt ‹ja› sagen zu seinem Entschluß, dann ist das bestimmt das Beste für ihn und das Beste für uns.»
Trotzdem geht Silke immer besorgt herum und sie kann sich nur schwer damit abfinden. Mir dagegen verhilft, wie schon immer, die Praxis mit ihren stündlich neuen Geschehnissen oft zu ganz andersgearteten Gedanken.

Da bin ich zum Beispiel heute wieder einmal beim Marko

Böckle auf dem Kornberghof. Der Marko, das muß ich Ihnen zuerst noch erzählen, war auch einer von denen gewesen, die mit dem Heiraten ständig herumdrucksen und von Frauenröcken überhaupt nichts wissen wollen. Solange sein Vater und seine Mutter noch mitarbeiten konnten, fühlte er sich am wohlsten. Aber dann, mit vierzig, als er allein dastand, da hat er es doch noch gepackt, der Kornbergbauer. Geschickt, wie ich es ihm gar nicht zugetraut hätte, hatte er im Landwirtschaftlichen Wochenblatt inseriert:

«Vitaler Jungbauer, 30, Seele von einem Menschen, sucht Bäuerin auf schönen Hof im Schwipfinger Ländle!»

Und wissen Sie, was er für eine bekommen hat, eine Fünfundzwanzigjährige! Viele spöttelten und schworen darauf, daß so was schiefgehen müßte. Einmal, weil die junge Frau dahinter käme, daß er ja zehn Jahre älter sei als angegeben, zum anderen wisse jedes Kind, daß man Kalbfleisch und Ochsenfleisch nicht miteinander sieden solle. Jedoch, wider alles Erwarten klappte es zwischen dem himmellangen Marko und seinem kleinen, pummeligen Theresle ganz ausgezeichnet.
Gut also, bei diesen Böckles habe ich heute Routinearbeiten zu erledigen, mal nichts Spektakuläres, einfach das tägliche Brot eines Landtierarztes, welches sich in der Hauptsache aus Trächtigkeitsuntersuchungen und Sterilitätsbehandlungen zusammensetzt. Letztere werden bei Rindern nötig, die nicht aufgenommen haben oder die gleich gar nicht in Brunst gekommen sind nach dem letzten Kalben.
«Ja was ist denn das?» wundere ich mich, wie ich schon eine Weile, den Arm in der Kuh die Blicke durch den Stall schweifen lasse.
«Das hatten Sie doch noch nie, Zungenschläger!»
Was das wohl ist? Wissen Sie's? Nein? Das ist direkt eine Bildungslücke! Zungenschlagen ist nämlich Artistik, ist Kleinkunst im besten Sinne! Da stehen nämlich Kühe, wie

die hier beim Böckles Marko da, strecken ihre Hälse nach vorne in edler Pose, lassen dabei ihre schöne, elegante Zunge aus dem Maul herausschießen und führen mit ihr vor ihrer Nase ungeahnte akrobatische Kunststücke aus. Solche sind da unter anderem aufrollen, schlängeln, drehen und wenden, nach oben, nach unten, nach rechts und links. Dem Einfallsreichtum sind da keine Grenzen gesetzt. Und nicht, daß Sie denken, da wäre vielleicht nur das Zungenspitzchen zu sehen, weit gefehlt, diese Kuhstallkünstler schaffen da leicht einen viertels Meter ans Licht. Bei solchen kulturellen Veranstaltungen verdrehen die Vorführenden, vom Einmaligen ihrer Leistungen selbst am meisten beeindruckt, die Augen in schmachtender Hingabe. Die übrigen Stallbewohner, solcher raffinierter Feinheiten nicht fähig, schauen bewundernd zu, fragen auch an, ob dies erlernbar sei, und nehmen dann mitunter Unterricht. Durch fleißiges Üben sind sie oftmals schon nach zwei Wochen ebenfalls in der Lage, sich selbst dieser wunderbaren Freizeitbeschäftigung zu widmen. Zeit haben sie ja! Allein dieses große Ergötzen der Tiere – schon der Teenager praktiziert grinsend dies Spielchen ‹Zungenschlagen› und auch die uralte Oma hinten im Eck mischt nach Kräften mit – nennen die Menschen, die ja immer nur auf ihren eigenen Vorteil aus sind, schlankweg eine Untugend. ‹Welche Kunstbanausen!› entsetzen sich die Kühe, und traurig setzen sie hinzu: ‹Nicht mal dies harmlose Vergnügen gönnen sie uns!›
Aber der Kornbergbauer beobachtet ganz richtig, wenn er jetzt antwortet: «Das macht der halbe Stall und schauen Sie, wie die schon abgenommen haben! Da meint man ja, die bekämen nicht genügend zu fressen bei mir!»
«Wenn's die intensiv betreiben und dazuhin noch Luft abschlucken, Herr Böckle, dann sind Nahrungsaufnahme und Verdauung gestört, da haben Sie ganz recht. Denen tun wir was dafür! Da setzen wir nachher gleich jeder ein Ringchen ins Zungenbändchen, dann hört's auf, dann haben Sie Ruhe!»

«Fein!» freut sich der Mann vom dicken Theresle, aber seine Kühe denken ganz anders: ‹So eine Gemeinheit!› schreien sie verärgert, ‹was die sich für Rechte rausnehmen, diese Menschen, einfach unglaublich! Wartet nur, bis wir Gewerkschaften gründen, dann hört so was aber auf!›
Immer wieder: alles hat zwei Seiten! Nur, wer sieht sie schon, wer ist überhaupt bereit, sie zu sehen, die andere Seite, die einem nicht paßt? In unserem Falle ist's ja einfach, denn wer hört schon auf das, was Tiere sagen, wenn's ums Geld geht! Sehen Sie, und merken Sie es? Allzuviel rumdenken, ehrlich nachfühlen, das könnte selbst einen Tierarzt, der's gut meint, schnell in eine Zwickmühle bringen. Das Wohlbefinden der Tiere als auch das Wirtschaftlichkeitsdenken der Bauern, beides muß er im Auge haben und ausgewogen jedem Rechnung tragen. Unter uns, ich halte immer mehr zu den Tieren, denn sie sind stumm und man frägt sie nicht und sie sind hilflos allem ausgeliefert. Das gilt auch, wenn ich jetzt die Ringchen einsetze, denn schließlich ist das eine Sache wie das Rauchen, dies Zungenspielen, es muß nicht unbedingt sein. Und wenn es dazuhin schädliche Folgen hat, dann ist es besser, man schiebt einen Riegel vor.

Nun herbstelt es schon, das Jahr geht hinüber. Die hohen Bäume haben bereits viele ihrer Blätter an den Wind verloren. Die Birnen fallen, und die Bussarde kreisen über den Auen. Am Hause färben sich die Essigbäume, ihre gefiederten Blätter beginnen in Gold und Rot zu leuchten. Kleine Spinnfäden trägt der Wind durch Garten und Feld, und der Veith Pfeffer, der Tierarzt vom Schwipfinger Ländle, freut sich an des Herbstes Zeichen. Er wird besinnlich, besinnlicher noch als sonst im Jahr. Was hat er denn zuwege gebracht an Außeralltäglichem seit Hawaii? Zweierlei: Zum einen hat er eine Auswertung dieses Erlebnisses niedergeschrieben und zum anderen hat er mit Hilfe einer Prioritätenliste angesetzt zur endgültigen Tilgung seiner persönlichen Mängel. Doch bevor ich letzteres erkläre, zurück zu

einem beeindruckenden Erlebnis auf Hawaii, das bis jetzt noch keine Erwähnung fand. Ich meine Pearl Harbor. Dieser Name wird den Älteren noch ein Begriff sein aus dem Erleben des Jahres 1941, die Jüngeren werden im Geschichtsunterricht davon erfahren haben. Pearl Harbor, der Kriegshafen der USA bei Honolulu, war die Sensation des Jahres 41! In der Morgenfrühe des 7. Dezember griffen die Japaner ohne Kriegserklärung die am Perlenfluß schlafend vor Anker liegende US-Flotte mit 30 Schiffen und 353 Flugzeugen an. Es heißt, daß sie damit dem sprungbereiten amerikanischen Tiger die Krallen stutzen wollten. Sie taten es mit Erfolg. Und die Fackel des Krieges, die sie damit auf die Insel der Träume warfen, zündete, und der gesamte Pazifik begann zu brennen. Erst im August 1945, als die Atombomben auf Hiroshima und Nagasaki gefallen waren, trat im Stillen Ozean wieder Stille ein und Frieden.
Ich war in Pearl Harbor. An einem wolkengrauen Vormittage fuhr ich hin. Meine Anreise mit der ‹State Hawaii› war glückvoller Frieden. Es gab tiefblaues Meer, wie Tinte so blau, für die Augen, Jasmindüfte für die Nase, für die Ohren Hawaii-Grissandos und für die Haut an jeder Stelle das Kosen des Windes. Was ich dann aber am Perlenfluß sah, waren 38 Jahre alte Narben, bewußt belassene Narben, aber Narben, aus denen niemand etwas lernte. Verrostete Schlachtschiffleiber ragen noch immer aus dem Wasser. Aus einem von ihnen steigt auch noch ständig Öl an die Oberfläche. In diesen ekelhaften, riesigen Särgen vergammeln heute noch die Leiber in stinkender Brühe. Über 1100 allein in der ‹Arizona›! Und was sind das für Leiber, wem gehörten sie? Sie gehörten Vatis, gehörten Söhnen, gehörten Männern, die Bräute hatten, gehörten Menschen, die glücklich leben wollten und wider ihren Willen hier einen scheußlichen Tod fanden. Hinterher hieß man sie dann Helden und baute ein feines Denkmal darüber mit wehender Fahne! ‹Furchtbar›, meinen Sie? Gewiß nicht. Sehen Sie, keine fünfhundert Meter weiter weg liegen neue Kriegsschiffe, in denen Vatis

hausen und Söhne und Männer, die Bräute haben. Sie haben auch keinerlei Angst, daß es ihnen auch einmal so gehen könnte, denn sie sind bestens präpariert – wie alle, die im Ernstfall nach vorne geschickt werden, um zu sterben. Schlimmstenfalls werden sie Helden! Und die versenkten Schlachtschiffe da neben ihnen im Hafen bedeuten nur die Mahnung: Das nächstemal aber paßt besser auf! Das darf uns nicht noch einmal passieren! Das war Pearl Harbor.

Einen anderen Ort muß ich auch noch erwähnen. Honolulu hat nämlich mitten im Stadtbild einen Vulkankrater, den man wegen seiner regelmäßigen Form ‹Punchbowl›, ‹Punschschale›, nennt. Mit Erich bin ich da mal barfuß und stundenlang durch die Stadt anmarschierend hinaufgewandert, weil ich wußte, daß dort oben die Gräber der im Pazifik vermißten und gefallenen Soldaten waren. 21000 Gedenkplatten lagen hier auf grünem Rasen mitten im Krater. Die Aufschriften galten zum grossen Teil Kerls vom Jahrgang 1923 und darum herum, galten meinem Jahrgang. Staunend bemerkten wir die vielen deutschen Namen, vom Peter Maier bis zum Walter Nägele. Wohl eine Stunde lang gingen wir von Platte zu Platte und gedachten der Toten. Und dann war da auch so ein Denkmal und wir wurden ganz traurig als wir da lasen, mit welchen Lügen man hinterher die armen Burschen da einbalsamierte. Da stand:

‹Sie legten das Heiligste und Beste auf den Altar der Freiheit!›

Was glauben Sie, wenn die noch sprechen könnten! Ihr junges Leben, sie waren neunzehn, waren zwanzig gewesen, hatte nichts von Heiligkeit an sich gehabt, eher von Leichtsinn, eher von Angst. Und das Beste, das erwarteten sie ja erst noch, ihr Leben begann ja gerade. Wenn die noch sprechen könnten, die würden schreien! Schreien ob dieser Gemeinheit, von ihnen zu behaupten, sie hätten aus freien Stücken und mit dem Bewußtsein eines gereiften Menschen ihr Leben, ihre einzige Chance auf dieser Welt, für einen Krieg gestiftet, für die Ausfechtung von Händeln zwischen zwei Nachbarn.

Aber was nützt's, die Menschheit wird auch in Zukunft ihren gewalttätigen Charakter beibehalten. ‹Liebe deinen Nächsten wie dich selbst!› Das ist für fast alle auf dieser Welt ein billiger Spruch, den niemand ernst nimmt. Dagegen ‹Schüchtere deinen Nächsten ein, bedrohe ihn mit den schlimmsten Waffen, die zu erfinden du in der Lage bist!› Das ist die geltende Parole. Kriegsvorbereitung als Abschreckung, weiter ist die Welt noch nicht gediehen!
Pearl Harbor, jetzt auf Distanz gesehen, ist nur ein Episödchen in Sachen Krieg, Punchbowl, das sind Lügen für Belogene. Keine Reise jedoch auf diesem Planeten, auf der man nicht stolz ‹Heldenfriedhöfe› vorgestellt bekommt. Gäbe es doch Helden des Friedens! 21000 nebeneinander beerdigt! Wie gut ginge es dann den Menschen!

Wenn ich daraus nun die Konsequenz ziehe und überlege, ob ich selbst da etwas beitragen könnte zum Frieden, ich, der kleine Tierarzt aus dem Schwipfinger Ländle, dann komme ich drauf, daß ich da am besten bei mir selbst anfange. Sehen Sie, dazu dient dann diese Prioritätenliste. In sie schreibe ich nämlich alle Eigenschaften rein, die ich an mir noch verbessern müßte. Und da man von sich selbst und seinen Handlungen meist voll überzeugt ist und nur die beste Meinung hat, frage ich in meiner Umgebung, was da aufgefallen ist. Sie, und da kommt jede Menge! Silke meint zum Beispiel: «Also zuerst mußt du dir das Ärgern abgewöhnen. Das bringt doch gar nichts. Ärger verbraucht nur Energie, aber er löst kein einziges Problem. Dagegen setzt er eindeutig unbeherrschtes Wesen voraus und mangelnde Erkenntnis. Sage lieber ‹ja› zu allem was kommt! Es ist doch der Sinn des Lebens, die Schwierigkeiten zu meistern! Also setz' das gleich mal vornean in deine Liste!»
Auch der Toni weiß was: «Veith», sagt er, «schalte doch einen Gang zurück! Bei dir muß alles hopp hopp gehen, du willst immer möglichst zwei oder drei Dinge gleichzeitig tun!» Recht hat er. Sehen Sie, so läppert's sich zusammen.

Und nun habe ich also dieses Sündenregister beieinander und kann anfangen, Punkt für Punkt zu tilgen. Wie ich das mache? Genau wie bei meiner Hüfte und meinem Gedächtnis. Zweimal täglich eine Viertelstunde muß ich dranrükken. Eine stille Ecke, abschalten der Alltagsgedanken, entspannen und dann Konzentration aufs Thema: zwanzigmal den ausgewählten Satz wiederholen, beim Ärger zum Beispiel: ‹Niemand kann mich mehr ärgern! Zu keiner Zeit, an keinem Ort, bei keiner Gelegenheit!›
So also hoffe ich, mich von meinen Fehlern befreien zu können. Denn, nur jeden Tag die Zähne putzen, das haut nicht hin; ich muß auch geistige Hygiene treiben! Und wie geht's dann weiter? Danach möchte ich gerne meine Erfahrungen weitergeben, lehren, was ich gelernt. Denn wenn für andere nichts dabei herausspringt, dann hat die eigene Fortbildung wenig Sinn. Daher ist das Fernziel des Schwipfinger Tierarztes heute, anderen zu helfen, sie auf den Weg des Friedens und der Harmonie zu führen. Nicht nur Tieren helfen, sondern auch Menschen, nicht nur um sich selbst sich kümmern, sondern auch um andere!

Der Most ist räß, die Zwiebelkuchen sind gegessen, neblige, trübe Novembertage liegen über dem Schwipfinger Ländle. An einem solchen Tage muß ich runter nach Wasserheim, wo anscheinend beim Xaver Demmler ein Zuchtfarren steht, der an den Beinen ‹so komische Rufen› hat, wie der Bauer am Telefon hat verlauten lassen. Und da demnächst eine Bullenprämierung stattfindet, auf der dieser Schwergewichtler möglichst einen ersten Staatspreis holen soll, wie der Xaver hofft, hat er schwere Runzeln auf der Stirne, wie er da vor mir steht und hinunterzeigt auf die Innenseite der Hinterbeine seines Tieres. Dort ist die Haut vollbesetzt mit braunschwarzen Erhebungen.
«So eine Sauerei! Wo kommt das her? In acht Tagen schon ist die Prämierung. Geht das noch weg vorher?» So sprudelt er daher. Das ist man bei ihm sonst nicht gewohnt, weil er

eher wortkarg ist und, wie man bei uns sagt, kaum das Maul aufmacht. «Daß das ein Hautausschlag ist, Herr Demmler, darüber besteht kein Zweifel», beginne ich nach kurzer Untersuchung. «Und wo der herkommt, ist auch nicht schwer zu erraten, wenn man den Kerl da anschaut. Der ist ja total überfüttert. Dem haben Sie ja das Mehl hinten und vorne reingestopft! Das heißt man eine Eiweißüberfütterung und dafür ist dieser Ausschlag an den Beinen ganz typisch!»

«Ja das muß man doch! Der muß doch was vorstellen bei der Prämierung!»

«Aber Sie sehen jetzt, wohin das führt. Der ist zwar aufgegangen wie ein ‹Pfitzauf›, seit ich ihn das letztemal gesehen habe, doch es war eindeutig zuviel des Guten!»

«Was mache ich denn nur, da bin ich ja restlos aufgeschmissen!»

«Er wird jetzt nur noch ganz normal gefüttert, das ist Nummer eins! Zweitens injiziere ich ein Mittel gegen den Ausschlag und drittens reiben Sie täglich zweimal die Beine ein. Die Salbe dazu bekommen Sie nachher am Auto. Und wenn Sie Glück haben, ist das meiste in einer Woche wieder verschwunden.»

«Aber Herr Doktor, wenn ich den nicht durchfüttern kann, nicht vollpumpen kann mit Hafer bis zum letzten Tag, dann läuft mir doch der nicht im Ring. Das weiß ich noch vom letzten Jahr her. Deswegen mache ich es doch so. Letztes Jahr hat er nur einen dritten Preis erhalten, weil er dahergekommen ist wie der allergrößte Schlappschwanz. Da hat er den Kopf reingehängt in den Boden und ist dahergetappt wie eine Kuh nach dem fünfzehnten Kalb. Und dabei springt der ausgezeichnet, sage ich Ihnen, der packt jede sofort. Da geht's nicht so wie bei unserem Letzten, wo man ein Vesper mit rausnehmen mußte, wenn eine Kuh zum Decken kam.»

Die Bäuerin, die Mina, steht auch dabei und sie hat anscheinend einen Geistesblitz:

«Xaver, ich weiß was!» meldet sie sich, «den lassen wir vor seinem Auftritt zwei Eimer Most saufen, dann klappt's auch!»
«Du spinnst ja! Da liegt der hin und läuft überhaupt nicht mehr!»
«Von wegen! Das stimmt nicht, das weiß ich noch von meiner Mutter her. Wenn's da Erntezeit war und wir mit unseren zwei Kühlein den schweren Garbenwagen vom Tal rauf nach unserem Börtlingen ziehen mußten, dann ging meine Mutter immer vorher in den Keller und holte jeder Kuh einen Eimer Most herauf. Was glaubst du, wie die sich nachher angestrengt haben! Auf den Knien sind die den Berg rauf, wenn's anders nicht mehr ging! Xaver, probier's!»
Aber der Xaver traute der Geschichte nicht so recht.
«Herr Doktor, was meinen Sie dazu?»
«Der eine schläft auf dem Stuhl ein nach einem Krug Most und der andere wird unternehmungslustig. Das müssen Sie ausprobieren, da kann man nichts voraussagen!» gebe ich lachend zurück.
Und dann gehe ich extra hin zur Staatsprämierung und sehe, wie der Xaver an die Spitze gesetzt wird unter all den vielen Bauern, die da ihre Bullen an den Stäben im Kreise führen. Und er hat Mühe, Herr zu werden mit seinem Pfitzauf, der sich als unglaublich explosives Muskelpaket aufspielt, den Kragen stellt wie ein Gockeler und die Augen rollt, daß sogar die Prüfungskommission zwei Schritte zurückweicht, wenn er in die Nähe kommt. Wie er mich sieht, der Demmler, und hernach als Anführer der Kolonne an mir vorbeizieht, flüstert er grinsend zu mir her: «Drei Eimer!»
Und der Aigner, der Zuchtwart, der neben mir steht und natürlich nicht weiß, was das zu bedeuten hat ‹Drei Eimer!› sagt überzeugt:
«Wenn der keinen ersten Staatspreis kriegt, dann will ich Hans heißen! Sehen Sie, Herr Doktor, wie feurig, wie

temperamentvoll unser Fleckvieh ist! Da können die Schwarzbunten, unsere Konkurrenz, nicht landen! Das hätte damals niemand gedacht, als der Demmler den damals in Ulm auf der Versteigerung gekauft hat. Da war er der letzte, den hat er zum Schlachtpreis bekommen! Obwohl, teuer genug ist ihm diese ‹Nebelhummele› nachher doch noch zu stehen gekommen!»
«Was heißt hier ‹Nebelhummele›? frage ich erstaunt.
«Ja das wissen Sie nicht? Ha, dann will ich's Ihnen nur gleich erzählen. Der Xaver und sein Freund, der Grasbergbauer, die sind damals zusammen zur Versteigerung gefahren. Da diese zwei Tage dauert, am ersten werden die Farren vorgeführt und beurteilt, am zweiten werden sie versteigert, gaben ihnen ihre Frauen Nachthemd mit und Waschzeug. Diese zwei Schlaumeier aber fuhren auch am zweiten Abend nicht heim: sondern sie telefonierten, daß es so stark Nebel habe, daß man erst am nächsten Morgen fahren könne. So weit, so gut, die Frauen sahen das ein. Aber, aber! Als die Bäuerinnen die Nachthemden aus den Aktentäschlein ihrer Allerschönsten nahmen, da erschraken sie über die Maßen. Denn – sie waren unbenützt! Da hat es gekracht und gedonnert auf den zwei Höfen, daß es im ganzen Gebiet des Zuchtverbandes zu hören war. Über Nacht drang der Begriff ‹Nebelhummel› auch in den letzten Stall zwischen Bodensee und schwäbischer Alb. Leider», fügte er bedauernd hinzu, «denn seither ist die Besucherzahl bei den Versteigerungen wesentlich zurückgegangen.»

Als dann auf diesen November der Dezember folgte, wissen Sie, was geschah? Ich wage es kaum zu sagen: Die Mühlbergers bekamen ihr drittes Kind! Diesmal am 24., an Heiligabend!
«Alle Jahre wieder», gratulierte ich Fränzchen in der Klinik am Eichert. Sie aber war quietschvergnügt und stolz: «Weißt Veith, wir machen's in Serie!»
«Ja wieviele kommen denn da noch?» frage ich mit Staunen.

«Och, das warte nur mal ab. Der Toni meint fünfe. Aber da ist das letzte Wort noch nicht gesprochen!»
Aber bei mir, denn da bleibt einem ja die Spucke weg!

Übrigens mein Sohn, der Kai, der schreibt ab und zu. Besuch will er nicht und auch kein Geld sollen wir schicken. Sie hätten schon vorgesorgt für den Winter, im Walde hätten sie Holz gemacht und ihre ersten eigenen Kartoffeln lägen auch im Keller. Rückschläge hätte es auch gegeben, weil sie noch zu wenig verstünden von der Landwirtschaft. Aber sie besäßen jetzt eine Milchziege und Stallhasen und auch zwei Hühner. Silke las aber auch viel Enttäuschung heraus aus den Zeilen, und wenn es nach ihr gegangen wäre, dann wäre wohl jede Woche ein großes Freßpaket abgeschickt worden und dann und wann ein Brief mit einem Hunderter drin. Weihnachten mußten wir also ohne unseren Sohn feiern, zum ersten Male war er nicht dabei, als unsere Mami die Kerzen am Baum anzündete. Dafür aber kam Werner, wissen Sie, der Werner Eberhard vom Pappelhof drunten, wo wir den Milzbrandfall hatten. Silke hat mich schon darauf vorbereitet, daß sich unsere Simone und er an Neujahr verloben wollen. Und ich muß sagen, da habe ich echt nicht das Geringste dagegen. Warum soll's nicht auch mal eine Bäuerin mit Abitur geben im Schwipfinger Ländle? Und der Werner ist in Ordnung, den habe ich gerne und gegen die alten Eberhards ist auch nichts zu sagen. Und was die Hauptsache ist, die zwei Jungen mögen sich richtig und sind lieb zueinander.

12. Kapitel

Wandern am Albrand

Schnee fällt und es ist noch Nacht. Ganz lautlos ist es draußen, wie ich das Fenster öffne und hinausschaue. Schon beim Rasieren aber höre ich den Nachbarn schippen, und wenig später bin ich auch draußen und betätige mich an diesem, mir immer wieder spaßmachenden Frühsport. Der Schnee ist so rein weiß, die Luft so sauber und frisch, und ich muß immer wieder drandenken, wie das mein Vater schon in aller Frühe, als ich noch im Bette lag, auch getan hatte. Nach dem Frühstück, der Schneepflug ist heute sogar schon auf den Freßberg heraufgefahren, gondle ich los und zwar zuerst mal auf den Aussiedlungshof Kirchner bei Wasserheim. Dabei geht's zuerst mal ein Stück auf der Bundesstraße zehn entlang, auf der immer ein sehr starker Verkehr herrscht. Heute früh hat's schon zweimal getutet, so sagen wir, wenn wir unten im Tal die Töne der Martinshörner dahineilen hören. Alle Verkehrsteilnehmer fahren heute langsam und vorsichtig, doch wie ich an den Ampeln vor Wasserheim links abbiegen will zum Aussiedlungshof, da ist ein Stau, und vorne sehe ich Blaulicht. Anscheinend ist da einer, als Rot kam, auf seinen Vorgänger draufgerutscht. Na ja, warte ich halt ein bißchen, es geht ja zu keiner Geburt!

Aber wie ich so ein Weilchen stehe und nichts zu tun habe und rausblicke und rumschaue in der Gegend, da, mit einem Male, kommt mir was. Da sehe ich nebenan nämlich in der Wiese drei Spitzpappeln stehen, und die begrenzten früher den ursprünglichen Bauernhof, die alte Hofstelle vom Kirchner, zu dem ich gerade unterwegs bin. Hier, unter dieser Kreuzung mit den Ampeln, da stand noch bis vor wenigen Jahren ein schmucker Bauernhof! Und hier wohnte er, der ‹Hermännle›, wie ihn schon dazumal alle hießen, weil er eine so freundliche und liebe Art hatte. Ich kann mich noch ganz genau an das alte Fachwerkhaus erinnern, weiß noch den kleinen Hühnerstall auf der Seite und das Backhäuschen und den Nußbaum vor dem Stall. Hier, wo jetzt täglich Tausende von Fahrzeugen gedankenlos drüberhinwegsurren, wo die Bremsen reingehauen werden, wo gewartet wird und wieder angefahren, da war der ‹Hermännle› geboren worden, da waren die Betten gestanden, in denen seine Eltern ihren letzten Atemzug taten. Alles vergangen, alles vergessen! Wer schon, der an diese Kreuzung kommt, weiß etwas davon! Und dabei erlebte dieser Ort einst furchtbare Dramatik und verehrenswürdiges Menschsein.

Die Kirchners waren immer schon Pferdezüchter gewesen. Eines Tages, sie hatten zwei Junghengste in einem Raume nebeneinander untergebracht, sprang der eine über die abgrenzenden Stangen zum anderen rüber und bearbeitete den mit Bissen und Hufschlägen. Dies geschah an einem Vormittage, wo der ‹Hermännle› im Acker war. Sein Vater, damals an die fünfundsechzig und stark gehbehindert, hörte das Wiehern und die Schläge. Eilends hinkte er, auf seinen Stock gestützt die Treppe hinunter und über den Hof rüber zu den Pferdestallungen. Er öffnete die Türe, schrie hinein aber die Kampfhähne beachteten ihn nicht, sondern fuhren fort, aufeinander einzudreschen. Sie, wenn Sie das einmal erlebt haben, wie es da in einem so kleinen Raum mit zwei so großen, wilden Burschen zugeht, dann können Sie sich ein Bild davon machen, wie sich der alte Kirchner da aufregte. Mord und Totschlag ist das! Hufe krachen auf die Rippen, hohl klingt das Echo wie aus einer großen Trommel, Blut fließt und wie rasend gebärden sich die Pferde, beißen einander wo sie sich erwischen können, legen die Ohren zurück, springen einander an, drücken sich an die Wand, kurzum, sie schlagen einander kaputt. Für den Opa

Kirchner, den Bauern aus altem Schrot und Korn, gab's da nur eins: Das mußte er verhindern! Ohne weitere Überlegung humpelte der alte Mann mitten hinein in diesen tödlichen Tumult. Und dann kam, was kommen mußte. Der schwer behinderte Mann wurde über den Haufen gestoßen, bekam die übelsten Tritte und Stöße ab und lag bewußtlos am Boden, wie sein Sohn vom Acker kam. Der Kampf war inzwischen entschieden. Der eine der Hengste lag röchelnd und schweißbedeckt in einer Ecke und versuchte nur ab und zu einen torkelnden Aufstehversuch. Sein Rivale wieherte aufreizend, scharrte mit den Vorderhufen und tanzte noch immer hin und her. Der ‹Hermännle› stürmte bedenkenlos hinein, als er da ein Bein und einen Arm seines bewegungslos daliegenden Vaters aus der verwühlten Streu herausschauen sah. Aber schon nach dem ersten Schritt bekam auch er's knüppeldick: ein Huf traf die Türe, die er eben geöffnet hatte und schlug splitternd die Füllung heraus, ein zweiter traf ihn selbst, voll in den Magen, so daß er fast k.o. ging und sich nur mit Mühe noch zusammengekrümmt herausretten konnte und rüber zum Telefon. Ja und dann war ich dran. Fast hätte ich genauso spontan reagiert wie der ‹Hermännle› als ich den leblosen Mann dadrin liegen sah. Aber dann setzte Gott sei Dank doch noch mein Gehirn ein.
«Los, eine Stute her, schnell!» Schon läuft der Hermännle weg. Langsam öffne ich die zerschlagene Tür, hänge sie aus und lehne sie abseits gegen eine Wand. Da kommt er auch schon mit der Stute und der Hengst drin spitzt die Ohren.
«Los, drehe sie mit der Hinterhand zur Türe!» weise ich an und spähe an der Stute vorbei in den Stall hinein.
«Er kommt! Jetzt langsam marsch, langsam sage ich doch!» Nicht daß der Opa noch weitere Male getreten wird. Aber es klappt. Bin ich froh!
«Laß sie laufen!» Und dann rein! Er hat noch Puls! Vorsichtig tragen wir den bewußtlosen alten Mann hinaus. Dann kam der Krankenwagen und gleich darauf der Pferdemetzger, der den qualvoll atmenden Unterlegenen, dem die

eigenen Rippen in die Lunge stachen, mit einem Schuß von seinen Schmerzen erlöste.
Wochenlang lag der alte Kirchner auf der Intensivstation. Und da er zäh war und Glück hatte, kam er durch und durfte auch wieder heim auf seinen Hof. Aber gehen hat er nimmer können. Sein Becken und seine Knie waren zertrümmert. Sehen Sie, und keiner von all den Autofahrern, die jetzt über der Stelle dieses Geschehens in ihren Fahrzeugen sitzen und warten, keiner ahnt, was hier noch vor gar nicht langer Zeit geschehen ist. Für mich aber, aus meinem tierärztlichen Blickwinkel, ist diese Asphaltkreuzung mit den Ampeln ein Symbol der Vergänglichkeit. Übrigens: der alte Vater Kirchner hat noch acht Jahre gelebt, acht ganze Jahre mußte er, der ein Bauernleben draußen in der Natur gewohnt war, im Bett verbringen und gepflegt werden.
«Anderen zur Last fallen», das war immer sein Spruch gewesen, «das wolle er einmal nicht.» Aber nun war's anders gekommen. Immer, wenn ich auf dem Hofe war, ging ich ein paar Minuten zu ihm hinein in seine Kammer. Geduldig und still hat er jedesmal gelächelt. Keine Klage kam von seinen Lippen. Dieser einfache Bauer hat sein schweres Geschick mit so großer Würde auf sich genommen, wie es sicher wenige fertigbringen. Gestorben ist der Altbauer erst, als man die Straße baute, der sein Hof weichen mußte.
«Hier, wo ich gelebt habe, da sterbe ich auch!» sagte er und niemand wunderte sich, daß es so kam.

Nun ist das Blaulicht vorne ausgeschaltet, der Abschleppwagen war da und ich kann endlich weiterfahren. War aber ausnahmsweise mal ein Stau, der auch was brachte! Gedanken brachte er und ein Wandeln auf der Vergänglichkeit Spuren.
Nachher, auf dem neuen Aussiedlungshof, sind die Gedanken aber gleich wieder andere. Zuerst lasse ich so wie einst schon meinen Ruf erschallen:

«Wasser, Seife, Handtuch und ein Vesper! Und was ich zuletzt gesagt habe zuerst!»
Und dann ist auch schon der ‹Hermännle› da, zusammen mit drei Hilfskräften und seiner Frau und wir gehen rein in den Kuhstall, denn alle haben schon auf mich gewartet, weil ich mich zu einer Operation angemeldet hatte. Eine der besten Milchkühe im Stall hat nämlich ein so ausgedehntes Panaritium, das ist eine Entzündung in der Klauengegend, daß nur noch eine halbseitige Amputation was fruchten kann.
Schnell ist eine Rückenmarksanästhesie gesetzt und das große Tier mit einem Seil niedergeschnürt und zusammengebunden.
Schnitte, Knochen schräg durchsägen, Blutstillung, Nähte, Verband – und eine Stunde später sitzen wir schon in der Stube drin und essen von den übriggebliebenen Weihnachtsplätzchen, trinken dazu einen selbstgemachten Träubleslikör.
Nebenher erzählt einer von den Bauern, die geholfen haben und die Bekannte sind von Kirchners aus Wiesenheim, einem Ort, gar nicht weit von hier, daß bei ihnen im Ort jetzt drei Tierärzte kämen, die alle aufeinander gar nicht gut zu sprechen wären. Einer von denen sei von Haus zu Haus gegangen und habe sich empfohlen, ein anderer habe per Telefon Reklame für sich gemacht. Ich schäme mich in den Boden hinein. Ich kann es gar nicht fassen. Ja ist denn das möglich? Ein Rückfall in die alten Zeiten? Jetzt gab's doch über ein Jahrzehnt vertrauensvolle Zusammenarbeit zwischen Landwirt und Tierarzt und zwischen Kollege und Kollege. Nicht daß da die Wildwestmanieren der Fünfzigerjahre wieder einreißen! Da muß ich gleich mit meinen Nachbarkollegen Kontakt aufnehmen.

Aber außer dieser Negativentwicklung im Beruflichen tut sich im privaten Bereich Anfang Mai dann auch etwas Erfreuliches. Da war ich nämlich am Vormittag oben gewe-

sen auf den Höfen vom Grasberg und habe Euterbehandlungen durchgeführt bei Kühen, deren Milch bei der letzten Probeentnahme nicht ganz einwandfrei war. Um elf Uhr, als ich fertig war, dachte ich, jetzt fährst du heim, dann kannst du vor dem Essen noch die Post durchgehen. Wie ich da aber im Hausgang bin, höre ich eine bekannte Stimme, mache die Türe auf und wer sitzt da und futtert den größten Teller voll gerösteter Kutteln? Mein Sohn! Mager ist er geworden in diesem Jahr seiner Abwesenheit, aber gesund sieht er aus. Silke strahlt.
«Laß dir's nur gut schmecken, Kai!» sage ich, «morgen, wenn das Wetter schön ist, können wir zusammen das Freibad richten!» So mache ich's. Silke dagegen, die weiß bis zum Abend natürlich alles und im Bett erzählt sie mir froh:
«Das war ein nützliches Jahr für ihn! Jetzt hat er genug von primitiv! Er hatte kein Geld, sich Bücher zu kaufen und er hatte auch nie Zeit, sich weiterzubilden. Vom Holzspalten angefangen bis zum Leeren der Abortgrube, vom Reparieren des alten Daches bis zum Abtransportieren der Abfälle auf die Müllhalde mußte er das meiste selbst tun, denn seine drei Mit-Alternativler waren mehr für die lässige Tour. Vor allem die Mädchen taten in ihrem Bereich für Kais Begriffe viel zu wenig. So kehrte er oft lieber selbst die Treppe oder putzte die Fensterscheiben oder räumte den Hof auf, als daß es, wie am Anfang, immer Krach setzte. Trotzdem gab es auch so noch genügend Ärger: Gespült wurde nur alle paar Tage einmal, das Tischtuch rauszuschütteln nach dem Essen fanden sie auch nicht für nötig, die Schuhe warf man im Kücheneck auf einen Haufen. Kurzum, Kai ging eine Menge gegen den Strich. Den endgültigen Ausschlag für seinen Entschluß, diese Form des Lebens aufzugeben aber gab Matthias, der ja bekanntlich von seinem Vater rausgeschmissen worden war. Er plante nämlich, bei seinen Eltern einzusteigen, dort ein paar von den wertvollen, alten Bildern abzuhängen und sie in klingende Münze umzusetzen.

Es hatte eine schwere Auseinandersetzung gegeben, wobei alle gegen Kai Front machten, der daraufhin sein Bündel schnürte und ging. Morgen gleich, so sagte er, geht er zum Schulleiter ins Gymnasium und erkundigt sich, wie er es anfangen muß, um das Abi nachzuholen.
Während Silke mir erzählte, habe ich ihre Hand gestreichelt, nun aber bin ich voller Glück und es hält mich nicht mehr und ich rutsche rüber unter ihre Decke, und die alten Pfeffers, die, wie sich gleich rausstellt, gar nicht mal so alt sind, freuen sich der wiedergewonnen Harmonie ihrer Familie.

Seit Jahren schon, habe ich, wie Sie ja wissen, einmal in der Woche meinen Fasttag. Den mache ich mittwochs und jeweils mit Null-Diät. Und am Donnerstag, da steht dann Wandern auf dem Programm. Und dieses Wandern verstehe ich nicht nur als die natürlichste und älteste Art der Gesundheitspflege, sondern auch als seelischen Angelpunkt. Denn während die Füße über Stock und Stein dahinschreiten, bildet sich mit der Zeit ein intuitives Verstehen all dessen heraus, was um einen ist. Ich empfinde mich zutiefst als ein wirklich zugehörender Teil von dem, was wir Welt nennen und darüber hinaus auch als Teil dessen, was größer ist als all unser Begreifen. Seine Heimat schließt man dabei mit jedem Schritte mehr und tiefer ins Herz und man wird eins mit ihren Wegen und ihren Bächen, mit ihren Bäumen und ihrem Wind.
Wandern heißt aber auch suchen. Suchen nach den Verheißungen des Lebens, nach neuen Wegen, neuen Richtungen, nach anderen Zielen. So ist dies Wandern mir auch Symbolik für mein ganzes Dasein. Unterwegs bin ich von der Geburt bis hin zum Tod. Der Schwipfinger Tierarzt ist auf lebenslanger Wanderschaft, und er erlebt sie bewußt und denkt jede Woche daran, wenn er die Stiefel schnürt und hinauszieht auf die Berge der Alb und in ihre Täler.
Am liebsten wandere ich dem Albrand entlang. Die Kette

der grünen, freundlichen Berge, von denen aus man so weit hinaus ins Land blicken kann, zieht mich immer wieder magisch an. Hier oben in der Einsamkeit der Wälder ist ein anderes Lebensgefühl in mir, und meine Seele schwimmt in dem unendlichen Strome, der aus der Vergangenheit kommend in die Zukunft fließt. Ich spüre die ursächliche Verbundenheit mit Erdreich und Pflanze, Tier und Himmel. Wenn Sie ein Stadtmensch sind, dann denken Sie jetzt vielleicht: ‹Der Pfeffer, der ist auch nicht mehr ganz sauber! Was der mir da für Zeug verzapft!› Aber so ist's nun mal. Jeder schlägt eben, bewußt oder unbewußt eine bestimmte Richtung ein im Leben, die er einhält, der er nachwandert, und von der er überzeugt ist.

Heute, da ich gerade vom Hohenstaufen über den Aasrükken komme, wo man den herrlichen Blick hat rüber ins Remstal und nach Süden hin weit über das Allgäu des Kreises Göppingen, das Ottenbacher Tal mit seinen vielen schönen Einzelhöfen, raste ich auf der Burgruine Hohenrechberg. Es ist ein herrlicher Junitag, im Tale ist die Heuernte im Gange, deren Duft mein Herz so erfreut, oben auf den Bergen, wo man zwei Wochen später dran ist, stehen noch die schönen Blumenwiesen, zwischen denen mein Weg weiterführt, längs des Kammes des Rehgebirges zur Ruine Staufeneck. Dort kehre ich ein, vespere eine Bauernplatte, trinke ein ‹Weizen› dazu und ein Zwetschgenwasser. Dann geht's bergab, heimzu, nach meinem Schwipfingen mit seinem Freßberg.

Jetzt können Sie natürlich leicht auf den Gedanken kommen, daß der Dr. Pfeffer doch in letzter Zeit ziemlich ‹den Karren schleifen läßt›. Einen Tag fastet er, da schafft er bestimmt nichts, einen Tag läuft er spazieren, Samstag, Sonntag macht sein Toni das meiste. Und ganz kann ich Ihnen da auch nicht widersprechen, obwohl, an dem Fastentag wird normal durchgearbeitet. Aber sonst hat sich bei mir vieles verlagert. Vom Weltlichen bin ich etwas abgerückt und mehr zum Geistigen hin gehen meine Bemühungen, obwohl, und das werden Sie gleich sehen, das bunte Allerlei der Praxis immer noch täglich in mein Haus brandet und ich nach wie vor mein Ohr am Herzen der Tiere habe. Nach dem jedoch, was ich Ihnen in der letzten Zeit berichtet habe von unserer Schwipfinger Praxis, könnten Sie glatt auf den Gedanken kommen, daß es mit den Kleintieren bei uns sehr rückläufig sein müsse, da man gar nichts mehr davon hört. Aber dem ist bei Gott nicht so, im Gegenteil! Jetzt kommen sie sogar schon mit Igeln daher, denen ich eine Injektion gegen Lungenwürmer geben muß und mit Katern, denen eine neue Harnröhre aus Plastik eingesetzt werden muß. Die Hauptmasse der Patienten aber bilden nach wie vor die Hunde. Und hier sind es auch hauptsächlich die gleichen, stets wiederkehrenden Tätigkeiten, die von einem verlangt werden: Schutzimpfungen, Haut- und Gehörgangsbehandlungen. Dazu gehören, wenn auch nur ab und zu mal, Schwangerschaftsunterbrechungen bei der Hündin. Denn wenn es auch die Pille gibt für die Hundefräuleins und -damen, auch als Depotinjektion verabreicht, die fünf Monate vorhält, so besteht doch noch für manchen unternehmungslustigen Rüden die Chance eines amourösen Abenteuers. Ein solches bestand ‹Sandohr› mit einer gewissen ‹Frizzi›. ‹Sie› befand sich in der kritischen Zeit wohlverwahrt eingesperrt im Gewächshaus einer Gärtnerei, wo sie hingehörte. ‹Er› dagegen, ein feiner Pinkel, der im Villenviertel wohnte, und der sogar eine Hundehütte besaß mit Zentralheizung, nahm sich Urlaub, wann immer er wollte. Mit einem flotten Sprung setzte er daher auch wieder eines Tages über die Mauer, sog Luft ein, blieb verzückt stehen ob der herrlichen Duftnachricht, die er empfing, und folgte sofort dem Ratschlag seiner Nase. Bald stand er vor einer Gärtnerei. Aber da waren schon welche! Ein Spaniel, der alle paar Minuten seinen Fuß hob und den Ladeneingang bepinkelte, und in einiger Entfernung ein kleiner, weißer

Spitzer, der sich nicht heranwagte und beobachtend an einer großen Dachrinne Stellung bezogen hatte. ‹Anfänger!› dachte verächtlich ‹Sandohr›, setzte über einen Zaun und strebte einem Gewächshaus zu. Dort mußte sie sein, das war doch klar aus der Luft herauszulesen. Was nützte da das Gepinkel an der Ladentüre! Lachhaft! Aber wie reinkommen? Mauern, Glas, Metall, alles zu! ‹Sandohr› studierte die Lage eingehend. Schließlich gelangte er, sportlich wie er war, über gestapelte Torfmullballen auf's Glasdach. Dort begann er vorsichtig tapsend und eifrig witternd einen Rundgang. Das ging bis zu einer bestimmten Stelle, denn da machte es ‹klirr!›, der schwere ‹Sandohr› brach durchs Glas und fiel, fiel in die Tiefe. Wie durch ein Wunder unverletzt fand er sich gleich darauf in einem Salatbeet wieder, und, was glauben Sie, keine drei Meter von ‹Frizzis›, der Ersehnten, Körbchen. Nun war ja ‹Sandohr› eine Mischung aus Bernhardiner und Schäferhund, ‹Frizzi› dagegen hatte einen Zwergschnauzerrüden zum Vater und eine Dackelhündin zur Mutter. Von der Reinrassigkeit her hatten sich also beide nichts vorzuwerfen. Aber die Dimensionen! Es war ein Jammer! Nichtsdestotrotz, Theoretisches lag ihnen ferne, versuchten sie eben das Beste aus der momentanen Situation zu machen.
Und deshalb mußte dann ein kopfschüttelnder Gärtnermeister dreimal in den nächsten Tagen bei mir vorreiten, damit seine ‹Frizzi›, die er, wie er erzählte, zum Schutze sogar von oben bis unten mit ‹Klosterfrau Melissengeist› eingerieben hatte, keine jungen ‹Sandohren› bekommen würde. Als es hernach ans Zahlen ging, bemerkte der Geschäftsmann, von der Höhe der Summe beeindruckt: «O je, für soviel Geld, da wär' ich besser nach Stuttgart gefahren ins Dreifarbenhaus und hätt' da selbst ‹a Nemmerle› gmacht!»

Mitte Juni haben alle meine Bauern ihr Heu im Trockenen. Die Sonne schickt jetzt ihre wärmenden Strahlen auf die noch grünen Getreidefelder, damit auch sie zur Ernte heranreifen können. In dieser Zeit zwischen ‹Heuet› und ‹Ähret›, wie man im Schwipfinger Ländle sagt, da gibt's auf den Höfen ein bißchen Luft, da kann man auch mal ein paar Tage weg, wenn's sein muß. Und einige wenige von meinen Jungbauern, die nützen diese Möglichkeit auch aus und fahren mit der Frau oder der Braut geschwind an den Bodensee oder ins Gebirge. Auf dem Pappelhof jedoch hat man heuer was ganz anderes vor in dieser Zeit. Man will hochzeiten! Das kommt Silke und mir natürlich nicht mehr überraschend, denn seit der Verlobung von Simone und Werner wird das Ausdinghaus der Eberhards, das seither vermietet war, renoviert, und die Wohnung im Haupthaus, wo die Jungen dann hausen werden, ebenfalls. Simone freut sich riesig, nimmt aber trotzdem alles ganz gelassen. Sie war überhaupt ein Kind, mit dem es nie Probleme gab, und, ehrlich gesagt, der Papi ist richtig stolz auf sie! Natürlich sagen manche, daß sie mit ihren einundzwanzig Jährchen noch viel zu jung sei zum Heiraten, Kinderkriegen und Bäuerin machen. Aber wenn's ihr ganzer Wunsch ist, dann gebe ich gerne meinen Segen dazu. Unsere Mami, die schlaucht's natürlich ein bißchen. Aber ich sage zu ihr: «Schau, der Pappelhof ist ja nicht aus der Welt. Wenn sie nach Mexiko heiraten würde, dann wär's was anderes! Und außerdem, mein Liebes, Kinder sind doch Geschenke auf Zeit! Man muß sich damit abfinden, daß man sie wieder hergeben muß, wie alles, was man auch besitzt!»

Dieses Dahingehen, dieses Verlieren, dieses Aufhören, das spielt im Denken und Fühlen derer, die über die Mitte des Lebens hinaus sind, eine immer größer werdende Rolle. Denn ab Fünfzig schaut man auf den Rest seines Lebens, schaut man nach hinten, auf das Ende. Dinge, wie mein folgendes Erlebnis hinterlassen daher einen tiefen, nachhaltigen Eindruck, und sie führen oft zu einer reiferen Betrachtungsweise.

Es war ein angenehmer Sommertag mit blauem Himmel, Vogelsang und lauen Lüften. Ich hatte bereits bei einigen Bauern, die zeitig ins Mähdreschen wollten, Frühbesuche gemacht und fuhr nun noch auf dem Heimweg geschwind bei der Lisbeth Gänsle vorbei, um deren ‹Bless› kurz in Augenschein zu nehmen. Die Witwe Gänsle ist die älteste noch selbständig wirtschaftende Bäuerin in unserem Praxisgebiet. Dieses Jahr war sie fünfundsiebzig geworden. Und sie arbeitet alles ganz alleine und noch genau nach der Art, wie es schon ihre Eltern getan hatten. Die ‹Bless› und die ‹Scheck› waren ihre zwei Kühe, und diese beiden waren in einem winzigen Ställchen untergebracht, das so nieder war, daß ich nur mit eingezogenem Kopfe mich darin bewegen konnte. Auch gab es nur ein einziges und dazuhin winziges Fensterchen, das nur geringe Helligkeit einließ. ‹Bless› und ‹Scheck› waren schon alt, hatten riesige, lange Hörner, von denen ich neulich eines absägen mußte, weil es im Bogen wuchs und seine Spitze fast schon das Auge erreichte. Dabei bemerkte ich, daß am Halse auch eine Sommerwunde war, zwar nicht sehr groß, nur circa zehn Zentimeter lang, aber fragen Sie nicht, wie's da drin zuging! Das sieht gräßlich aus, so eine Sommerwunde! Zunächst ist sie entstanden wie jede andere Wunde auch, hier zum Beispiel durch das Scheuern der Kette. Dann aber kamen Fliegen, legten ihre Eier da hinein und aus ihnen schlüpfte schnell ein Heer von Larven, die nun da rumwuselten, daß man meinte, in einen Ameisenhaufen zu schauen. Das heilt aber wieder, wenn man ein Mittel anwendet, das die Larven abtötet. Und heute wollte ich diese Behandlung kontrollieren.
Als ich hinkam, rief die Nachbarin, die immer alles, was auf der Straße vorgeht mitkriegt, weil sie am Fenster sitzt und Heimarbeiten macht, zur Türe raus:
«Herr Doktor, bei der Lisbeth ist heute morgen die Güllengrube übergelaufen. Deshalb hat sie heute zuallererst ihr ‹Lachenfaß› vollgepumpt und ist rausgefahren aufs Feld damit. Aber weil sie ja keine elektrische Pumpe hat, muß sie

alles von Hand machen, und das hat sie heute anscheinend ziemlich geschlaucht. Denn sonst läuft sie immer neben ihren Kühen her, wenn sie mit dem Wagen geht, heute aber ist sie draufgesessen. Ich habe auch noch lachen müssen, denn die Lisbeth hatte vergessen, oben auf das Einfülloch den Sack zu legen, auf den sie dann immer eine Gabel Mist wirft, damit er hält. Und wie sie angefahren ist, kam deshalb ein ganzer Schwapp obenraus und lief am Faß runter ihr in den Nacken. Bei der wär's höchste Zeit, daß sie aufgeben tät!» schloß sie.
«Wo ist sie denn hin?»
«Aufs Degersbacher Feld raus, gleich an der Straße rechts!»
Das ist geschickt, denke ich, da sehe ich sie unterwegs. Und dann fahre ich los. Alte Apfelbäume stehen zu beiden Seiten der Straße, gelbe Getreidefelder breiten sich aus soweit das Auge blickt. Jetzt kommt die kleine Brücke mit den drei Pappeln und danach fängt das Degersbacher Feld an. Mais steht hier, Hafer und gleich dahinter große, grüne Kartoffelfelder. Ja wo ist sie denn, die Lisbeth? Ah jetzt? Da vorne kommen sie. Alle drei sind's, die ‹Bless›, die ‹Scheck› und die Liesbeth mit ihren fünfundsiebzig! Ich fahre rechts ran wie wir auf gleicher Höhe sind und steige aus.
«Guten Morgen Frau Gänsle!» rufe ich hinüber. Aber die hält ja nicht! Sie fährt einfach an mir vorbei, sitzt vor ihrem Güllenfaß, schaut geradeaus und fährt weiter, ohne eine Antwort zu geben. So was bin ich aber nicht gewöhnt!
«He!» rufe ich und «Öööőha!» und nochmals «Öööőha!»
Da bleiben die Kühe stehen und ich gehe vor, um anzufragen, warum sie denn heute so stolz an mir vorbeifährt. Nanu? Sie sitzt aufrecht und schaut geradeaus. Hm? Und dann ruckt die ‹Bless› kurz am Wagen und da fällt der Kopf der Bäuerin nach vorn. Oh! Ich nehme ihre Hände. Kalt! Ich taste den Puls. Nichts! Ich horche an ihr Herz. Stille! – Oh! Lange stehe ich. Und dann fährt der Dr. Pfeffer mit dem letzten Kuhfuhrwerk, das es in seinem Schwipfinger Ländle noch gibt, die letzte Fahrt. Langsam, im Schritt der Kühe,

fahre ich die tote Lisbeth nach Hause. So ein Leichenzug, so einer mitten aus dem Leben heraus, von der Arbeit weg und bei schönstem blauen Himmel und Sonnenschein, mitten durch die Felder hindurch, feierlich und gelassen, und ein Tierarzt als Gespannführer, und die Tote sitzend vor dem Lachenfaß, aus dem es herausschwappte! Langsam fahre ich ein in Enderlingen, halte vor dem kleinen Bauernhäuschen und trage die Bäuerin das knarzende, enge Stieglein hinauf.

Am nächsten Tag, auf meiner wöchentlichen Wanderung, ist mein Kopf noch voller Gedanken an gestern. Dazuhin schauen mich die ersten Stoppelfelder an und mahnen. So bleibe ich öfters als sonstwann stehen, verweile und betrachte, lausche nach draußen und nach drinnen. Ich wandere heute von Berg zu Berg, den Albtrauf entlang. Vom Wasserberg über das Fuchseck, hin über den Sielenwang und den Kornberg bis hin zum Bosler. Immer wieder genieße ich die herrliche Aussicht ins weite Vorland der Alb mit seinen unzähligen Ortschaften, Waldstücken und Feldern. Ein schönes, ein buntes Bild, das in der Ferne von den drei Kaiserbergen und westlich davon von den waldigen, flachen Schurwaldhöhen begrenzt wird. Was mich heute besonders bewegt auf diesem Weg über die geliebten Berge meiner Heimat, das ist das, was ich noch über der toten Lisbeth Gänsle Leben erfahren habe. Sie besaß, was ich nie gewußt hatte, eine Tochter, welche verheiratet war mit dem Besitzer einer Tankstelle, und die sogar in Enderlingen wohnte. Die beiden aber waren anscheinend seit langem zerstritten, weil die Tochter von der Mutter eine Wiese als Bauplatz verlangte, was die alte Frau mit dem Hinweis verweigert hatte, daß sie kein Grünland entbehren könne, da sonst das Futter für ihre zwei Kühlein nicht mehr reiche. So kam die Tochter nicht mehr in der Mutter Haus. Nicht mal an deren Fünfundsiebzigstem war sie gekommen. Das alte Frauchen hatte vierhundert Mark sich von ihren kümmerlichen Einnahmen abgespart und sie bereitgelegt, um sie der Tochter zu schenken. Und es wartete und wartete bis spät in die Nacht hinein. Aber niemand kam. Nur der Hund von den Nachbarsleuten tappte die Treppe herauf und legte sich an ihre Tür.

Weil ich das erfahren und mit der Lisbeth gestern ihre letzte Fahrt zu Ende gebracht habe, geht mir das Wort Vergebung nicht mehr aus dem Sinn. Wie schwer ist es, zu vergeben! Viel, viel schwerer gewiß als Stolz zu zeigen oder Trotz! Durch Vergebung könnte man Ruhe finden in seinem Innern und Frieden. Ich glaube fast, daß Vergebenkönnen so was ist wie ein Gütezeichen der Persönlichkeit. ‹Vergib uns unsere Schuld›, beten die Christen, ‹wie wir vergeben unseren Schuldigern›. Und beim letzteren, da lügen sie doch fast alle! Und wie ist das bei mir, beim Tierarzt von Schwipfingen? Solche Überlegungen haben ja alle nur einen Wert, wenn ich sie auf mich selbst auch anwende. Habe ich selbst auch allen vergeben und alles vergeben? Pflügend auf meinem Acker wandere ich weiter am Albrand, von Berg zu Berg.

Der Rudi Babbler und sein Rösle, das sind so Bauersleute nach meinem Geschmack. Denn immer wenn ich zu ihnen hinkomme auf ihren Hof in Schiefertal, gibt's etwas zum Lachen. Dabei sind die zwei so herzerfrischend geradeheraus, daß ich meine helle Freude an ihnen habe. Sie, sie kann ganz ausgezeichnet kochen, jedoch neulich sprach sie zu mir:

«Das ist gar nicht immer gut, Herr Doktor! Denken Sie nur, unser Chef, der hat letzte Woche mal achtzehn Pfannkuchen hintereinander verdrückt. Ich bin kaum mehr nachgekommen am Herd! Und meine drei Söhne, die natürlich ihrem großen Vorbild nacheifern mußten, die haben am Tag darauf sage und schreibe zusammen vierundsiebzig Knödel verschlungen! Und danach lag dann der ganze Verein zwei Tage lang mit Bauchschmerzen im Bett, und ich armes Weib habe den ganzen Hof alleine schaffen müssen. Da

hätte doch zuerst der Chef verklopft gehört und danach auch die Jungen, oder nicht!»
Wie ich aber heute hinkomme, sieht es nicht mehr spaßig aus, und man führt mich mit besorgter Miene eilends in den Pferdestall. «Unsere Stute, unsere ‹Meta›, die ist in der letzten Nacht los gewesen», werde ich nebenher informiert, «und jetzt steht sie ganz komisch im Stall drin. Was die wohl hat?»
Tatsächlich, zitternd steht die Stute und hat ihre Hinterbeine weit nach vorne unter ihren Körper geschoben.
«Habt Ihr vielleicht Euere Futterkiste offen gehabt in der Nacht?» frage ich als nächstes, denn einen solchen Fall hatte ich schon einmal.
«Ja», bedauerte der Bauer, «leider! Und sie war heute morgen halb leergefressen!»
«Dann ist ohne weiteres klar, warum der ‹Meta› ihre Vorderfüße so unheimlich schmerzen. Hufrehe hat sie! In den Nachtstunden hat sie Mehl gefressen noch und noch. Sie war im Schlaraffenland, sie konnte nicht mehr halten. Heute jedoch sitzt sie in des Teufels Küche, denn ihr Schlemmermahl hatte eine lebensgefährliche Entzündung unter den Hufen der Vorhand zur Folge!»
«So ist das!» überlegte sich die Bäuerin meine Worte. Und in plötzlicher Erkenntnis schrie sie entsetzt:
«Je, das hätten doch die meinen auch alle kriegen können bei ihrer Fresserei neulich!» und dabei sah sie ihre Mannsleute strafend an.
«Elfe! Weib koch!» konterte da ihr Mann, der Rudi, mit der original schwäbischen Zeiteinteilung, auf die dann folgt: «Zwölfe! Ma friß!» als gerade vom Kirchle her das Elf-Uhr-Läuten einsetzte.
Mittlerweile bin ich natürlich schon wieder beim Auto, habe den Kofferdeckel hochgeklappt und hole als erstes meine große Aderlaßnadel hervor. Alle, bis auf die Bäuerin, die sich um ihr Mittagessen kümmern muß, drücken nun in die Box hinein und wollen zuschauen. Sie sehen die silber-

glänzende Nadel durch die Haut des Pferdes dringen, aus der unmittelbar danach ein kräftiger, starker, roter Blutstrahl hervorschießt. Der Jüngste, der Heinz, der unbedingt den Eimer halten wollte, in dem wir das spritzende Blut auffangen, wird merklich blaß, kaum daß es beginnt, in dem Eimer zu schäumen.
«Halt ihn!» kann ich gerade noch rufen, da kippt der Kleine auch schon weg, und ich kann mit Mühe noch den Eimer schnappen, den ich jetzt dem Hugo, seinem ältesten Bruder, in die Hand drücke. Jedoch, Sie können mir's glauben oder nicht, wir haben noch keinen ganzen Liter beisammen, da erbleicht auch der, stellt den Eimer zu Boden und sinkt im Gang draußen auf einen Melkschemel.
«Ihr seid mir ja die Allerschönsten!» wundere ich mich und wende mich an den nächsten:
«Los Bernd! Zeig's ihnen!»
Der Bernd ist einsneunzig und ein kräftiger Bursch, und der schnappt sich den Eimer und lacht. Aber nicht lange. Mit einer Hand staue ich die Ader und lasse dabei meine Blicke kreisen, zum Bauern, der die ‹Meta› am Halfter hält, weiter zum Sohn, dann in den Eimer, dann wieder zur Nadel ... und da tut's einen Schlag und der Bernd, der Sportsmann, ist wie vom Blitz gefällt zusammengeknackst.
«Und da verließen sie ihn!› steht in der Bibel, was Herr Babbler!»
«Diese Flaschen!» brachte er gerade noch heraus und dann lag er neben seinem Sohne.
Na na, ihr Pfannkuchen- und Knöpflesfresser, da habt ihr aber heute einen schlechten Tag erwischt! Jetzt ziehe ich natürlich erst mal meine Nadel raus und dann schleppe ich die Familie, einen nach dem anderen, hinaus an die frische Luft. Ich setze sie der Reihe nach auf den Boden, und lehne die vier Gestalten mit den Rücken an die Hauswand. Dann gehe ich wieder rein und bringe die Sache allein über die Bühne. Wie ich gute acht Liter Blut abgezapft habe, gehe ich in die Küche rüber und trete dort genau in dem Augen-

blicke zur Türe herein, wie das Rösle das Fenster öffnet und hinausschreit:
«Zwölfe! Ma friß!»
Jedoch, die Worte bleiben ihr im Halse stecken, wie sie da alle ihre Männer an der Hauswand aufgereiht nebeneinander am Boden sitzen sieht, und sie eher tot als lebendig wirken.
«Schreien Sie ruhig ihr ‹Zwölfe! Ma friß!›» ermuntere ich sie, «schreien Sie so laut Sie können. Die bringen wir schon wieder auf die Beine!»
«Hoffentlich!» sagt das Rösle angstvoll, und dann brüllt sie ihren Spruch hinaus. Und sie werden's nicht glauben! Wie elektrisiert sprinten die alle miteinander auf einmal hoch, sehen sich kurz um und spurten dann hastig der Stube zu.
«Freßsäcke, verfressene!» schämt sich die Babblerin trotz ihres einmaligen Erfolges.
«Saumägen zieht man!» ist meine Antwort und dann fange ich die hereinstürzende Gesellschaft unter der Türe ab: «Kehrt, marsch, marsch, ihr Helden! Weiche Einstreu rein in die Box, die Vorderhufe mit Wasser kühlen und dann nochmals den Kopf halten für die Injektionen!»

Nun ist es Oktober geworden, golden leuchtet das Laub in der Sonne, es ist Herbst im Schwipfinger Ländle. Violett stehen Tausende von Herbstzeitlosen auf den Wiesen, und die Kartoffelfeuer brennen da und dort. Es ist so warm heute, daß man den Nachmittagskaffee im Freien trinken kann. Soeben decken sie den Tisch. Simone ist da und hilft. Ein weißes Tischtuch, Kerzen und Blumen! Was denken Sie wohl, was da im Gange ist? Ich will's Ihnen sagen: Silke hat heute Geburtstag! Immer im Herbst, in dieser schönen, besinnlichen Zeit, da feiern wir ihr Festchen. Und heute, da feiern wir es ganz besonders, schauen Sie mal rüber auf den Tisch. Sehen Sie den großen Strauß aus lauter dunkelroten Rosen stehen? Zählen Sie mal, dann wissen Sie Bescheid! Richtig! Fünfzig sind es genau! Und deshalb kommen nachher ein paar Kaffeegäste und am Abend, wenn dann alle

unsere Bekannten Zeit haben, gibt's ein Sauerkrautessen mit Ripple und Würstchen aus der Metzelsuppe und dazu ein Fäßle Bier. Nicht schlecht, gelt!
Aber im Augenblick, bis die Frauen soweit sind mit ihren Vorbereitungen, bis der Zwetschgenkuchen auf dem Tisch steht und der Kaffee dampft, gehe ich noch ein Weilchen durch unseren Garten und freue mich an Blumen und Blättern, an Gräsern, Bäumen und Hecken. Ein leichtes Lüftchen geht, die Birnen fallen und erstes Laub liegt auf dem Rasen. Herbst im Land – Herbst im Leben? Ein bißchen vielleicht, denke ich. Die Haare werden weniger, einige auch grau, und beim Lesen muß man die Zeitung schon ein Stück von sich weghalten. Ein bißchen Herbst, ja, aber was unser Lebensbewußtsein anlangt, da rechne ich uns noch zum Sommer, zum Nachsommer. Wir sind ja schließlich gute Ware, und gute Ware hält sich! Ich bummle am rotleuchtenden Hagebuttenstrauch vorbei, an der Akazie und an unserer serbischen Fichte, die so hoch in den Himmel reicht. Da höre ich Simone rufen.
«Papi! Kaffeetrinken kommen!»
Und da sind alle schon versammelt: Silke und Simone, Fränzchen und Marion, meine ‹Ehemalige› und jetzt Silkes Freundin, und schließlich mein Kollege Axel, der nun schon zwei Jahre im Ruhestand ist, mit seiner Frau. Ha, so ein frischer, säuerlicher Zwetschgenkuchen, das ist schon ein Genuß. Gut, daß mein Frauchen gleich drei Bleche davon gebacken hat, denn da vertilge ich allein ein halbes mit Sicherheit. Und dann der duftende Kaffee! Alle sind des Lobes voll, und zu Silke sagen sie, daß sie ja noch so gut aussieht und man ihr diese Fünfzig überhaupt nicht anmerkt. «Das kommt daher, weil ich einen so guten Mann habe, meine Herrschaften. Liebe hält eben jung!»
«Ihr paßt halt auch ausgezeichnet zusammen», meint Marion, «so eine typische Waage wie die Silke, mit ihrer Ausgewogenheit und Großzügigkeit, die ist bestimmt die idealste Ergänzung zu Veiths Zwillingsnatur!»

«Na, ich glaube die Astrologie braucht man bei den Pfeffers nicht einmal bemühen, die sind einfach ein Paar, das Idealkurs steuert!» meldet sich mein alter Freund Axel.
«Ihr macht aber Komplimente! Habt ihr denn vergessen, wie schlimm wir zwei schon dranwaren?» mahnt Silke.
«Ja das ist es doch gerade, daß ihr beide zusammen es geschafft habt, da wieder rauszukommen, und daß ihr das Gelernte seither nie mehr vergessen habt», sagt Axels Frau. Und Fränzchen fügt an: «Kurz und gut, wir sind mit euch zufrieden!»
«O Fränzchen», antworte ich, «diese Blumen reichen wir gerne an dich und Toni weiter, denn wie ich sehe, dürfen wir dich bald wieder auf der Entbindungsstation besuchen, stimmt's?»
«Du steigerst dich, Veith, gratuliere! Jetzt siehst du mir's bereits schon im siebten Monat an!»
Ich schaue anscheinend etwas verdutzt drein, denn die ganze Gesellschaft lacht plötzlich, allen voran meine Silke. Nachher plauschen die Damen untereinander und ich kann ein bißchen mit Axel fachsimpeln. Unser Hauptthema ist natürlich der Rückfall verschiedener Kollegen in den ‹Kalten Krieg›. «Geltungsbedürfnis Veith, das ist's hauptsächlich. Jeder will der Größte sein!»
«Aber bei manchem bestimmt auch das Geld. In jedem Beruf gibt es welche, die einfach den Kragen nicht voll kriegen.»
«Ja und das ist so bedauerlich, denn solche Leute treten dann Tag für Tag die Kollegialität mit Füßen! Zu dem jungen Kollegen, der meine Praxis übernommen hat, und dem alte Füchse jetzt auf recht unsaubere Art Hof um Hof ausspannen, habe ich gesagt: ‹Ehrlich währt am längsten! Selbst wenn da nun welche Boden gewinnen mit Behauptungen wie, sie könnten alles besser und dazu auch noch billiger machen, letzten Endes wird sich bei unseren Bauern, die ja ein ausgeprägtes Gerechtigkeitsgefühl besitzen, doch nur ein solider und anständiger Charakter durchsetzen.› Und

dann bin ich hingefahren zu den betreffenden Kollegen und habe ihnen ins Gewissen geredet.»
«Wird wohl nicht viel gefruchtet haben, oder?»
«Bis jetzt noch nicht, leider!»
«Axel, gib trotzdem nicht auf! Schließlich gehören wir doch alle zusammen und sind im Grunde doch eine einzige große Tierarztfamilie!»

Am Abend dann das Nachtessen, das ist einsame Spitze! Dieses Sauerkraut, sage ich Ihnen, das Silke vorher mehrmals aufgewärmt hatte; diese heißen Rippenstücke; diese mundgerecht kleinen Leber- und Griebenwürstchen, die der Metzger Kurz extra für uns angefertigt hat; und erst das Brot, das herrliche Bauernbrot mit der knusprigen Rinde, das ich extra vom hinteren Bachhof geholt habe, weil die das beste machen! Ja und dann das Bier vom Faß! Und heute wird's sogar aus richtigen Maßkrügen getrunken. Da schmeckt's! Mein Kai, der so was schon lange nicht mehr gehabt hat, der schlägt sich so den Bauch voll, daß es ihm fast so ergeht wie damals bei meinem Fünfzigsten. Wissen Sie's noch? Und wie dann kaum mehr einer kann, da hält der Franz eine kleine Rede, in der er das Geburtstagskind als eine Frau von bescheidener Art darstellt, die neben ihrer vielen Arbeit her immer noch Zeit gefunden habe, sich geistig weiterzubilden. Was Silke auf den Gebieten des Autogenen Trainings und der Parapsychologie wisse und praktizieren könne, und was sie anderen damit schon habe helfen können, das sei für ihn, den Arzt, sehr beeindruckend.
Danach stößt man ein paarmal an, die Stimmung steigt, und schon laufen die ersten Tanzplatten.
«Je», staunt das Fränzchen, «woher könnt ihr denn das?» und starrt Silke und mich an.
«Aber Mami!» ruft Simone geschockt, «treibt ihr euch denn seit neuestem in Diskos rum?»
Wir legen nämlich gerade etwas unheimlich Modernes aufs

Parkett, schmunzeln dabei und laben uns an der allgemeinen Verblüffung, haben wir doch heimlich still und leise ein paarmal Unterricht genommen.
«Klasse!» sagt Silke zu mir, «jetzt sind wir wieder auf dem Laufenden!»
Und dann widmen wir uns unseren Gästen und freuen uns, daß es allen so gefällt, und daß es so gemütlich ist. Aber wie's immer so geht, da ruft auch heute abend wieder mein Frauchen mir zu:
«Veith, du solltest mal geschwind rauskommen!»
Na heute ist's wenigstens nur jemand an der Haustüre, freue ich mich, da geht's meistens schneller.
«Die Karin aus der Nachbarschaft ist draußen mit ihrem ‹Paulchen›», ergänzt Silke, es sei furchtbar wichtig, aber sagen wollte sie es mir nicht, um was es sich handelt.
Die Karin? Achselzuckend gehe ich raus. Da steht sie, mit ihren achtzehn Jahren, ein kesses Mädchen mit langem, blondem Haar. Unterm Arm trägt sie ‹Paulchen›, den man überall kennt. ‹Paulchen› den Naseweisen. Da er freien Auslauf hat, taucht dieses kleine, braune Mischlingshündchen nämlich überall auf, auch dort, wo man es nie vermuten würde. Eine Vorliebe hat er für Wohnungen und Häuser anderer Leute. Neulich erst war er drei Häuser weiter versehentlich in einen Keller eingesperrt worden, in den er unbemerkt nachgeschlichen war, und bei unseren Mühlbergers vis-à-vis lag der Spitzbub sogar schon mal im Bett, als sie zur Ruhe gehen wollten.
«Was hat er denn jetzt wieder ausgefressen?» frage ich daher gleich.
«O Herr Doktor Pfeffer», antwortet die kleine Schönheit aus der Nebenstraße, «Sie müssen mir unbedingt helfen!»
«Ihnen?»
«Ja, mir! Mein Freund kommt doch heute nacht noch vom ‹Bund›, von der Bundeswehr!»
«Ja und?»

«Wissen Sie», druckste sie jetzt herum, «der Paulchen hat – er hat meine Pillen gefressen!» kam's endlich heraus.
«Das macht ihm nichts», sage ich harmlos.
«Aber mir!» protestiert sie da aufgebracht, «ich brauche sie doch! Ausgerechnet heute habe ich noch nicht eingenommen. Und es waren meine zwei letzten!»
Jetzt endlich komme ich mit. Bin doch sonst nicht so schwer von Begriff in solchen Sachen!
«Na, dann zaubern wir sie halt wieder hervor!» lache ich und spritze dem Bürschchen ein Brechmittel. Prompt liegt dann nach fünf Minuten auf meinem Praxistisch, was für Karin heute nacht so unentbehrlich ist. Freudig eilt sie davon und ein bißchen wehmütig blicke ich hinter ihr her. Wie schön ist doch die Jugend, wie voller Hoffnungen und Sehnsüchte, wie voll von unerfahrenem Glück. Und wie lange braucht man, muß ich denken, bis man durch die vielen Enttäuschungen und Irrtümer hindurch ist, die jeden doch auf seinem Lebenswege erwarten. Wie kann ich da froh sein! Ich lebe gemeinsam mit meiner Silke unter einem Dach der Liebe, das allen Stürmen standgehalten hat. Wir wohnen ineinander, das heißt, mein ‹Ich› ist aufgenommen in ihr Wesen, und ihre Welt wurde zu meiner, ihr Denken und Fühlen ist auch in mir. Im Gegensatz zu früher trage ich keine Liebeswünsche mehr mit mir herum, und im Labyrinthe meiner Brust wandeln in den Nächten keine fremden Glückseligkeiten mehr. Ich benötige keine Ergänzung mehr, die in Dritten liegt. Mehr als alles andere erfüllt mich Silkes Nähe und die Harmonie unserer Zweisamkeit.
Ich lege meine Injektionsspritze zurück in den Schrank und gehe wieder hinüber zu unseren Gästen. Dort schenke ich von meinem samtroten ‹Uhlbacher› ein und stoße an mit meiner Frau, mit meinem Geburtstagskind. Und dann nehme ich sie in den Arm und wünsche nur, daß alle Tierärzte so glücklich sein können wie ich, so reich sein können wie ich, der ich einen so guten Menschen zur Frau bekommen habe.

Später, am Kaminfeuer, frägt mich Berny, der Zahnarzt, wie weit ich denn gekommen sei mit dem Plan, den ich an meinem Fünfzigsten hatte verwirklichen wollen.
«Ach, ich muß sagen, bis jetzt bin ich ganz zufrieden», antworte ich da. «Es kam beim Pflügen in meinem Untergrund schon allerhand ans Licht. Ich will dir das Wichtigste davon nennen. Es war ja meine Absicht, eine Verbesserung des eigenen ‹Ich› zu erreichen. Diesen Weg bin ich nun ein Stück gewandert, doch die Hauptstrecke liegt noch vor mir, das Ziel ist noch weit. Eines aber ist mir bereits klargeworden: Meine Bemühungen dürfen kein Selbstzweck bleiben! Denn wenn ich mein Erworbenes nicht dazu benütze, anderen zu helfen, dann bleibt mein Tun ohne Sinn. So gesehen will ich künftig über meinen Beruf hinaus auch das Menschliche pflegen. Denn wenn ich meine ursprüngliche Aufgabe, dieses Helfen den Tieren, weiterdenke, dann komme ich nicht am Menschlichen vorbei. Dann führen einen die Überlegungen vom Herzen der Tiere zum Herzen der Menschen.»
«Ja willst denn du noch umsatteln auf Humanmedizin?»
«Gewiß nicht. Ich bin ein Tierarzt und bleibe einer. Was ich mir vorstelle ist folgendes: Jetzt sind es noch acht Jahre, dann wird Kai an meine Stelle treten und zusammen mit Toni die Praxis machen. Die Zeit bis dahin will ich gut nützen, will weiter nach Weisheit streben und will auf Gottessuche gehen. Danach dann, im Ruhestand, in dem man ja keineswegs zum alten Eisen zählt, und wo man noch so manches zu leisten in der Lage ist, da möchte ich für meine Mitmenschen was tun, möchte ihnen beistehen, denn mich jammert ihre seelische Hilfsbedürftigkeit.» Nachdenklich wiegt Berny den Kopf: «Was bist du doch für ein sonderbarer Tierarzt!»
Da hat er wohl recht.

Sie werden wahrscheinlich zu der gleichen Ansicht gekommen sein! Dennoch, kommen Sie, zum Abschluß lade ich

Sie noch ein in den ‹Adler›. Wir sitzen noch ein bißchen gemütlich zusammen, bestellen uns wie damals einen Ochsenmaulsalat und eine Tellersulz, und laben uns am Bauernbrot aus dem Holzbackofen und am kühlen Bier. Und zwischendurch, so etwa alle halbe Stunde, da trinken wir dann einen Kirsch oder ein Zwetschgenwasser. Das haben Sie verdient, wenn Sie den Tierarzt Pfeffer so lange getreulich durch sein Schwipfinger Ländle begleitet haben. Übrigens, sollten Sie mal hier durchkommen bei mir, machen Sie Station! So was Schönes wie unsere Drei Kaiserberge und ihre Umgebung finden Sie nicht alle Tage! Und, daß Sie mir's nicht vergessen, zu meinem Hundertsten habe ich für Sie bereits einen Platz reserviert, den feiern wir zusammen. Das gibt die interessanteste Party, das verspreche ich Ihnen, die je auf dem Freßberg stattgefunden hat. Bis dahin also! Machen Sie's gut!